GYM
KOUBIA

Ein besonderer
IMMIGRANT in
DEUTSCHLAND

Die *Suche* nach einer **besseren** Ausbildung

VINDOBONA
VERLAG SEIT 1946

Bibliografische Information
der Deutschen Nationalbibliothek:

Die Deutsche Nationalbibliothek
verzeichnet diese Publikation in
der Deutschen Nationalbibliografie.
Detaillierte bibliografische Daten
sind im Internet über
http://www.d-nb.de abrufbar.

www.vindobonaverlag.com

© 2024 Vindobona Verlag

ISBN 978-3-903574-37-3
Lektorat: Lektorat KL, Ute Leber
Umschlagfotos: Minnystock,
Josep Curto | Dreamstime.com
Umschlaggestaltung, Layout & Satz:
Vindobona Verlag
Innenabbildungen & Autorenfoto:
Gym Koubia

Die vom Autor zur Verfügung gestellten
Abbildungen wurden in der bestmög-
lichen Qualität gedruckt.

Gedruckt in der Europäischen Union
auf umweltfreundlichem, chlor- und
säurefrei gebleichtem Papier.

Inhaltsverzeichnis

Die Suche nach einer besseren Ausbildung

Das Wort, das heute in aller Munde ist, lautet „Migration", und die Welt ist in zwei nicht unwesentliche Teile geteilt: Die Mächtigen und die Schwachen. Die Mächtigen sind wirtschaftlich starke Industrieländer und die Schwachen sind Entwicklungsländer.

Unter dem Begriff „Entwicklungsländer" (überwiegend Länder in Asien, Afrika und Süd- und Mittelamerika sowie der Karibik und Ozeaniens) werden Länder zusammengefasst, die nur schwach entwickelt sind. Die Begriffe Entwicklungsland oder weniger entwickeltes Land und die damit verbundenen Abkürzungen werden gegenüber dem Begriff unterentwickeltes Land bevorzugt verwendet. Der Begriff „Dritte-Welt", wird zum Glück kaum noch verwendet. Es leben etwa zwei Drittel aller Menschen in Entwicklungsländern. (Quelle: https://www.bpb.de/kurz-knapp/lexika/das-junge-politik-lexikon/320128/dritte-welt; Abrufdatum 14.05.2024)

Dazwischen, als Abstufung, werden sogenannten „Schwellenländer" eingeordnet. Dass sind Länder, die einen wirtschaftlichen und sozialen Prozess in Gang gesetzt haben, um den Lebensstandard ihrer Einwohner zu erhöhen. Hierbei wird insbesondere versucht, die schwache Entwicklung der Industrie zu verbessern. Sie befinden sich also in einem Prozess, weg von der Agrarwirtschaft, hin zur Industrialisierung und haben den Status als Entwicklungsland überwunden. (Quelle: https://de.m.wikipedia.org/wiki/Schwellenland#/search, Abrufdatum 14.05.2024)

Nur zu oft ist es so, dass die schwachen, armen Länder, auch jene sind, deren Bodenschätze von den Industrieländern ausgebeutet worden sind oder noch werden.

Der frühere CDU-Politiker Heiner Geißler (*1930) äußerte sich 2016 in einem Interview über die Flüchtlingspolitik folgendermaßen: „Afrika ist der reichste Kontinent der Erde. Da gibt es Bodenschätze, Gold, Silber, Mangan, Kupfer, seltene Erden ... Afrika wird ausgebeutet durch internationale Konzerne. Außerdem zerstören die Amerikaner und Europäer durch die Exportsubventionen von Lebensmitteln die Existenzgrundlage der Länder Afrikas. Wenn es im Senegal nur noch holländische und italienische Tomaten auf den Märkten gibt und nach Südafrika amerikanische Baumwolle exportiert wird, dann braucht man sich nicht über Flüchtlingsströme zu wundern. Wenn die Menschen dort, wo sie leben, keine Arbeit finden und keine Zukunft haben, dann setzen sie sich in Bewegung. Viele Ursachen für die Flüchtlingsströme werden von den Europäern gesetzt." (Quelle: https://nitromagazin.com/heiner-geissler-ueber-luegenpresse-und-fluechtlingspolitik/; Abrufdatum 14.05.2024)

Was verbirgt sich hinter dem Begriff „Migration"? Welche Ursachen hat Migration und welche Konsequenzen resultieren daraus? Wir werden uns grosso modo bemühen, diese Fragen zu beantworten.

Der Begriff wird auf Deutsch auch als Abwanderung verstanden. Menschen verlassen ihre Heimat oder sehen sich unter bestimmten Umständen gezwungen, zu flüchten, um Schutz und Sicherheit in einem anderen Land zu suchen.

Dafür gibt es viele Gründe: Manche fliehen, weil es in ihrer Heimat Krieg oder gewaltsame Konflikte gibt. Andere flüchten aus ihrer Heimat, weil sie dort politisch verfolgt werden. Auch Naturkatastrophen sind ein Grund, warum viele Menschen ihr Heimatland verlassen müssen. Erdbeben, Dürren oder Überschwemmungen können ganze Regionen unbewohnbar machen. Aufgrund des Klimawandels kommt dies immer häufig vor. Hinzu kommen Wirtschaftsflüchtlinge, die in ein Industrieland abwandern, um dort Arbeit zu finden.

Es gibt auch eine andere Art der Migration, und zwar die moderne Migration. Menschen suchen in einem besser entwickelten Land nach Möglichkeiten der beruflichen Ausbildung für sich oder für die eigenen Kinder. Um die Chance auf eine qualifizierte Arbeit und damit eine bessere Lebensgrundlagen zu haben, sind viele motiviert, ihr Land zu verlassen und in das entsprechend „bessere" Land abzuwandern.

Unter Migration versteht man also, dass Menschen geplant ihre Heimat verlassen. Sie suchen woanders bessere Lebensbedingungen. Gleichwohl bleiben viele in ihrer Heimat und ziehen zum Beispiel von einer ländlichen Region in die Stadt (sogenannte Landflucht). Andere erhoffen sich in einem anderen Land, in einer anderen Kultur, ein besseres Leben führen zu können, wie das bei mir der Fall war. Dies bezeichnet man dann als internationale oder moderne Migration. Aus Sicht des Landes, in welches diese Menschen kommen, spricht man auch von „Einwanderung" oder „Zuwanderung.

Meine kurze Geschichte

Es war der 25. August. An diesem Tag hatte es sehr viel geregnet. In der Abenddämmerung ließ der Regen nach und die Abendvögel zwitscherten leise; es war mein Geburtstag.

Der Barakha Kike, also der Monat August, ist in Guinea der Erntemonat von Mangos, Maniok und Süßkartoffeln und es ist auch die Zeit, in der die Orangen und Mandarinen blühen und der Reis gepflanzt wird.

Dieser Monat ist nach Ansicht der alten Sosso, einer Volksgruppe in Guinea, die vorwiegend in Niederguinea (Basse Guinea) am Atlantik lebt, der Geburtsmonat der eleganten, berühmten Personen. Nach Ansicht der alten Sosso hängen Eigenschaften und Charakter eines Kindes wesentlich von seinem Geburtsmonat, dem Tag und der Uhrzeit ab. Der Januar zum Beispiel ist die Geburt der Komiker, der Februar die Geburt der Faulenzer, März ist die Geburt der Hübschen, April die Geburt der Weisen, Mai ist die Geburt der Anbetungswürdigen, Juni ist die Geburt der Zuverlässigen, Juli ist die Geburt der Niedlichen, September die Geburt der Romantiker, Oktober die Geburt der Perfekten, November die Geburt der Freundlichen und Dezember die Geburt der Spender.

Als ich zur Welt kam, haben meine Eltern mich Souleyman Amine genannt, aber niemand aus meiner Familie und Verwandtschaft hat mich Souleyman gerufen. Meine Eltern benutzten den zweiten Vornamen und riefen mich „Amine". Dies ist arabisch und bedeutet so viel wie „glaubwürdig". Freunde gaben mir später den Spitznamen „Jimmy" und riefen mich auch so.

Meine Tante erzählte mir später, dass meine Mutter bei meiner Geburt über meinen außergewöhnlich großen Mund erschrocken war und im ersten Moment dachte, ich sei behindert. Meine Großmutter vergrößerte die Aufregung um meine Geburt, indem sie ihren Enkel mit entsetztem Gesicht ansah und meinte, dass der Mund so groß sei wie bei einem außerirdischen Menschen, von der Form her aber nach der Mutter käme. Die Hebamme konnte meine Mutter jedoch beruhigen, indem sie sagte: „Sie haben einen gesunden Jungen und müssen sich keine Sorgen machen."

Dennoch bot meine Kindheit ausreichend Anlässe zur Sorge und Aufregung. Ich sabberte als kleines Kind wie ein Weltmeister. So verlief die sprachliche Entwicklung sehr schlecht, im Alter von drei Jahren konnte ich immer noch nicht richtig sprechen. Ich habe die Wörter zwar gehört und versuchte, ein paar Sätze mit sehr viel Mühe zu sagen oder zu bilden, jedoch konnte ich meine Zunge kaum bewegen, da das Zungenband zu kurz war. In Guinea gibt es keine Vorsorgeuntersuchungen, entsprechend hatte ich nie eine U1-, U2- oder U3-Untersuchung. Meine Eltern waren besorgt darüber, dass ihr Sohn im Alter von drei Jahren noch kein einziges Wort sprechen konnte und suchten daher einen Arzt auf. Einer der wenigen vorhandenen Ärzte stellte fest, dass die Ursache meiner schlechten sprachlichen Entwicklung darin begründet war, dass ich die Zunge tatsächlich nicht bewegen konnte. Der Arzt versuchte die Zunge zu lösen, indem er das Zungenband durchtrennte. Dadurch konnte ich die Zunge zwar bewegen, aber immer noch keine Wörter sprechen.

Mein Vater war einer der bekanntesten Transporteure in dieser Zeit. Er hatte die Schule früh verlassen, um seine Eltern und Geschwister unterstützen zu können, denn die Familie war sehr arm. Er lernte das Autofahren bei seinem Onkel. Es war nach der Kolonialzeit und mein Onkel hatte das Autofahren noch von den Franzosen gelernt, da er jeden Tag die guineischen Kolonisierten zur Zwangsarbeit fahren musste. Diese Gelegenheit nutzte mein Vater, um ebenfalls Autofahren zu lernen, zunächst ohne Führerschein.

Als mein Vater bei meinem Onkel eine nachgestellte Fahrprüfung sehr gut machte, sagte dieser, dass es Zeit wäre für die richtige Führerscheinprüfung. Daraufhin ging mein Vater zur Führerscheinstelle im Rathaus und er erhielt einen Termin für die Fahrprüfung bei der er beweisen konnte, dass er Auto, insbesondere Lastkraftwagen, fahren konnte. Als er seinen eigenen LKW, einen Dodge, über meine Mutter erhalten hatte, wollten mehrere der Lehrlinge (Apprentis), welche mein Vater im Transportwesen ausbildete, ebenfalls Autofahren lernen. Regelmäßig schickte mein Vater einige der Lehrlinge ins Dorf, um auch auf unserer Plantage zu arbeiten und der Mutter zu helfen. Also gingen sie für meine Mutter Holzbündel suchen und erledigten andere Hilfsarbeiten.

Einer der Lehrlinge stammte aus Koba, einer Präfektur von Boffa. Er wusste viel über Tiere und traditionelle Medizin und er mochte mich sehr. Er sprach gerne mit mir, auch wenn ich ihm nicht antworten konnte. Er war der Meinung, dass er mir helfen könnte, sprechen zu lernen. Viele seiner Kollegen bezeichneten ihn daraufhin als Angeber und sagten: „Dieses Kind ist dumm und taub, dass kannst du mit ihm nicht schaffen, du bist nur ein Aufschneider." In Guinea gibt es einen Vogel namens Bouré (auf Sosso bezeichnet Bouré einen kleinen Vogel, genauso groß wie eine Kohlmeise; ich kenne den Namen jedoch weder auf Französisch noch in anderen Sprachen). Dieser Vogel singt und zwitschert viel, so dass es klingt, als würde er etwas erzählen. Der Lehrling hatte eine Falle gebaut, um diesen Vogel zu fangen. Dies gelang ihm auch und er gab mir den gebratenen Kopf des Vogels zum Essen. Ich aß den Vogelkopf und der Lehrling wiederholte den Vorgang mehrmals (der Kopf war immer ohne Schnabel, manchmal auch nur das Gehirn). Mit der Zeit begann ich zu sprechen, doch verstehen konnte man mich noch nicht so richtig. Ich wiederholte die Wörter, um zu prüfen, ob ich sie richtig ausgesprochen hatte.

Mit vier Jahren konnte ich endlich richtig sprechen und war unglaublich froh darüber. Später erzählte mir der Lehrling, der mir so viel geholfen hatte: „Als du nach kurzer Zeit tatsächlich sprechen konntest, fragte ich die Kollegen, ob sie noch sagen müssen, dass ich ein Angeber bin und ob es noch Fragen gibt. Aber keiner sagte mehr etwas."

Im Alter von fünf Jahren hatte ich eine starke Ohrenerkrankung. Es war eine Infektion, von der man nicht wusste, woher sie kam und welche Ursache sie hatte. Ich hatte Eiter in den Gehörgängen, der herausfloss. Es gab keine Ärzte, die meinen Eltern sagen konnten, wie man diese Krankheit bekämpfen könnte. Daher versuchten die Leute im Ort, mich mit Hilfe traditioneller Medizin zu heilen. Endlich gelang es einer alten Dame mit ihren im Wald gesammelten Medikamenten, die Entzündung zu stoppen. Allerdings wurde dadurch der in den Ohren verbliebene Eiter hart und ich wurde schwerhörig.

Weitere traditionelle Mittel wurden gesucht, um den trockenen Eiter aus den Gehörgängen zu entfernen. Dazu verwendeten die Leute Mènètouré, ein Öl aus dem Baum Mènè, und man konnte jeden Morgen eine Menge des trockenen Eiters aus beiden Ohren entfernen. Allerdings nahm die Schwerhörigkeit dadurch noch mehr zu. Das linke Ohr wurde so stark beschädigt, dass ich nur noch laut zwitschernde Vögel hören konnte, oder wenn jemand gellend pfiff. Das rechte war nur minimal besser.

Ich war ein sehr liebes Kind. Trotz der Schwerhörigkeit konnte ich mit anderen Kindern spielen und ich wurde von ihnen nur dann gemobbt, wenn ich sie nicht genau verstand, obwohl sie sich schon mehrmals wiederholt hatten.

Mit dieser körperlichen Einschränkung war ich nicht in der Lage, zur Schule zu gehen. Was sollte ich als schwerhöriges Kind in der Schule machen??? Als Schüler muss man hören können, was die Lehrer erzählen.

Ich habe ältere Geschwister: Zwei große Brüder, eine große Schwester und eine ein Jahr ältere Halbschwester, welche im nächsten Jahr in die Schule gehen würden. Zu meiner Zeit gab es Kindergärten nur für hochrangige Minister und also war ich auch nie in einer Vorschulgruppe, wie es das in deutschen Kindergärten gibt. In Guinea werden diese Lerninhalte von älteren Geschwistern vermittelt, damit das zukünftige Schulkind einige Buchstaben und Zahlen kann, bevor es in die Schule geht. Diese „Vorschulkurse" bei meinen älteren Geschwistern habe ich mit meiner Halbschwester zusammen gemacht. Dabei versuche ich, von den Lippen meines Bruders zu lesen, und konnte bald verstehen, was er erzählte. Um mir alles gut zu merken, wiederholte ich die Buchstaben immer beim Laufen und beim Einschlafen.

Meine Halbschwester war beim Lernen nicht gut und hatte Schwierigkeiten, Geschriebenes zu lesen und zu verstehen. Unser großer Bruder schimpfte sie oft deswegen und sagte zu ihr: „Sieh deinen Bruder, er hört nicht gut, aber er versteht die Sachen, die er sieht."

„Die Menschen sind sehr unterschiedlich", sagte mein Vater zu ihm, „vielleicht versteht sie das, wenn sie in die Schule geht." Mein Bruder antwortete: „Aber wenn sie hier nicht versucht hat, Sachen zu verstehen, wie soll sie es in der Schule können?"

Ich sagte zu meinem Vater, dass auch ich in die Schule gehen könne, aber er war dagegen. Er meinte, das sei bestimmt zu schwierig für mich. Und weil es in Guinea keine Sonderschulen oder Schulen für Kinder mit Behinderung gibt, gehen diese Kinder, wenn überhaupt, in die Koranschule.

So nahm mich mein Vater mit zu seinem jüngeren Bruder nach Carrière, damit ich dort in die Koranschule gehen konnte. Mein Onkel hatte drei Kinder: Zwei Jungen, Kalis und Papingo und eine Tochter namens Fadima. In diesem Haushalt lebten auch meine Cousins Mabila und Dari. Mabila ist ein Sohn meiner Tante, der Schwester meines Vaters. Dari ist ebenfalls ein Sohn von einem Onkel, dem Stiefbruder meines Vaters, der in Wansan Labaya in der Präfektur von Tondon lebte. Beide Cousins waren ein paar Jahre älter als Papingo und ich, sie gingen schon in die zweite Klasse. Dari aber war überhaupt nicht gut in der Schule. Um Bauer zu werden, wollte er schon früh die Schule verlassen und eine Ausbildung bei einem anderen Onkel machen.

Mein Cousin Papingo ist ein paar Monate jünger als ich. Er besuchte mit Dari, Mabila und mir die Koranschule und gleichzeitig gingen die drei in die öffentliche Schule in Carrière. Ich blieb zu Hause mit den jüngeren Kindern und der Mama, Halima die mich schlecht behandelte. Sie nutze mich aus, denn ich musste den Haushalt machen wie ein Hausmädchen und wenn ich nicht machte, was sie wollte, schlug sie mich.

Wir gingen morgens um 6:00 Uhr in die Koranschule und lernten bis 7:30 Uhr. Am Abend gingen wir nochmals von 19:00-20:30 Uhr dorthin. Nachdem der Unterricht am Morgen beendet war, gingen Papingo und die zwei anderen um 7:45 Uhr in die Schule. Nach einigen Monaten kam ich auf die Idee, zusammen mit Papingo in die Schule zu gehen. Ich saß dann in der Klasse neben einem Mädchen, ohne dass der Lehrer mitbekam, dass es einen unbekannten Schüler gab. Als Papingo und ich nach Hause kamen, wollte seine Mutter mich wieder schlagen, weil ich nicht zu Hause gewesen war und die Wäsche nicht gewaschen hatte. Aber Papingo sagte zu seiner Mutter: „Du darfst ihn überhaupt nicht schlagen! Er war mit mir in der Schule, außerdem ist er kein Hausmädchen. Wenn du ihm was antust, sage ich es meinem Vater, wenn er kommt!" Ich selbst hatte nicht den Mut, meinem Onkel zu sagen, dass seine Frau mich wie ein Hausmädchen behandelte, denn ich hatte sehr viel Angst vor ihm.

Am dritten Tag in der Schule schrieb der Lehrer ein Wort an die Tafel und forderte das Mädchen neben mir auf, es zu lesen, aber sie konnte es nicht. Da fragte mich der Lehrer nach meinem Namen und stellte fest: „Ich kenne dich nicht. Wer bist du und seit wann kommst du in die Schule?" Warum er erst am dritten Tag gemerkt hat, dass ein fremder Junge mit in der Klasse sitzt, weiß ich nicht. Ich sagte ihm, dass ich in der Schule eigentlich nicht eingeschrieben sei und schlecht höre, so dass die Leute meinten, ich wäre nicht schulfähig. Aber ich könne trotzdem das Wort lesen, das er an die Tafel geschrieben hat, und ich will tagsüber nicht immer zu Hause bleiben. Das Wort an der Tafel habe ich dann laut vorgelesen, es war Kokosnuss. „In der Regel muss jedes Kind in die Schule gehen, wenn es das Mindestalter erreicht hat", sagte der Lehrer. Aber zu meiner Zeit gab es noch keine Schulpflicht und es gibt sie immer noch nicht. Es gehen nur die Kinder zur Schule, deren Eltern dafür bezahlen können, denn diese schicken ihre Kinder auf die vermeintlich besseren Privatschulen, die vor allem in der Hauptstadt Conakry dominieren. Es gibt zwar auch nationale Schulen, aber für die Schüler, die dorthin gehen gibt es nur in den ländlichen Gebieten Lehrkräfte. In der Hauptstadt unterrichten Lehrer fast ausschließlich in Privatschulen, weil sie dort besser bezahlt werden.

Mein Koranschullehrer war ein sehr netter und gnädiger alter Mann. Er war außerdem der Imam in dem Stadtbezirk in Carrière und hatte drei Frauen.

Die erste Frau meines Lehrers war eine Verkäuferin, sie verkaufte gekochten Mais mit dem sie Lakkiri und N'dappa zubereitete; diese Gerichte sind die Spezialitäten der Fulbe, einer Ethnie in Guinea. Der Mais muss dazu gestampft werden und diese Arbeit sollte ich machen, denn ein Koranschüler muss nach Ansicht der alten Leute in Guinea Segen suchen, indem er viel bei seinem Lehrer arbeitet. Die anderen Schüler und ich mussten viele Arbeiten für die Frau des Koranlehrers übernehmen, damit wir Segen erhalten.

Ich ging ein paar Jahre lang in die Koranschule und es war an einem Freitag, als mein Onkel abends eine Botschaft erhielt, in der ihm mitgeteilt wurde, dass meine Mutter gestorben sei. Ich war noch sehr klein und verlor also mit sechs Jahren meine liebe Mama.

An diesem Tag war ich in der Koranschule gewesen und kam mit meinen Cousins und mit sehr viel Hunger nach Hause. Erst einmal mussten wir das Abendessen machen. Beim Essen sah unser Onkel sehr traurig aus und da fragte ich ihn, was mit ihm los sei. Er nahm mich fest in seine Arme und teilte mir mit: „Deine liebe Mama ist tot", und er brach in Tränen aus.

Meine Mutter hatte erst vor kurzem Drillinge zur Welt gebracht und zwei davon starben bei der Geburt. Meine Mutter folgte ihnen, als mein überlebender Bruder, Papi, zwei Monate alt war. Da war meine Mutter gerade mal 38 Jahre alt. Sie starb in ihrem Dorf, Koba, bei ihren Eltern und die Eltern brachten die Leiche meiner Mutter nach Koubia, dem Dorf meines Vaters.

Mein Vater war zu dieser Zeit in Sierra Leone, da er Handelswaren zu seinen Kunden transportierte.

Als er am nächsten Samstag nach Hause zurück kehrte sah er fast alle Verwandten bei uns. Seine zweite Frau, Bibatou, teilte ihm mit, dass die Mami tot sei und ihre Leiche nach Koubia gebracht worden sei. Koubia ist 92 Kilometer von Conakry entfernt und alle mussten nach Koubia fahren. Meine Mutter hatte für meinen Vater insgesamt zehn Kinder zur Welt gebracht, sechs Kinder lebten und vier Kinder waren gestorben, als sie sehr klein waren. Wir sechs Kinder – Mola (†), Marie Sol, Aisha, Binette, der Papi und ich – wurden gerufen, um die Leiche unserer Mutter zu sehen. Das war für mich das Schlimmste in meinem Leben. Wir kleinen Kinder mussten die Leiche unserer Mutter ansehen. Ich weinte, bis meine Augen komplett geschwollen und mein Gesicht dick war.

Mein Leben bei meinem Vater

Nach dem Tod unserer Mutter wollte ich nicht mehr nach Carrière in die Koranschule, sondern bei meinem leiblichen Vater und meinen Geschwistern bleiben.

Als meine Mutter mit meinem Vater zusammen war, arbeiteten die beiden auch meistens zusammen: Sie waren auf Reisen, um Handelsgüter von Guinea in andere Länder zu transportieren und hatten keine Zeit für uns Kinder. Deshalb hatte meine Mutter für meinen Vater eine weitere Frau gesucht und gefunden. Die Frau hieß Bibatou. Sie blieb zu Hause und hatte ebenfalls fünf Kinder von meinem Vater. Sie sollte auf uns und ihre Kinder aufpassen. Ihre erste Tochter Mami ist ein Jahr älter als ich; ihr erster Sohn, Mukanama, ist ein Jahr jünger als ich.

Ich wollte wieder in die Schule gehen, aber nicht länger in die Koranschule. Doch wieder sagten meine Eltern, mein Stiefbruder Mukanama und ich müssten in die Madrassa, die Arabischschule, gehen. Also gingen wir für ein paar Jahre dorthin. Mein Stiefbruder war ein sehr fauler Junge. Nie hatte er Lust auf die Schule und irgendwann ging er gar nicht mehr hin. Der Lehrer hatte die Schüler und Schülerinnen oft geschlagen, wenn sie etwas nicht wussten, das er schon erzählt hatte. Ich sagte zu meinem Vater immer wieder, dass ich in die École Nationale gehen möchte. Schlussendlich erlaubte er es mir und meldete Mukanama und mich bei der Schule an. Aber mein Stiefbruder mochte weder lernen noch in die Schule gehen, er sagte immer wieder unter Tränen: „Ich mag nicht in die Schule gehen, weil die Lehrer dort die Kinder schlagen."

Es war ein schöner Montag in der Schule. Mukanama hatte Hunger und wollte unbedingt etwas essen. Er verließ die Schule, kaufte ein Brot mit Sardinen und kam in die Klasse zurück. Die Lehrerin schimpfte mit ihm und nahm ihm das Essen weg. Sie fand das Verhalten von Mukanama nicht in Ordnung, er sei bestimmt nicht der einzige Schüler, der in diesem Moment Hunger habe. Aus Spaß fing die Lehrerin an, das Brot von Mukanama zu essen. Er sah das, stand abrupt auf, entriss der Lehrerin mit Gewalt sein Brot, gab ihr eine Ohrfeige und ging nach Hause. Seit diesem Tag ging Mukanama nicht mehr in die Schule. Seine Mutter wollte ein Gespräch mit dem Schulleiter führen, aber ihr Sohn erklärte, er würde nie wieder in die Schule gehen und jetzt abbrechen, um KFZ-Mechaniker oder Blecharbeiter zu werden. Heute ist er einer der bekanntesten Blecharbeiter in Matam.

Ich ging trotz der Schwerhörigkeit weiter in die Schule, war der Beste der Besten und bestand alle Prüfungen. In der Grundschule müssen die Schüler am Ende jeden Schuljahres Prüfungen machen, um in die nächste Klassenstufe versetzt zu werden. Am Ende der sechsten Klasse macht man eine Abschlussprüfung, das Examen d'études primaires, um ins Kollegium gehen zu können. Bereits am Ende der fünften Klasse dürfen die drei Besten des Jahrgangs an diesem Examen teilnehmen und deshalb erhielt auch ich die Zulassung. Meine Stiefschwester Mami musste diese Prüfung ebenfalls absolvieren, da sie schon in der sechsten Klasse war.

Am Tag vor der Prüfung wollten wir noch am Strand Fußball spielen. Meine Stiefschwester war eine sehr gute Fußballspielerin und deshalb wurde sie auch zur Kapitänin der Schulmannschaft gewählt. Zu dieser Zeit hatte jede Schule eine Fußballmannschaft. Das Haus meines Vaters liegt ungefähr 600-800 Meter vom Strand entfernt. In der Nähe des Meeres wohnen auch die meisten der von anderen Ländern entsandten Botschafter. Ausversehen, und mit etwas zuviel Anlauf, schoss ich den Ball in den Hof des nigerianischen Botschafters. Wir wollten den Ball wieder zurückhaben, aber es kam kein Ball zurück. Also kletterte ich über die Mauer, um den Ball zu holen. Vom Hof aus kickte ich den Ball zurück zu meinen Mitspielern, als plötzlich zwei Kampfhunde in meine Richtung gelaufen kamen. Sie bellten laut und schienen sehr aggressiv zu sein, so kletterte ich schnell über die Mauer zurück zum Strand. Der nigerianische Botschafter hatte seine Haustür geöffnet und rief etwas in seiner Sprache, das wir nicht verstanden. „Gott sei Dank", keuchte ich, nachdem ich wieder bei meinen Freunden war. Wir beendeten daraufhin das Spiel, denn es war sehr gefährlich für uns damals in der Zeit der Diktatur. Der Präsident selbst war zwar kein Diktator, aber mit seinen Brüdern und seinem Umfeld musste man vorsichtig sein.

Am Abend dann, als ich gerade am Lernen war, standen plötzlich Männer des Militärs vor unserer Tür mit der Aufforderung des Chefs de Quartier, mich abzuholen. Sie hatten bereits alle Kinder, die mit mir gespielt hatten, festgenommen und ins Quartier gebracht, denn ein Junge, der mit seinen Eltern neben dem Botschafter wohnte und auch oft selbst mit Fußball spielte, hatte uns alle verraten. Warum, weiß ich nicht. Im Hof des Chef de Quartier wurden wir mit Geißeln geschlagen und anschließend in Gewahrsam genommen. Die Soldaten behandelten uns wie Schwerverbrecher, obwohl wir nur Fußball gespielt hatten. Es war die reinste Folter mit Tränen ohne Ende. Ich dachte, dieser Tag ist vermutlich das Ende meines Lebens. Einige von uns sollten, wie schon erwähnt, am nächsten Tag die Prüfung, das Examen d'études primaires, schreiben. Mein Vater war nicht vor Ort, weil er einen grösseren Transportauftrag zu erledigen hatte. Die Herzen meiner leiblichen Geschwister und meiner Tanten waren vor Kummer schon fast gebrochen, da sie keine Möglichkeit hatten, mir und den anderen zu helfen.

Zum Glück arbeitete der Vater eines Freundes in einem der Ministerien. Als er mitbekam, dass seine zwei Söhne ebenfalls festgenommen waren, ging er zu dem Gebäude, wo wir in Gewahrsam genommen waren. Er beobachtete, wie wir fast öffentlich als Exempel im Hof gefoltert wurden. Da machte er ein Foto von uns, ging zum Präsidenten, zeigte ihm das Bild und sagte entrüstet: „Dies sind alles kleine Kinder, manche von ihnen müssen morgen das Examen d'études primaires machen!" Nachdem der Vater meines Freundes den Präsidenten getroffen und mit ihm gesprochen hatte, kam die Botschaft, dass die Soldaten uns wieder freilassen müssten. Um 1:00 Uhr nachts kamen wir endlich aus dem Gewahrsam und konnten nach Hause gehen. Meine Geschwister trösteten mich liebevoll bis ich einschlief. Um 6:30 Uhr wurde ich geweckt, um zur Prüfung zu gehen. Während der Prüfung konnte ich nicht richtig auf der Bank sitzen, denn mein Po war fast komplett kaputtgeschlagen, alles war voller blutiger Striemen. Nach dem ersten Prüfungstag musste ich mich in warmes Wasser setzen, um die Schmerzen zu lindern. Glücklicherweise verlief die Prüfung trotz der Schläge insgesamt ganz gut.

Am 15. des Monats erhielten wir die Ergebnisse: Ich hatte das Examen mit guter Note bestanden. Meine Stiefschwester aber hatte nicht bestanden, was ihrer Mama, meiner Stiefmutter, gar nicht gefiel.

Bei uns dauern die Sommerferien drei Monate, in denen wir immer zur Oma, der Mutter meines Vaters, gingen. Aber nun hatte mein Vater gesagt, dass wir in diesen Ferien nicht ins Dorf fahren, sondern nach Mauretanien zur Koranschule fliegen müssten. Allerdings gab es von Conakry nach Mauretanien keinen Flug und von offizieller Seite war solche Vorhaben verboten, weshalb wir heimlich nach Sierra Leone fahren mussten, um dort einen Flug nach Mauretanien zu bekommen. Es wurden mehrere Kinder auf die Reise geschickt, darunter auch meine Cousins, die zwei Jungen meines Onkels. Insgesamt waren wir ungefähr 50 Kinder.

Es gab einen Araber aus Mauretanien, der nach Guinea kam, um Kinder auf der Reise von Guinea nach Mauretanien zu begleiten. Er sagte, er bilde die Kinder im Koran weiter, und die Guineer vertrauten ihm, obwohl alles unter der Hand lief.

Wir fuhren mit dem Auto Richtung Sierra Leone und wurden an der Grenze zwischen Guinea und Sierra Leone, in Pamelapu, von Grenzpolizisten gestoppt. Die Polizisten fragten uns, wohin wir fuhren. Wir antworteten, dass unsere Väter uns einem ausbildenden Araber aus Mauretanien anvertraut hatten, der uns nach Mauretanien zur Koranschule bringen sollte. Es waren keine Mädchen dabei, wir waren Jungs zwischen sechs und 18 Jahren. Ein Zwölfjähriger aus unserer Gruppe sagte: „Der Mann hat meine älteren Brüder vor fünf Jahren mitgenommen und seit dieser Zeit haben meine Eltern nichts mehr von ihnen gehört."

In unserem Fall waren die Grenzpolizisten sehr umsichtig. Sie informierten die Regierung, dass sich 50 Kinder an der Grenze von Sierra Leone befanden. Wir mussten den Polizisten alle persönlichen Angaben offenlegen und uns insgesamt drei Tage an der Grenze aufhalten. Zum Essen hatten meine Brüder und ich nur Bouldacassa, eine Mischung aus geröstetem Reismehl, Erdnusspaste und Zucker. Die Vorräte waren schon fast aufgebraucht. Netterweise haben uns die Polizisten am dritten Tag Essen gemacht und erklärten uns, dass der Araber festgenommen worden sei. Der Mann habe Kinder nach Mauretanien gebracht, sie dort aber nicht ausgebildet. Vielmehr mussten diese Kinder Zwangsarbeit für ihn leisten und er hielt sie wie Sklaven. Auf Befehl der Regierung von Sierra Leone wurden die Kinder, die bereits in Mauretanien waren, befreit und von einer guineischen Delegation zurück zu ihren Eltern gebracht.

„Oh Gott, gepriesen seist Du, Du bist wahrhaftig gnädig und barmherzig", betete ich zum allerhöchsten und lieben Gott.

Wir wurden auch zurückgefahren, doch statt nach Hause, wurden wir ins Großgefängnis des Staates Guinea gebracht, denn der Präsident wollte in Wahrheit unsere Väter haben.

Ich saß also mit meinem Stiefbruder Mukanama und meinen zwei Cousins im Gefängnis, aber unser Vater kam nicht. Um Mitternacht wurde ich von den Militärs aufgeweckt, ich sollte mit ihnen zu mir nach Hause fahren und ihnen den Weg zeigen. Sie nahmen mich mit. Im Auto saßen acht Kommandanten, ich hatte schreckliche Angst. Der Weg war weit und ich wiederholte mehrmals: „Geradeaus fahren und links abbiegen und dann rechts." Plötzlich bekam ich einen harten Schlag vom Chef des Konvois auf den Kopf und er blaffte mich an: „Fahr nach links und rechts, kommen wir jetzt auch mal an, hä?" „Doch, wir sind bald da", erwiderte ich. Die Tür zu unserem Hof war verschlossen, denn es war halb zwei in der Nacht. Ein Teil der Soldaten hatte den Hof umstellt, zwei Soldaten gingen mit mir zur Hoftür und klopften. Meine Stiefmutter öffnete und die Soldaten fragten sie: „Ist der Mady da?" Sie antwortete, dass er unterwegs sei. Die zwei Soldaten durchsuchten das ganze Haus nach meinem Vater, fanden ihn aber nicht. In unserem Hof gibt es Bananen- und Mangopflanzen. Die Bananenpflanzen befinden sich in der Nähe der Wasserpumpe. Ich hatte großen Durst und fragte den Chef des Konvois, ob ich bitte Wasser aus der Pumpe zum Trinken holen dürfe. Er sagte: „Ja, aber beeil dich, wir haben keine Zeit." Als ich zur Pumpe ging, merkte ich an einem leisen Rascheln der Blätter, dass mein Vater in den Bananenpflanzen versteckt war. Er packte mich und sagte: „Pssst, hol schnell das Wasser, du hast mich nicht gesehen!"

Die Soldaten brachten mich danach ins Gefängnis zurück. Meine Cousins und mein Stiefbruder fragten mich, ob die Soldaten unseren Vater gesehen und festgenommen hätten. Ich antwortete, unser Vater sei nicht zuhause gewesen und dass ich nun total müde sei. Denn ich hatte das Gefühl, dass wir über Kameras beobachtet wurden und wollte mich meinen Brüdern gegenüber nicht äußern.

Wenn in dieser Zeit jemand nachts von den Soldaten festgenommen wurde, dann blieb er für immer verschwunden. Nach einem Monat kam endlich unser Vater und wir wurden freigelassen.

Der Präsident hat mit allen Möglichkeiten versucht, herauszukriegen, was mein Vater genau tat. Denn er hatte mitbekommen, dass mein Vater Bodenschätze von Guinea nach Sierra Leone transportierte. Mein Vater hatte die Äußerung dementiert und es wurde viel diskutiert. Er saß zwei Jahre im Gefängnis. Danach sollte er in das Camp Mamadou Boiro gebracht werden, in dem die Todesrate unter den Gefangenen sehr hoch war. Wir erhielten diese Nachricht vom Polizeichef. Er wohnte in unserem Stadtbezirk und seine Frau war meine Französischlehrerin. Er selbst konnte meinem Vater leider nicht helfen, ihm waren die Hände gebunden. Er sagte: „Es wäre besser, wenn die Oma, also die Mutter deines Vaters, eine Möglichkeit finden könnte, um zum Präsidenten, Sékou Touré, zu gehen und mit ihm zu sprechen." Aber das war ein sehr schwieriges Unterfangen. Zum Glück hatte mein älterer Bruder Mola eine Freundin, die die Tochter einer Ministerin war. Diese Frau konnte meine Oma zum Präsidenten führen. Als der Präsident meine Oma sah, erkannte er sie sofort: Die beiden waren einmal nach Mekka gepilgert, dort wohnte er neben meiner Oma, grüßte sie jeden Morgen freundlich und gab ihr Wasser zum Trinken, als Zeichen des Respekts einer alten Mama gegenüber. Sie hatten sich öfters unterhalten. Er bot meiner Oma Getränke an und sagte: „Hadja, ich glaube, wenn ich mich richtig erinnere, haben wir uns schon in Mekka kennengelernt." Meine Oma erwiderte: „Ja, du hast in Mekka direkt neben mir gewohnt." Der Präsident fragte: „Und was kann ich für dich tun, oh Hadja, Zukunft des Landes Guinea?" (Der Name unseres Landes bedeutet Frau.) „Mein Sohn Mady sitzt seit zwei Jahren im Gefängnis, er ist der einzige Sohn, der mich unterstützt", antwortete meine Oma. „Hadja, ich habe mitbekommen, dass dein Sohn unsere Bodenschätze in die Nachbarländer, insbesondere nach Sierra Leone, transportiert", erwiderte Sékou Touré meiner Oma." „Mein Sohn macht das nicht", sagte meine Oma. „Wenn du das sagst, dann glaube ich dir", so Sékou Touré. Er forderte die Freilassung meines Vaters per Telefon, doch zunächst musste mein Vater zu ihm kommen und die beiden unterhielten sich. Der Präsident warnte meinen Vater eindringlich davor, Bodenschätze nach Sierra Leone zu transportieren.

In der Regel beförderte mein Vater verschiedene Gegenstände für seine Kunden, meist Fulbe, nach Sierra Leone und zu anderen Orten. Aber was genau er da transportierte, musste er nicht unbedingt wissen. Durch diese Arbeit war er sehr reich geworden und jeder zweite Erwachsene in Conakry kannte den Namen meines Vaters, denn es gab zu der Zeit nicht viele Transportunternehmer.

Nach der Entlassung aus dem Gefängnis durfte mein Vater nur noch im Inland Transporte tätigen. Er beförderte Passagiere mit ihren Waren von Conakry nach Boke, Boffa, Koba und Samou hin und her.

Die Stiefmutter musste auf uns Kinder aufpassen, aber wir haben mit ihr sehr schlechte Erfahrungen gemacht. Sie behandelte uns wie Sklaven, sämtliche Arbeiten im Haushalt mussten wir Kinder erledigen. Ihr ältester Sohn, Mukanama, war ein sehr kräftiger Junge, ich dagegen war sehr dünn und hatte kaum Kraft. Der Stiefbruder nutzte das aus und schlug mich oft. Deshalb freuten wir uns auf die Ferien, wenn wir zur Oma durften, denn zu Hause war für uns die Hölle; wir durften nicht essen, so lange eines der Kinder von der Stiefmutter noch fehlte, man musste auf dieses warten. Manchmal hatte man keine Lust mehr, auf die zu warten. Dann ging ich zum Essen zu einer der Tanten, obwohl ich dort nicht eingeladen war, aber sie wussten um die Situation bei mir zu Hause.

Einmal sollte ich das Geschirr und die Wäsche waschen. Es war sehr viel Wäsche, die per Hand auf dem Banko gewaschen werden musste. Das Banko ist vergleichbar mit einem Waschbrett, nur aus Holz. Danach sollte ich bügeln, die Wäsche falten und einsortieren. Wenn ich nicht machen konnte, was die Stiefmutter mir aufgetragen hatte, dann schlug mein Vater mich, ohne zu bedenken, dass seine Frau auch Kinder hat. Warum mussten wir alles für die Frau tun, obwohl sie auch zwei Hände und zwei Füße hat, und warum bringt eine Frau Kinder zur Welt und behandelt andere Kinder, insbesondere die Kinder ihres Mannes, so schlecht?

Nachdem mein Vater mich einige Male geschlagen hatte und wieder auf Reisen war, bin ich vom Hof geflohen, denn ich wollte diese Gemeinheit nicht mehr akzeptieren. Ich lebte eine Woche mit Waisenkindern auf der Straße und übernachtete bei einem Freund. Aber ich ging mit meinen Freunden jeden Morgen in die Schule. Ich war in dieser Zeit am Kollegium in der siebten Klasse und meine Geschwister traf ich immer am Strand, denn wir machten alles am Strand, wir spielten, schwammen und lernten dort.

Der Vater kam von der Reise zurück und hörte, dass ich seit einer Woche nicht zu Hause gewesen war. Die Mitarbeiter meines Vaters mussten mich suchen und finden.

Am nächsten Morgen traf ich meine Schwester Mabinti in der Schule und sie erzählte mir, dass die Männer des Vaters mich wie einen Verbrecher überall suchen würden. Weil ich wusste, wie aggressiv, wie sehr aggressiv mein Vater mir gegenüber gewesen war, hatte ich panische Angst und suchte mit allen Möglichkeiten einen Ort, an dem mein Vater und seine Männer mich nicht ausfindig machen konnten. Ich kam auf die Idee, zu einem Freund in Taouya, zu fahren. Taouya ist ein Stadtteil von Conakry in der Kommune von Ratoma. Ich blieb dort eine Woche, bis mich seine Mutter fragte: „Werden deine Eltern nicht ärgerlich, wenn du die ganze Zeit bei uns bleibst?" „Wahrscheinlich", antwortete ich. Mein Freund sagte zu seiner Mutter: „Dieser Junge hat seine liebe Mama verloren und die Stiefmutter verhält sich ihm und seinen Geschwistern gegenüber sehr schlecht, das weißt du alles, Mama. Würde es dir gefallen, wenn eine andere Frau deine Kinder so misshandelt?". „Trotz alledem muss Amine nach Hause, der Vater lebt noch. Ich möchte kein Problem zwischen seinem Vater und mir, deshalb bringe ich ihn heute nach Hause zu seinen Eltern", sagte die Mutter, „und außerdem ist es nicht gut, das Kind von jemandem hier zu behalten, ohne dass seine Eltern Bescheid wissen. Ich bringe ihn nach Matam zu seiner Familie."

Von Taouya bis Matam sind es etwa 20 Kilometer. Wir mussten mit dem Bus fahren und zweimal umsteigen. Als wir zu unserem Haus kamen, sagten meine Stiefbrüder vor der Hoftür zu mir: „Der Vater macht dich wahrscheinlich heute fertig." Man öffnete mir die Tür zum Hof. Als ich meinen Vater sah, wollte ich wieder fliehen, aber seine Männer liefen hinter mir her und fingen mich ein. Vier Männer hielten mich an Händen und Füßen in der Schwebe und mein Vater schlug mich viele Male auf den Po, so dass ich wieder nicht auf einem Stuhl sitzen konnte.

Meine Geschwister weinten, die anderen dagegen freuten sich. Mein Vater verbot mir, auch nur einen Schritt vor die Hoftür zu setzen. Nach einer Woche mit Schlägen bekam ich mit, dass mein Vater neu verliebt war und er diese neue Frau unbedingt heiraten wollte. Die Frau war eine sehr kluge Frau, die Philosophie und Französisch auf Lehramt an der Universität Gamal Abdel Nasser von Conakry studierte. Sie war die Beste der Besten und kam ursprünglich aus Boke (Boke ist eine Präfektur in Niederder Guinea). Eigentlich hat diese Frau meinen Vater nie richtig geliebt. Die beiden passten überhaupt nicht zusammen, ihre Lebenswege waren total verschieden. Sie war eine sehr hübsche Frau, die allerdings schon mit einem anderen Mann verheiratet war. Dieser Mann war der Direktor von Port Autonome de Conakry und er wurde im Auftrag der Regierung auf eine Dienstreise nach Frankreich geschickt. Von dort erklärte er in einem offenen Brief seinen Rücktritt, denn er hatte das Gefühl, wenn er nach Guinea zurückkehrte, würde er gefoltert und getötet. Zu dieser Zeit herrschte nach wie vor die reine Diktatur in Guinea. Seine so in Guinea zurück gelassene Frau gebar für diesen Mann einen Sohn, der dennoch den Namen seines Vaters erhielt.

Wenn in Afrika ein reicher Mann eine Frau heiratet, dann heiratet er auch die ganze Familie der Frau. Die Hochzeitszeremonie für diese neue Frau, war sehr groß. Mein Vater lud sogar Les Ballets Africains de Guinée ein. Das ist eine Trommel- und Tanzgruppe mit starken Männern und Frauen. Eine Cousine der Braut war die Hauptdarstellerin in der Tanzgruppe Wassara, die Ballets Africains zeigten.

Die zwei Frauen meines Vaters lebten nun zusammen mit uns auf dem Hof. Auch später, nach der Hochzeit, ging die neu hinzu gekommene Frau ihrem Beruf als Französischlehrerin am Gymnasium von Kolleya, dies ist ein Stadtteil der Kommune von Matam, nach.

Einige Familienmitglieder der neuen Frau, wie ihre zwei Schwestern und ihr Sohn, waren schon bei uns eingezogen. Von der bisherigen Frau wohnten ebenfalls zwei Schwestern und zwei Brüder bei uns. Dies war möglich, da mein Vater seiner Arbeit als Transporter nachging und viel Geld in der BCRG (Banque Centrale de la République de Guinée) angespart hatte. Davon wussten wir Kinder jedoch nichts.

Jedenfalls waren wir zunächst erleichtert, dass die Frau nun mit im Haus war. Denn sie behandelte uns gut, was sich mit der Zeit jedoch ändern sollte. Sie bezahlte uns manchmal für Erledigungen im Haushalt. Wenn ich für sie Wäsche wusch, gab sie mir Taschengeld und sagte: „Geh mal ins Kino." Das mochte ich an ihr, sie tat das fast jedes Wochenende. Sie gebar für den Vater vier Töchter. Mein Vater hatte zu dieser Zeit insgesamt zwölf Töchter und sieben Söhne.

Es war ein schöner Sonntag. Wir saßen alle zusammen, während sich die Frau mit meinem Vater unterhielt. Sie sagte, sie habe keine Lust mehr, Unterricht zu geben, manche Schüler seien unhöflich und sie habe es satt. „Und was willst du jetzt machen?", fragte mein Vater. „Ich möchte Geschäfte zwischen Europa und Guinea machen, denn ich denke, dass diese Geschäfte unsere Familie reicher machen", sagte sie. „Und welche Art von Geschäften möchtest du machen?", fragte mein Vater. „Ich möchte Waren wie z. B. Autos oder Kleidung aus Europa nach Guinea bringen", sagte sie. Die beiden stimmten sich im Sinne der Frau ab, da die Frau klüger war als mein Vater. Er konnte nicht richtig lesen und schreiben und kam auch nie auf den Gedanken, dass die Frau nicht ihn wollte, sondern nur hinter seinem Geld her war. Seit 1984 konnten die Guineer alles machen, was sie wollten, denn 1984 war das Ende der Diktatur unter Sékou Touré. Der nachfolgende Regierungschef war dabei, vieles besser zu machen. Als er an die Macht gekommen war, rief er alle Guineer aus dem Exil zurück, damit sie sich an der wirtschaftlichen und politischen Entwicklung des Landes beteiligen konnten. Die Mauer, die Touré zur Blockierung der Guineer gebaut hatte, wurde geöffnet und viele reiche Leute konnten ihre Kinder nach Amerika, Europa und Asien zum Studium schicken. Unter Touré war dies verboten.

Sekou Touré war ein Präsident, der sich oft an sein Volk wendete, er war ein Revolutionär, der ein sozialistisches System in Guinea anstrebte. Für ihn war die Demokratie ein Schlüsselwort für Korruption, Diebstahl und Betrug. Er sagte: „Wenn die Unterdrücker zu einem afrikanischen Präsidenten sagen, „dieser ist gut", bedeutete das für ihn, dass dieser Präsident nicht für sein Volk gut ist.

Während seiner Amtszeit bestrafte Sékou Touré die Guineer, die sich weigerten, die Grundgesetze der Republik zu akzeptieren, und jene, die natürliche Ressourcen wie Kupfer, Gold und weitere Bodenschätze in andere Länder verkauften, um sich selbst zu bereichern.

Touré baute nicht einmal eine Hütte für sich oder seine Familie, denn alles, was er hatte, überließ er dem Volk. Diese Einstellung ist ihm hoch anzurechnen, denn oft ist es so, dass sich die Machthabenden zunächst selbst bereichern. Zu seiner Zeit hatte die Aluminiumfabrik in Friguiakimbo ein Kapital von 13 Milliarden US-Dollar und Touré verteilte diesen Gewinn unter den Guineern. Er baute bis zu 300 Firmen und führte einen unermüdlichen Kampf gegen Malaria und Gelbfieber, weshalb er Pharmaindustrien aufbaute, die Chloroquin, Quinimax, Nivaquine, also Quinine und seine Derivate, herstellten.

Zudem erließ Sékou Touré, als er an der Macht war, ein sehr strenges Gesetz. Er wollte, dass wir unsere Muttersprache in der Schule erlernen. In Guinea gibt es 33 Volksgruppen und Touré ordnete an, dass alle Guineer eine dieser 33 Sprachen in der Schule lernen. Mit diesem Gesetz entstand ein großes Problem: Die Weisen von Oberguinea sagten, dass sie die Idee des Präsidenten nicht unterstützen oder akzeptieren könnten, da ihre Muttersprache verloren gehen könne. Die Weisen von Mittelguinea sagten das Gleiche. Sékou Touré kam daraufhin zu dem Beschluss: Die Afrikaner brauchen überhaupt keine andere Sprache außer ihrer Muttersprache und es sei unfair, Französisch in unseren Schulen zu verwenden.

Seit der im August 1968 gestarteten Kulturrevolution konzentrierte sich die guineische Schule auf die Nationalsprachen. Guinea ist in vier Regionen aufgeteilt. Also hatte sich jeder, der in einer der vier Regionen wohnte, die dort gesprochene Landessprache anzueignen. Im Maritimen Guinea (Niederguinea) zum Beispiel, mit der Hauptstadt Conakry und dem großen Hafen, sind fast alle ethnischen Gruppen vertreten und weil Sosso die Sprache ist, die für alle am einfachsten ist, wird hier zum Großteil Sosso gesprochen, auch in der Verwaltung.

Guinea-Conakry in Westafrika war eines der wenigen Länder Subsahara-Afrikas, das die Kolonialsprache zusammen mit der Kolonialherrschaft ablehnte, zumindest in der Grundbildung. Unter seinem ersten Präsidenten, Sekou Touré, führte Guinea als ein Land im Westen Afrikas acht wichtige Landessprachen als Unterrichtsmedien für Grund-und Mittelschulen ein. Die Gleichstellung der Sprache durch die Bildung war ein Teil des Programms von Sékou Touré, eine sozialistische Wirtschaft mit nationalistischer Ideologie zu verbinden. Leider überlebte der Unterricht in den Nationalsprachen die Amtzeit von Sekou Touré nicht, sondern starb 1984 mit ihm. Seitdem hängt das gesamte Schulsystem nur von Französisch ab, einer Sprache, die nur sehr wenige Guineer zu Hause sprechen (Quelle: www. Nationalsprachen im Unterricht in Guinea-Conakry: Re-Emanzipation im Gange? (researchgate.net) Abstract aus: Internationale Zeitschrift für Sprachsoziologie 2011(209), Aufrufdatum: 20.03.2024). Die neue Generation des Landes, die gerade eben die Kultur ihrer Vorfahren durch Soziale Medien, in Geschichte oder aus Büche erfahren hat, muss nun lernen oder begreifen, dass bisher ein großer Fehler gemacht worden ist, indem sie die ganze Zeit die Sprache von den Unterdrückern in der Schule gelernt hat, statt ihre eigene Muttersprache zu erlernen.

Touré teilte Conakry in drei Bereiche und mehrere Sektoren: Die Regierung und Regierungsvertreter wohnten z. B. in Conakry eins. Dort befanden sich auch die Handelskammer und der große Hafen Guineas. Mit 11 Jahren war ich ein Pionier der Brigade Fédéral de Conakry trois, der heutigen Kommune Matam, und war fast überall dort im Einsatz, wo Regierungsvertreter waren. Die Pioniere hatten der Nation zu dienen, indem sie die Regierungsvertreter begleiteten, sangen und Vorführungen machten. Im politischen System gab es die PDG (Parti démocratique de Guinée) und ihre Koalitionspartner, die RDA und JRDA. Diese zwei Parteien waren von der PDG selbst gegründet worden. Sékou Touré und seine beiden Halbbrüder, errichteten eine umfassende Kontrolle über ganz Guinea durch Spionage. Ihre Spione waren sogar als Bettler verkleidet und überall in Guinea unterwegs. Sie gingen zu den Leuten und bettelten um Geld oder Reis. Wenn sie jemanden etwas gegen die Regierung sagen hörten, dann trugen sie das sofort weiter. Des Nachts fuhren dann schwarze Jeeps mit unbekannten, kräftigen Soldaten bei den betreffenden Leuten vor. Wer in dieser Zeit in der Nacht verschwand, wurde nie wieder gesehen.

In diesem politischen Klima wurden viele Intellektuelle, die Gesetze sabotiert hatten, und unschuldige Guineer in Camp Boiro gefoltert und getötet. Als Foltermethode wurden oft Wassertropfen verwendet, die gleichmäßig immer auf die gleiche Stelle des kahl rasierten Kopfes fielen. Auf diese Weise wurden die Betroffenen drei Tage gefoltert, bevor sie in eine andere Zelle gebracht wurden.

Eines Nachts hatte in Bouramaya Wassou, einer Unterpräfektur von Dubreka, ein 15-Jähriger geträumt, dass der Nachfolger von Präsident Sékou Touré aus Bouramaya stammen würde.

Am nächsten Morgen erzählte er seinen Eltern von dem Traum, ohne sein Wissen in Anwesenheit eines Unterwanderers. In der Nacht fuhren die schwarzen Jeeps beim Haus des Vaters vor und verschleppten den Jungen. Er wurde zu dem Kommandanten von Camp Boiro, gebracht. Dort wurde er gefragt, ob er wirklich geträumt habe, dass der nächste Präsident aus Bouramaya stammen würde. „Ich habe geträumt, dass ich der Präsident geworden bin", sagte der Junge ängstlich weinend, denn er wusste nicht, was man aufgrund dieser Aussage mit ihm machen würde. Er blieb für immer verschwunden.

Der Traum des jungen Mannes wurde wahr. Der Nachfolger von Präsident Sékou Touré, ehemals seine rechte Hand, Lansana Conté, stammte aus Bouramamya.

Meiner Meinung nach war Sékou kein Diktator (jeder Mensch hat seine positive und negative Seite), seine zwei Halbbrüder dagegen waren böse Menschen und ich denke sie hatten einen sehr großen Einfluss. Die beiden, insbesondere Ismael Touré, mochten Sékou nicht. Mein Eindruck war, dass sie das Image ihres Bruders beschmutzen wollten, obwohl Sékou sein Land und ganz Afrika mehr liebte als sich selbst. Es gab, denke ich, auch viele Morde, von denen der Präsident nichts wusste, wie z. B. die Ermordung von Télli Diallo, einem der bekanntesten intellektuellen Guineer, den man auch als das Herz der Fulbe bezeichnen könnte.

Die Halbbrüder des Präsidenten hatten hübsche Mädchen die für sie arbeiteten und die, auch im Ausland lebende, Regierungskritiker aus der Reserve locken sollten. Denn es gab in Europa, insbesondere in Frankreich, viele Guineer, die die Regierung kritisierten.

Nun gab es einen Kritiker, den Sékou Touré um jeden Preis ausschalten wollte. Er schickte ein Mädchen nach Frankreich die speziell den Auftrag hatte, diesen Mann in eines der Nachbarländer von Guinea zu locken.

Das Mädchen lernte den Mann nach einiger Zeit bei einer Kundgebung von Guineern in Paris kennen. Sie traf sich öfters mit ihm. Ihre Schönheit hatte es dem Mann angetan und so lud er die Frau in ein Restaurant ein. Dort sprachen die beiden über die Regierung in Guinea. Die Frau erzählte ihm: „Meine Eltern sind mit meinen zwei Brüdern auf der Flucht nach Sierra Leone und die Eltern haben mich hierhergeschickt, um eine bessere Ausbildung machen zu können." In den nächsten Tagen rief die Frau immer wieder in Sierra Leone an, um damit den Mann zu überzeugen, dass ihre Familie dort lebte. Die beiden waren einige Zeit später liiert und wollten heiraten. „Wir können in Sierra Leone heiraten, damit meine Verwandten auch dabei sein können", sagte die Frau zu dem Regierungskritiker. Viele Guineer waren nach Sierra Leone, in die Elfenbeinküste oder nach Mali geflohen.

Weil der Mann nach dem Mädchen verrückt war, stimmte er zu, für die Eheschließung mit ihr nach Sierra Leone zu fliegen. Als sie dort angekommen waren, schickten die Halbbrüder ihre Männer zu dem Ex-Präsidenten Siaka Steven, um diesen Mann holen zu lassen. In der Abenddämmerung wurde der Mann verschleppt und nach Guinea zum Präsidenten gebracht. Oh je, die Liebe ist manchmal ungerecht.

Einer der besten Freunde Sékous war ein Mann, der mit Sékou zusammen gegen die Franzosen für die Freiheit Guineas gekämpft hatte. Der Vater von diesem Freund war ein großer Marabou (ein Koranschullehrer, Hellsager und Gottesdiener nennt man Marabou) und ein bekannter Hellseher. Sein Sohn wollte mit einigen seiner Kollegen, darunter auch Sékou, in seine Heimatstadt Pita fahren, um den Vater zu besuchen. Als die vier Freunde dort ankamen, begrüßte der Vater die Gäste per Handschlag. Er schüttelte alle Hände, außer der Hand von Sékou. „Warum?", fragte Sékou Touré. „Deine Hand ist voll von Blut, deshalb kann ich sie nicht drücken. Es tut mir leid, meine Hände sind sauber", antwortete der Marabou und Wahrsager.

In der Nacht, als die andere schliefen, rief der Marabou seinen Sohn zu sich und sagte zu ihm: „Du wirst nie Macht haben, lass diese Leute in Ruhe. Wenn nicht, wird Sékou dich eines Tages töten." „Weil du das schon weißt, möchte ich, dass du für mich

Zauberei zum Schutz anwendest", sagte der Sohn. „Das wird dir nicht helfen", erwiderte der Vater. Am nächsten Morgen wollte der Marabou und Hellseher seinen Sohn überzeugen und ihm beweisen, dass das, was er ihm in der Nacht gesagt hatte, richtig war. Er hatte zwei Schafböcke gekauft und sagte zu seinem Sohn: „Nimm einen davon." Und sein Sohn nahm einen davon. Der andere war für Sékou Touré bestimmt. Der alte Mann brachte die zwei Schafböcke durch seinen Willen dazu, gegeneinander zu kämpfen. Im Kampf zwischen den beiden Böcken wurde der Schafbock, den sein Sohn gewählt hatte, getötet. „Das ist der Beweis. Wenn du nicht auf mich hörst, wird es dir ebenso ergehen", sagte der Marabou und Hellseher zu seinem Sohn. „Manchmal stimmt die Hellseherei nicht ganz. Ich möchte nur, dass du für mich dein Wissen nutzt und mich damit schützt", erwiderte dieser. Also gab ihm der Vater einen Boubou, eine traditionelle Kleidung der Ethnie der Fulben (hier handelt es sich um eine Schutzkleidung gegen alle unerwünschten, schlechten Gegenstände), zum Schutz. Wenn er diese trüge, würde er sofort unsichtbar. Eines Tages, im Dezember 1970, war er in seinem Haus am Meer in Matam Lido Corniche. Plötzlich sah er überall in seinem Hof Soldaten und öffnete die Tür. „Sind Sie für die Revolution bereit?" fragten die Soldaten ihn, „Wir sind hier, um Sie auf Befehl des Präsidenten abzuholen." Der Angesprochene, der nur ein Unterhemd und kurze Hosen trug, entgegnete: „Okay, aber ich muss kurz in die Wohnung, um mich anzuziehen." Der Chef der Soldaten erwiderte: „Nein, das ist Ihnen nicht erlaubt. Steigen Sie bitte ins Auto – oder weigern Sie sich?". Der Sohn des Marabou, der immerhin Altbürgermeister von Conakry war, diskutierte mit den Soldaten und wollte unbedingt in seine Wohnung zurückgehen. Die Soldaten verhafteten ihn daraufhin brutal und brachten ihn ins Gefängnis. Am 25. Januar 1971 wurden vier hochrangige Beamte, darunter auch der Sohn des Marabou Barry Trois mit Ousmane Balde, Moriba Magassouba und Kara Soufiana Keita wegen Hochverrats, vor den Augen ihrer Familien auf der Brücke „8 Novembre" erhängt. Quelle: https://de.frwiki.wiki/wiki/Pont_8_Novembre, (Aufrufdatum: 28.03.2024)

Zu Lebzeiten war Barry Trois zunächst Parteichef der DSG (Sozialistische Demokratie Guineas). Nach seinem Jurastudium in William Ponty in Dakar, Senegal, arbeitete er als Anwalt in Frankreich. 1954 wurde er zum Bürgermeister von Guineas Hauptstadt Conakry gewählt. Alle Menschen haben diesen Mann ins Herz geschlossen, insbesondere die Menschen aus Mittelguinea.

Aber zurück zu dem Leben, das ich bei meinem Vater führen durfte ...

Ein Kind muss die Anweisungen seiner Eltern befolgen. Ansonsten verliert es alles, und nichts wird ihm gelingen, was es vorhat.

Im Großen und Ganzen lebte ich bei meinem leiblichen Vater wie ein Waisenkind. Mit zwölf Jahren habe ich angefangen zu arbeiten, um für mich Schulsachen, Kleider und Schuhe zu kaufen, indem ich den Sand vom Strand sammelte und am Straßenrand verkaufte. Ich war nicht der einzige Junge, der das gemacht hat. Ich wollte schon mit 14 Jahren das Mittelmeer überqueren, um nach Europa zu kommen, aber mir fehlte das Geld. Es war niemand für mich da, der mich unterstützen konnte.

Als die letzte Frau meines Vaters merkte, dass ich jemand bin, der schnell Sachen kapiert, hielt sie Abstand zu mir. Mein Vater hatte ihr sämtliche seiner Sachen zur Verfügung gestellt. Er zeigte der Frau auch das Erbe unserer verstorbenen Mutter, eine große Kiste mit Schmuck, Gold und Perlen. Die Mutter hatte drei jüngere Töchter und wir wussten alle, dass diese Kiste unserer Mutter gehörte, denn sie stand im Schlafzimmer meiner Mutter und in diesem Zimmer gehörte alles, was da war, zu unserer lieben Mama. In dem Zimmer übernachtete manchmal meine Tante. Durch Zufall sah ich, dass jemand die Kiste geöffnet hatte, und so nahm ich einen Teil des Schmucks und brachte ihn zu meinem Freund Anthony, damit er die Schmuckstücke für mich aufbewahrte.

Meine Tante erzählte meinem Vater, dass die Kiste seiner verstorbenen Frau kaputt sei. Daraufhin fragte mein Vater alle Familienmitglieder, wer das gemacht habe oder ob man jemanden gesehen hätte, der das gemacht haben könnte. Ich erklärte meinem Vater, dass ich, nachdem ich die offene Kiste gesehen und gedacht hatte, sie sei wahrscheinlich kaputt, Schmuck für meine Geschwister daraus entnommen habe. „Wo ist der Schmuck?", fragte der Vater mich. „Der ist bei einem Freund", antwortete ich. Mein Vater und ich gingen zu Alain. Dieser gab mir alles, was ich ihm gegeben hatte. „Das ist nicht alles", sagte mein Vater. Mein Freund Alain erwiderte, dass das aber doch alles sei, was ich ihm gegeben hatte.

Mein Vater glaubte uns das nicht. Er brachte mich und meinen Freund ins Gefängnis. Dort wurden wir gefoltert, damit wir verraten, wo der Rest des Schmucks ist. Weil Alain so viel geschlagen wurde, behauptete er, dass er einen Teil zu einem Schmied gegeben habe. Der Schmied wurde ebenfalls von Polizisten verhaftet und mit uns gefoltert. In Surreté (JVC Gefängnis) sagte ich dann, der Schmied könne nichts bekommen haben, denn Alain habe mir all das wiedergegeben, was ich ihm gegeben hatte. Daraufhin kam der Schmied wieder auf freien Fuß. Mein Freund und ich waren Schüler und zwei Monate im Gefängnis in den Händen von sehr bösen Polizisten. Eines Tages kam mein Onkel Django Modu zu meinem Vater und sagte zu ihm: „Du hast deinen eigenen Sohn so oft misshandelt. Wie kann es sein, dass ein Vater seinen Sohn ins Gefängnis bringt, weil er den Schmuck seiner eigenen Mutter genommen hat? Wenn du deinen Sohn nicht mehr willst, gib ihn mir, ich kann mich um ihn kümmern."

Wir wurden aus dem Gefängnis entlassen und zunächst durfte ich zu meinem Onkel. Er hatte Schuhe und andere Sachen für mich gekauft. Als mein Vater das mitbekam, ging er zu meinem Onkel und holte mich wieder zurück. Die Schuhe, die mein Onkel für mich gekauft hatte, schnitt er in Stücke. „Oh mein Gott", sagte ich, „die Schuhe hat mein Onkel für mich gekauft, du darfst sie auf keinen Fall zerschneiden. Du liebst deine Kinder nicht, warum hast du uns überhaupt als Kinder, wenn du uns nicht magst?" Da kam mein Vater auf mich zu, gab mir eine Ohrfeige und schlug mich. Seit diesem Tag blieb ich auf Distanz zu ihm und war froh, zur Schule gehen zu können.

Eines Tages war ich mit meinen Freunden am Strand und wir versuchten, uns selbst Karate beizubringen, als ein Mann, Metti, auf uns zukam und fragte, ob wir Kampfsport lernen wollten. „Ja", antworteten wir. Metti sagte, dass er einen schwarzen Gürtel in Taekwondo habe und uns trainieren könne. So lernte ich früh Kampfsport, insbesondere Taekwondo, ohne dass aus meiner Familie jemand davon erfuhr. Die Stiefmutter sagte immer zu ihrem Sohn, dass er mich schlagen solle, und am Anfang schlug er mich oft. Dann hörte er jedoch damit auf, weil ich mich endlich verteidigen konnte und ihn, vor den Augen seiner Mama, ebenfalls schlug.

Metti war in der Elfenbeinküste aufgewachsen. Als die Diktatur zu Ende war, kam seine ganze Familie wieder nach Guinea zurück. Er trainierte uns sechs Jahre lang.

Mein Vater war nicht nur Transporteur, sondern auch Landwirt. Auf dem Land in Koubia, in Tongoboffou und Dibiya hatte er große Plantagen mit Mangos, Palmen, Pampelmusen, Mandarinen und anderen Pflanzen wie Maniok und Süßkartoffeln. Zusätzlich baute er Reis in Kenende an. In einem Jahr hatte er Reis in Yerende bei Kenende, dem Dorf meiner Stiefmutter Buntu, gepflanzt und wir mussten den Reis dort ernten gehen. Es waren Osterferien und wir waren fünf Jungs: Zwei Söhne meines verstorbenen Onkels Bob, zwei Söhne meiner Stiefmutter und ich. Meine Stiefmutter war auch dabei. Yerende hat ungefähr 40 Einwohner und ist sehr fruchtbar, weil der Fluss Konkouré am Dorf entlang fließt.

Meine Stiefmutter und ihre Brüder hatten für uns ein altes Haus in der Nähe vom Fluss zum Schlafen gemietet. Ich dachte, wir würden alle in diesem Haus schlafen, aber es sollten nur drei dort übernachten, also die zwei Cousins und ich.

Am Abend nach dem Essen kamen einige Jungen und Mädchen zu uns, um uns kennenzulernen. Wir spielten mit ihnen und erzählten Märchen. Als wir müde wurden und ins Bett gehen wollten, folgte uns einer der Jungen, Kalidou. Er ist der Sohn von der Schwester meiner Stiefmutter. „Wir haben ein Bett für drei Personen, wir können nicht alle vier in diesem kleinen Bett schlafen", sagten wir zu dem Jungen. „Ich muss aber bei euch übernachten, ich kann auch auf dem Boden schlafen", antwortete der Junge. „Ihr wisst nicht, was in diesem Dorf in der Nacht passiert, es gibt hier, insbesondere mit Fremden, Hexerei. Dieses Dorf ist voll von Hexen." Also gingen wir alle vier ins Bett; es war aus Flocken von Reishülsen gemacht. Die zwei Cousins schliefen schnell ein. Aber der Junge und ich waren noch nicht richtig eingeschlafen, als die Mücken in das Haus einfielen wie Regen. Es war ein mühsamer Kampf gegen die Mücken, den wir am Ende verloren und weinend nach draußen gingen. Vor dem Haus war es dunkel und wir zündeten eine Fackel an, um den Weg zu sehen. Da kam jemand auf uns zu und sagte: „Bitte Feuer aus, Sie dürfen das Dorf nicht in Brand setzen." Wir löschten die Fackel und zündeten sie kurz danach wieder an. Doch immer wieder kam jemand, sagte „Bitte Feuer aus!" und verschwand sofort wieder. Doch wir zündeten die Fackel immer wieder an und antworteten: „Wenn Sie nicht aufhören, dann setzen wir dieses Dorf bestimmt in Brand, ihr Dämonen." Die zwei Söhne der Stiefmutter waren bei der Mutter ihrer Mutter, bei der Oma. Wir gingen zu deren Haus und klopften an die Tür. Die Großmutter sagte zu ihrem Enkel: „Kalidou, für das, was du mit diesen Jungen draußen machst, trägst du die Konsequenzen." „Okay, wir werden sehen, wer verliert und wer gewinnt, der allerhöchste Gott hilft den schlechten Leuten nie", sagte Karamokho zu seiner Oma. Da fragte ich ihn (Kalidou): „Was meinst du mit dem Satz: ‚Wir werden sehen, wer verliert oder wer gewinnt'?" Er antwortete mir, dass die Leute seiner Oma wehtun wollen. Wir verließen das Dorf und gingen ins Nachbardorf, wo wir uns in Hängematten im Mondschein schlafen legten. Ein alter Mann, der Besitzer der Hängematten, kam zu uns, weckte uns auf und fragte: „Wer seid ihr?" „Wir sind von Yerende, aber dort ist es sehr schwierig für uns, einen Platz zum Übernachten zu finden." Der Mann öffnete uns daraufhin die Tür und wir durften bei ihm schlafen. Am nächsten Morgen gingen wir nach Yerende zurück. „Wo habt ihr geschlafen?", fragte die Stiefmutter. „Auf der Wiese", antworteten wir. „Ihr müsst gleich nach dem Frühstück zum Reisernten gehen", sagte sie. Wir bekamen gekochte Süßkartoffeln mit Palmöl als Frühstück und gingen dann, um den Reis zu ernten.

Am gleichen Tag spielte die Fussballmannschaft von Yerende gegen die Mannschaft von Subetide. Wir wurden gefragt, ob wir für Yerende spielen könnten, und wir haben zugesagt. Von Yerende bis Subetide sind es sieben Kilometer. Nachmittags um halb drei hatten wir uns mit der Mannschaft auf den Weg nach Subetide gemacht. „Ihr dürft hier heute nicht übernachten, denn die Nacht von Freitag auf Samstag ist in diesem Dorf sehr schlimm", sagte Kalidou zu uns. „Ich zeige euch den Weg nach Koubia, zu eurer Oma." Wir konnten nur am Anfang mitspielen und haben das Ende des Spiels nicht gesehen, denn wir hatten das Stadium verlassen um zu unserer Oma zu gehen.

Der Junge zeigte uns dann den Weg Richtung Tanéné (Neustadt), von dort bis nach Koubia sind es noch sieben Kilometer. Wir gingen zu Fuß und überquerten die vier Brücken über den Konkouré.

Der Konkouré ist ein riesiger Fluss und entspringt im südlichen Bergland Fouta Djallon auf der Grenze zwischen den Regionen Kindia und Mamou. Er fließt zunächst nach Westen, dreht dann nach Norden und schwenkt dann auf westliche Richtungen, die er den größten Teil seines Verlaufs beibehält. Etwa 100 km vor seiner Mündung schwenkt er auf Südwest und mündet schließlich nördlich der Stadt Conakry in einen Ästuar, der die Grenze zwischen der Region Boké und der Region Kindia bildet.

Wir kamen in der Abenddämmerung nach Yonkia und trafen dort einen alten Mann. „Guten Abend, mein Opa", grüßten wir ihn. „Wir wollen nach Koubia, sind wir hier schon richtig?", fragten wir. „Ja, ihr seid schon fast in Koubia", antwortete er. „Von wo kommt ihr?" „Von Yerende und wir sind heute viel gelaufen", sagten wir zu ihm. „Ah, das ist nicht so weit", meinte der Mann. Meine Cousins sagten leise zu mir: „Dieser alte Mann ist bestimmt krank, er sagt, dass die Strecke nicht so weit ist." „Ihr wisst doch, dass es hier keine Autos gibt, die Leute machen alles zu Fuß", gab ich zurück, „für ihn ist das bestimmt nicht weit."

Als wir ankamen, konnte unsere Oma nicht ganz glauben, dass wir vor ihr standen. „Was ist denn los? Habt ihr den Reis überhaupt nicht geerntet?", fragte die Oma uns. „Doch, wir haben heute damit angefangen, die Stiefmutter und ihre Mama behandelten uns aber sehr schlecht", antworteten wir und erklärten, was wir in der letzten Nacht erlebt hatten. „Ihr werdet nur heute Nacht hier übernachten, ihr müsst den Reis ernten, ich kümmere mich um die Stiefmutter und ihre Mama", sagte unsere Oma.

Meine Oma hatte vier Söhne und eine Tochter zur Welt gebracht und alle ihre Kinder hatten Nachkommenschaft. Der älteste Sohn, Abbou, bekam zwei Jungen und eine Tochter, der zweite Sohn von Binani, unser Cousin Teno, war ebenfalls zu Besuch da. Nach dem Abendessen hat er uns ein sehr schönes Märchen erzählt, das uns sehr beeindruckt hat. Es geht darin um den Kontinent Wachuluwachulu.

Ein Märchen: Verbotenes Land

Es war einmal ein sehr schönes Dorf, das Koubia hieß. Von einer wunderbaren Landschaft und klaren Bächen umgeben, lag es zwischen Urwäldern und Bergen. Im Norden befand sich ein verbotener Urwald. Niemand durfte diesen Wald betreten, aber den Grund wusste man nicht. Im Dorf gab es ein großes Theaterhaus, in dem jedes Jahr Tanz und Musik aller Art stattfanden.

Es lebte im Dorf eine 60-jährige Frau namens Mande mit ihrem 8-jährigen hübschen Enkel Bunley, dessen Mutter Wonde im Nachbardorf Kubias, in Sanchayah, durch einen Angriff von Kannibalen getötet worden war. Sein Vater Kala war der Dorfvorsteher von Sanchayah; er hatte mehr als zehn Jahre gegen Kannibalen gekämpft.

Nach dem Tod seiner Frau Wonde hatte er eine andere Frau geheiratet, die den Stiefsohn nicht mochte, deswegen brachte Kala ihn zu seiner Mutter nach Koubia.

Jeden Morgen ging Mande mit ihrem Enkel zu ihrem Erdnussfeld, um zu arbeiten. Das Erdnussfeld befand sich in der
Nähe des verbotenen Urwalds und er schaute jedes Mal zum
Wald hinüber. Die beiden trafen unterwegs immer Sekouna,
einen Bauern, dessen Reisfeld in der Nähe des Erdnussfeldes
von Bunleys Großmutter lag. Deshalb kannten sie sich sehr gut.

Eines Morgens traf Bunley Sekouna und fragte ihn nach
dem verbotenen Wald, denn er wollte wissen, was sich in diesem Urwald verbarg.

„Sekouna", fragte er ihn, „seitdem ich in diesem Dorf lebe,
höre ich immer von diesem Wald. Warum ist er denn verboten?"
Sekouna antwortete: „Vor tausend Jahren gingen zwei Männer
mit ihren Frauen in den Wald, aber bis heute sind sie noch nicht
zurück. Wenn jemand diesen Wald betritt, bleibt er für immer
verschwunden. Deswegen wurde der Wald von den Urgroßel-
tern als ‚verbotener Urwald' bezeichnet."

Als Bunley 20 Jahre alt wurde, wollte er unbedingt das Ge-
heimnis dieses Urwaldes lüften.

Es war an einem Freitag nach der Arbeit auf dem Feld der
Großmutter. Alle Dorfbewohner wollten vor zwölf Uhr zu Hause sein, weil sie zum Gebet gehen mussten.

Bunley aber ging in den Wald.

Nach kurzer Zeit traf er eine Gruppe von verschiedenen Vö-
geln, die laut sangen.

Sie waren freundlich und einer flog zu ihm, setzte sich auf
seine rechte Schulter und wollte ihn herzlich begrüßen, aber er
verstand die Sprache des Vogels nicht, worauf dieser wieder zu
den anderen zurückflog.

Bunley ging noch tiefer in den Wald hinein.

Plötzlich kam er an einen Ort, der von einer sechs Meter hohen Mauer umgeben war; sie hatte keine Türen. Dicht an der
Mauer standen große Bäume und er versuchte von einem der
mächtigen Stämme hinüberzuklettern, um zu sehen, was sich
dahinter verbarg.

Er sah einen schönen See, dessen Wasser ganz grün war. Er
lächelte und freute sich.

Nach einiger Zeit sah er, wie ein junges wunderschönes Mädchen herbeigeflogen kam, das sich am Ufer zum Schwimmen niederließ, etwas später kam noch ein zweites und nach einer Weile ein drittes. Sie waren sich so ähnlich, dass man sie als Schwestern erkennen konnte.

Da es in der Nähe des Seeufers viele Bäume gab, versteckte sich Bunley hinter einem Stamm und beobachtete sie.

Eines der Mädchen stellte fest, dass sie einen Menschen roch. Sie begannen zu suchen, aber fanden niemanden.

Nach langem Baden wollten die Zwei, die zuerst gekommen waren, wieder wegfliegen. Die Jüngste, die zuletzt gekommen war, blieb noch im Wasser. Bunley nahm heimlich ihre Kleider. Als das Mädchen wegfliegen wollte, bemerkte sie ihre fehlende Kleidung und fing an, danach zu suchen. Da kam Bunley aus seinem Versteck hervor und sagte: „Ich habe das, was du suchst." Die junge Frau war zutiefst erschrocken und sie fragte zornig: „Wer bist du?" Bunley antwortete: „Ich bin ein Mensch." Da wollte sie wissen, was er hier in diesem Wald und an dem See mache. Er antwortete, dass er nur den Wald besuchen und anschauen wollte.

„Wie heißt du?", fragte er. „Fine", antwortete sie unfreundlich.

„Gib mir meine Kleidung wieder, ich muss gehen!" „Nein, du bekommst sie nicht. Denn ich glaube, wenn ich sie dir zurückgebe, wirst du mir etwas antun", erwiderte er. „Ich kann sie dir nur geben, wenn du mich nach Hause begleitest." Der junge Mann war so von Fines Schönheit angetan, dass er sie nicht verlieren wollte. Da musste Fine mit ihm nach Hause gehen, es war mittlerweile schon Nacht und sehr dunkel.

Als sie zu seinem Haus kamen, sagte sie zu Bunley: „Gib mir jetzt meine Kleidung, damit ich schweben und wieder fliegen kann. Du bist sicher nach Hause gekommen." Aber er wollte ihr die Sachen nicht geben. Stattdessen öffnete er mit einem freundlichen Lächeln die Tür und Fine betrat ängstlich das Wohnzimmer.

Seine Großmutter lag schon im Bett und schlief tief und fest. Bunley weckte sie auf, um ihr zu sagen, dass sie einen Gast hatten. Mande stand auf, um die Frau kennenzulernen.

„Guten Abend, meine junge schöne Dame! Mein Name ist Mande", sagte sie. „Guten Abend, ich heiße Fine." Mande wollte wissen, woher sie kam. Fine antwortete, dass sie aus Wachuluwachulu kommt, aber weder Mande noch ihr Enkel kannten diese Stadt oder dieses Land.

Fine fand Bunley, obwohl er gemein gewesen war und ihre Kleidung genommen und behalten hatte und seine Großmutter doch auch sehr nett und wollte einige Zeit bei ihnen bleiben. Und bald begann sie, sich in den Jungen zu verlieben. Nach ein paar Tagen gab der Junge dem Mädchen den ersten Kuss.

Von der menschlichen Nahrung konnte Fine nur Brot zu sich nehmen und Wasser trinken. Die beiden wurden ein Paar und Fine sagte immer wieder zu dem Jungen, dass sie irgendwann nach Hause zurück müsse. „Ich möchte von dir eine Frucht unserer Liebe haben", sagte sie.

Sie wurde bald schwanger und gebar ihm einen Sohn.

Bunley wollte an einem Wochenende seinen Vater in Sankhaya besuchen, um ihm zu sagen, dass er Großvater geworden sei. Und obwohl seine Stiefmutter ihn nicht mochte, sollte er eine Woche bei seinem Vater bleiben.

Die Stiefmutter war neidisch, weil sie keine Kinder bekommen konnte.

Bevor er von zu Hause weggegangen war, hatte Bunley Mande verboten dem Mädchen zu verraten, wo ihre Kleider versteckt waren. Doch Fine hatte in dem Augenblick hinter der Tür gestanden und alles gehört, sie wusste aber nicht den genauen Ort des Verstecks.

Bunley hatte sie in einem Loch im Boden vergraben.

Im Theaterhaus fand an diesem Wochenende ein Tanz- und Musikwettbewerb statt und Fine hatte sich als Tänzerin aus dem Nachbardorf beworben. Sie war dort als Letzte unter dem Namen „Miss Fine" angemeldet. Die Dorfbewohner kannten sie aber nicht und niemand hatte sie jemals auf der Straße oder sonstwo im Dorf getroffen, denn sie war immer im Haus geblieben.

Als Fine an der Reihe war, ging sie aufs Podium. Ihre Schönheit verzauberte die Zuschauer und die Jury. Die junge Frau tanzte und die Zuschauer waren sehr begeistert. Es gab viel Beifall und Pfiffe. „Sie tanzen sehr gut", meinten die Zuschauer und die Juroren. „Ich kann noch besser tanzen, wenn ich meine Tanzkleidung habe, die meine Oma Mande besitzt", sagte Fine. Da gingen einige Zuschauer zu Mande, um die Kleidung zu holen. Sie schlugen sie, bis sie ihnen das Loch zeigte, in dem die Sachen vergraben waren. Nachdem Fine ihre Kleidung von den Zuschauern erhalten hatte, konnte sie wirklich noch besser tanzen. „Ich kann noch perfekter mit meinem Sohn tanzen, der bei Mande schläft", sagte sie. Da gingen einige Leute erneut zu Mande, um Fines Sohn zu holen. Als sie ihr Kind hatte, schwebte sie plötzlich und flog über die Köpfe der Menschen davon. Die Zuschauer und die Juroren machten sich gegenseitig Vorwürfe, dass diese Frau kein Mensch war, sondern ein Engel aus dem siebten Himmel. Nach einer Woche kam Bunley mit viel Essen und zahlreichen Geschenken für seine Familie und seine Großmutter zurück. Er fand die alte Frau schwer verletzt auf dem Boden, sie lag schon im Sterben.

Er fragte sie: „Oma, was ist denn hier passiert?" Die Großmutter antwortete auf seine Frage sehr leise, aber sie konnte ihm erklären, was genau passiert war und dass Fine mit ihrem Sohn nach Hause gegangen war.

Bunley wollte seine Frau wiederhaben. Er hatte von ihr viel von Wachuluwachulu gehört. Sie hatte ihm unter anderem gesagt, dass in diese Stadt keine Menschen hineindurften. Er ging einen Monat lang immer wieder zu diesem See im Urwald, um zu sehen, ob die Mädchen noch zum Schwimmen kamen. Der junge Mann setzte sich auf die Mauer und guckte in den Himmel, aber dieser blieb leer.

Er sagte zu Sekuna, dass er nach Wachuluwachulu gehen möchte, um seine Frau und sein Kind wieder zu sehen, obwohl er den Weg dorthin nicht kennt.

Bunley ging wieder in den verbotenen Wald, ließ bald die Mauern um den See hinter sich und drang immer tiefer und tiefer in den Wald.

Nachdem er lange Zeit gelaufen war, traf er einen Jungen, der zwischen zwei nebeneinanderstehenden Bäumen an einer Liane auf einem großen Bienennest saß. Bunley fürchtete sich etwas, aber sehr viel Angst hatte er nicht. Der Junge, sein Name war Keedy, fragte ihn: „Was machst du denn hier, du mutiger junger Mann?" „Ich suche die Stadt Wachuluwachulu, kennst du sie?", fragte Bunley. „Ich habe noch nie einen solchen Namen gehört, aber ich arbeite hier mit Bienen. Warte noch ein bisschen, bis die Bienen zurückkommen, vielleicht kennen sie die Stadt", sagte Keedy.

Nach einer Weile kehrten die Bienen zurück. „Kennt ihr das Land Wachuluwachulu?", fragte Keedy sie. „Nein", war ihre Antwort. Keedy war sehr nett zu dem jungen Mann.

Am nächsten Morgen ging Bunley weiter. Er kam zu einem großen Fluss. Dort traf er Alakè, der auf der Wasseroberfläche des Flusses schwebte und sich mit Fischen amüsierte.

„Guten Tag, mein Name ist Bunley, ich suche nach der Stadt Wachuluwachulu. Kennen Sie die?", fragte er Alakè. Der antwortete: „Ich habe noch nie einen solchen Namen gehört, aber warte, ich arbeite mit einem Krokodil, das ist fast überall, vielleicht weiß es, wo die Stadt liegt", sagte Alakè zu dem jungen Mann. „Was willst du denn in dieser unbekannten, heimlichen Stadt machen?", fragte er Bunley. „Meine Frau und mein Sohn sind dort, ich will sie wiederhaben", antwortete Bunley. Nach einer Weile kam das Krokodil. Es wurde gefragt, ob es den Weg zu der unbekannten Stadt kenne, aber es hatte auch noch nichts von diesem Ort gehört.

Bunley blieb nichts anderes übrig, als aufs Geratewohl weiterzugehen. Zwischen zwei hohen Bergen sah er Bokschei und N'Malla, die im Himmel schwebten. Er schickte ein nettes „Hallo" zu ihnen und fragte, ob sie Wachuluwachulu kennen. Sie antworteten auf seine Frage: „Wir kennen dieses Land nicht, aber warte mal, der Wind ist unser Freund, wir fragen ihn." Nach wenigen Sekunden kam der Wind und die beiden fragten ihn nach Wachuluwachulu. Er sagte: „Ja, ich kenne das Land. Gerade habe ich die Armee dieses Landes getroffen, sie sind nicht weit weg von hier." „Der junge Mann will dort hin", sagten Bokschei und N'Malla. Da geleitete der Wind Bunley zu den Soldaten. Diese waren Frauen. Noch bevor sie bei der Armee angekommen waren, roch die Chefin der Armee den Menschen in ihrer Nähe und sie sagte: „Ich habe einen Menschen gerochen, findet ihn und bringt ihn zu mir, sofort."

Die Soldatinnen fanden schnell den wunderschönen jungen Mann und brachten ihn zu ihrer Chefin. „Was machst du hier und wie bist du hierhergekommen?", fragte sie ihn. „Ich möchte nach Wachuluwachulu zu meiner Frau und zu meinem Kind", sagte Bunley.

„Dass du eine Frau in dieser Stadt hast, glaube ich nicht", sagte die Frau. „Wie kann ich dann den Namen dieses Ortes wissen, wenn nicht von meiner Frau?", antwortete Bunley.

Die Soldatinnen steckten den jungen Mann daraufhin in ihre Flugkleidung, damit sie gemeinsam nach Wachuluwachulu reisen konnten. Aber durch das Tor zur Stadt musste jede allein hineinkommen, weil sich das Tor sehr schnell öffnete und schloss. Alle waren durchgeflogen und es blieben nur die Chefin und Bunley draußen. „Geh rein", sagte die Chefin zu Bunley, aber er hatte Angst. Da warf ihn die Chefin durch die Tür. Die Chefin war die Schwester des Königs in Wachuluwachulu. Der stellte sofort fest, dass der Geruch eines Menschen in der Luft lag. „Ja", sagte die Schwester, „wir haben einen Menschen hergebracht. Es ist dieser hier, er kennt den Namen unserer Stadt durch seine Frau."

Der König war sehr verärgert und sagte: „Ich werde die ganze Familie dieser Frau, die von dem Menschenmann ein Kind hat, töten." Bunley wurde erst einmal ins Gefängnis gebracht.

Der König ließ alle Frauen kommen. Sie mussten sich der Reihe nach aufstellen und Bunley sollte seine Frau zeigen. Er suchte seine Frau einen Monat lang, aber er fand sie nicht. „Du hast deine Frau nicht gefunden, deshalb werden wir dich töten müssen", sagte der König.

„Mein Bruder", sagte die Chefin der Soldaten, „du hast auch drei Töchter, die der junge Menschenmann auch anschauen sollte." Die Töchter des Königs lebten in einem großen Raum, zu dem er sehr selten hinging.

Bunley durfte also auch die Töchter des Königs sehen. Als Fine ihn sah, kam sie direkt mit Lächeln und Jubeln zu ihrem Freund und wollte ihm einen Kuss geben. Der König war sehr erbost und befahl, Bunley wieder ins Gefängnis zu werfen. Fine weinte viel. Bunley durfte alle 48 Stunden nach draußen, um frische Luft zu schnappen, und als er zum dritten Mal draußen war, sah er zwei kleine Kinder. Sie stritten um drei Sachen. Es handelte sich um ein Tuch, einen weißen Stein und um ein fünf Meter langes Holz. Die beiden kleinen Jungen wollten jeder zwei von den drei Sachen haben. Es war der Schatz ihrer verstorbenen Eltern.

„Was ist mit diesem Tuch?", fragte er die Jungen. „Wenn du das Tuch in der Luft schweben lässt, dann kannst du überall hin, wo du sein möchtest", antworteten die Jungen.

„Und was ist mit dem weißen Stein?" „Wenn du den weißen Stein auf den Boden fallen lässt, dann bekommst du ein Haus, Palast, Schloss, was du dir selbst wünschst." „Und das Holz, was ist damit?" „Wenn du das Holz auf den Boden fallen lässt, dann bekommst du eine starke Armee und starke Soldaten, die du dir selbst wünschst", sagten die Jungen zu ihm.

Bunley nahm einen anderen Stein vom Boden auf und sagte zu den beiden: „Ich werfe diesen Stein, wer von euch zuerst an dem Stein ist, bekommt zwei Sachen, der Verlierer eine Sache." „Alles klar", sagten die beiden jungen Djinn. Er warf den Stein und als die Jungen zu dem Stein liefen, griff Bunlex nach dem Holz, dem weißen Stein und bewegte das Tuch. Er wünschte sich zu seiner Fine und dem Kind. Da war er plötzlich dort und küsste seine Freundin und seinen Sohn vor Freude. Die Geschwister von Fine waren begeistert und fanden Bunley sehr hübsch.

Er nahm seine kleine Familie an der Hand und bewegte das Tuch erneut. Da war er mit seiner Familie bei Bokschei und N'Malla, denn er wollte sich bei ihnen bedanken und ihnen seine Freundin und seinen Sohn vorstellen.

Gegen Mitternacht kam er nach Koubia zurück. Die Dorfbewohner schliefen tief und er ließ den weißen Stein und das

Holz auf den Boden fallen. Genau dort, wo das Haus seiner Oma war. Er wünschte sich ein schönes Königshaus und viele starke Soldaten. Am anderen Morgen sahen die Dorfbewohner das Königshaus, bewacht von starken Soldaten. Sie sammelten sich vor dem Haus und fragten sich gegenseitig, woher dieses Haus wohl komme. Bunley wurde der König von Koubia und holte seinen Vater aus Sankhaya.

Einige Tage später kam eine Botschaft aus Wachuluwachulu, dass die Hochzeit zwischen ihm und Fine geschlossen werden sollte.

Seit diesem Tag konnten die Menschen den verbotenen Urwald betreten.

Das Dorf lebte in Frieden und man teilte alles, was man bekam. Die Bewohner des Dorfes arbeiteten sehr viel, indem sie Reis, Getreide, Erdnüsse usw. anbauten. Der König bat sein Volk, viel Nahrung für Wachuluwachulu zu produzieren. Jeden Montag fand in dem Dorf ein Markt statt. Dabei gab es viele Tänzer, Akrobaten und Feuerspucker, die sich auf dem Marktplatz trafen. Der junge König kam ebenfalls mit seiner Familie und seinen Beratern auf den Markt. Ebenso kamen Gäste aus den Nachbardörfern.

Es gab eine Gruppe von vier alten Frauen und fünf alten Männern, die außerhalb des Dorfes lebten. Es waren mächtige Hexen, die nur schlechte Dinge machten. Sieben von ihnen, vier Frauen und drei Männer, konnten sich in ein Krokodil verwandeln und töteten viele Menschen die mit kleinen Booten auf dem Fluss unterwegs waren. Sie taten das, indem sie die Boote mit den Insassen umkippten. Jede Nacht meldeten die Dorfbewohner Todesfälle beim König. Der König hatte einen Hellseher, Alama, der im Sand lesen konnte. Bunley, der König, befragte Alama, um zu klären, was sich hinter diesen Todesfällen verbarg. Alama antwortete dem König: „Es leben einige Frauen und Männer außerhalb des Schlosses, die diese Todesfälle verursachen. Sie sind mächtige Hexen und sie haben sogar deinen Sohn im Visier."

Der König hatte mächtige Soldatinnen aus Wachuluwachulu und er setzte diese Soldatinnen auf die Hexen an. Die Soldatinnen waren Zauberinnen. Sie hatten den Fluss beobachtet, wann das Krokodil die Boote umkippte. Eines Tages in der Abenddämmerung wollten einige Leute den Fluss Gara mit einem Segelboot überqueren, obwohl sie große Angst hatten. Die Soldatinnen sagten zu den Leuten: „Haben Sie keine Angst, steigen Sie einfach in das Boot. Wir sind da, um auf Sie aufzupassen." Die Leute stiegen in das Boot. Genau in der Mitte des Flusses tauchte das Krokodil auf. Es hatte riesige Augen und schwamm geräuschlos auf das Boot und seine Insassen zu, die davon keine Ahnung hatten. Die Soldatinnen sahen das Krokodil und drei von ihnen verwandelten sich plötzlich in einen Adler. Sie stießen hinab und griffen das Krokodil mit ihren Fängen an, holten es aus dem Wasser raus und trugen es hoch in die Luft. Aus großer Höhe ließen sie es auf die Erde fallen und töteten es dadurch. Den toten Körper nahmen sie mit zum Schloss des Königs. Es kamen viele Leute, um sich das Krokodil anzuschauen. Der junge König hielt eine Rede: „Sie haben mit bloßen Augen diesen Dämon gesehen, in diesem Dorf haben die Dämonen aber keine Chance, denn wir werden in unserem Ort keine schlechten Leute tolerieren." Das Krokodil verwandelte sich wieder in die sieben Menschen, die darin waren. Sie waren tödlich verletzt, so dass man kaum hören konnte, was sie sagen wollten, und sie starben alle hintereinander.

Nun rückte der Sohn des Königs ins Visier der restlichen Hexen. Als das nächste Mal Markt war, kamen sie als Bettler dorthin, denn der Prinz ging jeden Montag auf den Markt, um den armen Leuten Geld zu geben. Die Armen kommen zu ihm und stellen sich hintereinander in der Reihe an. In diese Reihe reihten sich auch die zwei Hexen ein. Sie hatten ihre Köpfe bedeckt und sie sagten zu dem kleinen Prinzen: „Wir haben ein kleines Geschenk für dich. Es ist eine Kette, die zum Schutz dient. Du musst sie gut verstecken, damit der Alama sie nicht sehen kann. Sie schützt dich vor allem." Der kleine Prinz glaubte ihnen, nahm das Geschenk und trug die Kette um den Hals. Das war eine Kette, mit der die Hexen den Jungen in der Nacht rufen konnten.

Als der kleine Prinz schlief, riefen die Hexen ihn durch Hexerei und schickten gleichzeitig ein sehr graues Pferd mit Flügeln namens Bola. Mitten in der Nacht stand der Junge auf und sah am Fenster das Pferd. Es sagte zu ihm: „Komm bitte, wir müssen los." Der Junge stieg auf und flog mit dem Pferd zu den Hexen. Sie benutzten den Prinzen, indem sie seinen Kopf in eine Trommel verwandelten und damit trommelten, um ihre Wünsche zu erfüllen. Die zwei Hexen, Mamakhumba und Kumba, wollten eigentlich die gesamte Ernte der Dorfbewohner zerstören, sodass die Menschen Hunger leiden würden. Das dauerte eine Weile und jeden Morgen hatte der junge Prinz starke Kopfschmerzen. Der König und die Königin versuchten die Schmerzen ihres Söhnchens zu bekämpfen. Das Hausmädchen im königlichen Haus, das sich um den Jungen kümmerte, wusste mehr und wollte herausfinden, was der Junge genau hat, indem sie den Jungen jede Nacht beobachtete. Es war in der Nacht von Freitag auf Samstag, als das graue Pferd Bola an das Fenster des Jungen kam. Der Junge stand auf, ging zu dem Pferd und sie flogen durch die Luft davon. Das Hausmädchen, Siregbe, folgte dem Pferd und fand dadurch heraus, dass der Junge jede Freitagnacht von den Hexen gerufen wurde, und sie sah, wie die Hexen den Kopf des jungen Prinzen in eine Trommel verwandelten. Die Ernte der Dorfbewohner war schon fast zerstört. Das Hausmädchen enthüllte die beobachteten Geschehnisse der Mutter des Prinzen, aber die Fine glaubte das nicht. „Ich kann mit dir nicht übereinstimmen", sagte sie. Das Hausmädchen antwortete: „Wenn du das nicht glaubst, möchte ich, dass wir beide in der nächsten Freitagnacht deinen Sohn beobachten." Die Dorfbewohner beschwerten sich mittlerweile beim König, dass die Ernte in diesem Jahr sehr schlecht sei und das Volk Hunger habe. Der König sollte herausfinden, woran es liegt.

Am Montag kamen die zwei Hexen zum Prinzen. Der Junge sah schon wie ein alter Mann aus und sie trösten ihn, indem sie zu ihm sagten: „Verrate uns nicht, es wird alles gut, du siehst sehr schön aus." „Ich habe aber nach jedem Treffen mit euch sehr schlimme Kopfschmerzen, was macht ihr denn mit mir?" Da legten ihm die Hexen die Hände aufs Gesicht, damit der Junge ihre Treffen wieder vergaß. Am nächsten Freitag wollte das Hausmädchen zusammen mit der Königin den Prinzen beobachten. Sie hatten sich in der Nacht hinter dem Vorhang versteckt und plötzlich sahen sie das graue Pferd Bola vor dem Fenster stehen. Der Junge stand auf und ging in die Richtung des Pferdes. Die Mutter versuchte ihren Sohn davon abzuhalten, aber der Sohn war durch den Einfluss der Hexen seiner Mutter gegenüber sehr aggressiv. Er gab seiner Mutter eine Ohrfeige, wodurch sie weinend zu Boden fiel. „Löse die Kette, die er um den Hals trägt", rief das Hausmädchen Fine zu, und es gelang der Mutter, die Kette in Stücke zu reißen. Dadurch wurden die Hexen und das Pferd in Brand gesetzt und getötet. Die Bewohner beschwerten sich weiter beim König, dass sie verhungerten, und sie wollten die Ursache wissen. Bunley versuchte, die Menschen zu beruhigen und versprach den Bewohnern, erneut seinen Hellseher, Alama, zu befragen.

Sein Hellseher sagte zu ihm: „Das Problem ist schon gelöst." „Wie kann dieses Problem schon gelöst sein?", fragte er Alama. „Am besten fragen Sie die Königin, sie weiß darüber mehr als ich", antwortete Alama. Die Königin berichtete ihrem Mann, was geschehen war. Daraufhin nahm der König die Hände das Hausmädchen fest in seine Hände und war ihr sehr dankbar.

Im Nachbardorf Sankhaya lebte ein Mann namens Keleti, der mit seinem Leben sehr unglücklich war, denn er war schwer krank. Eines Tages ging er in den verbotenen Wald, diesmal in östliche Richtung. Er ging tiefer hinein und kam zu einem kleinen See, der sehr flach war. Auf der Oberfläche des Wassers schwebten sieben Ölfilme und er beobachtete diese Szene. Allerdings war der Mann halb blind und erkannte nicht genau, was sich da auf der Wasseroberfläche befand. Er hatte Durst, und so schöpfte er mit seiner rechten Hand Wasser, um zu trinken. Er erwischte ein Stück des Ölfilms, das aber wieder aus seiner Hand ins Wasser glitt. Die Ölfilme bildeten jetzt einen einzigen Ölteppich und plötzlich stand eine sehr hübsche Frau darauf und fragte den Mann: „Wer sind Sie und was machen Sie hier?" „Ich bin Keleti, ich höre und sehe nicht gut und mein ganzer Körper ist von Lepra zerfressen. Ich habe keine Lust auf dieses schlechte Leben. Ich bin unglücklich und bin hierhergekommen, damit ich für immer verschwunden bleibe", sagte er zu der Frau. „Zieh dich aus und spring ins Wasser", sagte die Frau zu ihm. „Nein, das kann ich nicht machen", sagte Keleti. „Wieso denn nicht?" fragte die Frau. „Ich mache das nicht, denn du könntest mir vielleicht etwas Schlechtes antun", sagte der unglückliche Mann. „Glaub mir, ich tue dir nicht weh, ich will dir nur etwas Gutes tun", sagte die Frau. Er zog seine Kleider aus und watete ins Wasser. „Komm zu mir, der See ist nicht tief", erwiderte die Frau. Keleti hatte große Angst. „Ein mutiger Mann wie du, der sein Leben riskiert, braucht keine Angst vor mir zu haben. Komm!" Der Mann ging zu ihr. Sie nahm Wasser und wusch das Gesicht des Mannes und seinen ganzen Körper mit dem Wasser-Öl-Gemisch. Die Augen und der gesamte Körper von Keleti wurden geheilt und er verwandelte sich in einen sehr hübschen Mann. Er nahm die Frau in den Arm. „Wie nennt man dich", fragte Keleti die Frau. „Du kannst mich Tutu nennen, ich lebe hier seit einer Weile und habe bisher keinen Menschen gesehen. Ich kann diese Stelle aber nur verlassen, wenn ein Mensch mich in die Arme nimmt. Es ist deshalb gut, dass du hier gewesen bist. Also halte bitte meine rechte Hand fest und bringe mich auf die Wiese", sagte die Frau. Und Keleti nahm ihre rechte Hand und brachte sie auf die Wiese.

„Kannst du mir bitte genau sagen, woher du kommst?", fragte Keleti. „Ich komme aus Kogon und es ist ein Land, wie Wachuluwachulu. Dieses Land wurde von dem König von Koubia, Bunley, erobert und zerstört. Bunley hatte in Wachuluwachulu zwei Jungen betrogen, indem er ihre Schätze nach Koubia mitnahm. Der älteste von diesen zwei Jungen, Thie, hatte große Macht, er konnte sich in mehrere ungewöhnliche Feuerzungen verwandeln und verfolgte böse Lebewesen, sogenannte Sute, die seinen Kontinent zerstört hatten. Er suchte König Bunley um jeden Preis. Zuvor hatte er seinen Bruder ermordet, weil dieser zu Thie gesagt hatte, dass er die Menschen und andere Leute in Ruhe lassen müsse. Als Thie und seine Armee zu uns kamen, haben mein

Vater und meine Mutter gegen sie gekämpft, aber die Armee war sehr stark. Deswegen hat der Vater zu mir gesagt, dass ich sofort fliehen müsse. Einige Sute verfolgten mich und ich hatte nicht die Macht, mich sofort in Öl zu verwandeln. Ein Mensch muss mir helfen, wieder meine Gestalt zurückzugewinnen. Ich sah, wie die Sute meine lieben Eltern umgebracht haben." Keleti bekam von Tutu einen Schatz, ein magisches Schwert und großartige Kraft.

Die beiden hörten plötzlich Geräusche und versteckten sich hinter einem Baum. „Psst, das sind die Sute", sagte Tutu. „Aber sie sind hässlich und haben große Körpermaße", sagte Keleti. Auf einmal rochen die Sute den Menschen und der Chef sagte: „Ich rieche hier einen Menschen, findet ihn sofort, trinkt sein Blut und bringt mir den Kopf." Und Tutu und Keleti kämpften gegen die kleine Gruppe von Suten, mit Erfolg. „Wir gehen jetzt zum König von Koubia", sagte Keleti.

Zuvor hatte König Bunley von mehreren ungewöhnlichen Feuerzungen geträumt, von denen sich mehrere zusammenschließen und zu einem Feuerball formen. Mehrere von diesen Feuerbällen schlugen in seinem Dorf ein, sodass das Dorf dem Erdboden gleichgemacht wurde. Er versammelte seine Berater, erzählte ihnen von dem Traum und fragte nach dessen Bedeutung. Sein Wahrsager meinte: „Das ist ein ungewöhnlicher Traum, ich kann ihn nicht interpretieren, Eure Majestät."

Als Keleti und Tutu im Hof des Königs eintrafen, kamen sie auf den Markt. Aber das Haupttor des Königshofs war gut überwacht. Die Soldaten von Bunley blockierten die beiden, weil sie wie Krieger aussahen. „Wir wollen sofort zum König, dieses Dorf ist in großer Gefahr und wir wollen ihm die Lösung mitteilen," sagten Keleti und Tutu. „Okay, kommen Sie mit uns zum König." Der König war mit seinen Beratern im Haus und saß in seinem Königsstuhl. Keleti und Tutu verbeugten sich vor ihm und der Begleiter sagte: „Eure Majestät, die zwei wollen mit Ihnen reden." „Wer sind Sie?", fragte der König. „Ich bin Keleti und komme aus dem Nachbardorf Sankhaya. Die Frau, Tutu, stammt aus Kogon und möchte Ihnen etwas mitteilen, Eure Majestät." „Ich kenne dieses Gebiet", sagte die Frau des Königs. „Ist dort etwas passiert?"

fragte sie. Tutu verbeugte sich vor der Königin und antwortete auf ihre Frage: „Ja, Thie und seine Armee aus Sute haben unser Land zerstört." „Und wer ist Thie?", fragte der König. „Er ist einer von den zwei Jungen, die Sie in Wachuluwachulu betrogen haben, als Sie ihnen die drei Schätze weggenommen haben. Thie kann sich in ungewöhnliche Feuerzungen verwandeln und lässt seine Gegner chancenlos. Er will die drei Gegenstände von Ihnen wiederhaben." „Gibt es eine Möglichkeit, ihn zu zerstören?" fragte Bunley. „Ja, um ihn zu zerstören, brauchen Sie den Schwanz des sogenannten Tiyamanyi. Dieses Wesen ähnelt einem Drachen und spuckt ebenfalls Feuer. Sie sind aggressiv und gefährlich. Sein Schwanz enthält ein flüssiges Mittel, welches die Feuerzungen sofort stoppen kann", antwortete Tutu. „Und wo findet man die Tiyamanyi?", fragte Bunley. „Das ist eine gute Frage, aber ich denke, man könnte die Beiden fragen, die Ihnen den Weg nach Wachuluwachulu zeigten. Sie wissen genau, wo die Tiyamanyi sind", sagte die Oma zum Schluss. Für uns war das Märchen an diesem Abend zu Ende, denn es war höchste Zeit ins Bett zu gehen.

Am nächsten Morgen mussten wir noch nach Yerende. Dieses Mal nahmen wir den kürzesten Weg und gingen über Wassou. Die Entfernung zwischen Koubia und Wassou beträgt fünf Kilometer. Zwischen Wassou und Yerende fließt ein Fluss. Überquert man diesen Fluss, ist man direkt in Yerende. An diesem Fluss lebte früher ein Krokodil namens Sangbeli. Die wahre Geschichte dieses bösen Krokodils erzählte mir mein Onkel, als er von den Taten des Donse Mussa, dem Jäger, berichtete.

Der Jäger Mussa

Diese Geschichte hat mir mein lieber Onkel Salimon erzählt. Sie handelt von einer wahren Begegnung. Wir, die Sosso, mögen Geschichten und Märchen. In Guinea kann man jeden Mittwoch Märchen und Geschichten im Radio hören.

Dubreka und Boffa sind Präfekturen im Westen von Guinea (Maritimes Guinea). Zu Dubreka gehören die Unterpräfekturen Buramayah, Khabita, Wassou und noch viele mehr. Zu Boffa gehören Koba und noch einige andere, deren Namen hier nicht wichtig sind.

In Khabita gab es im 16. Jahrhundert ein Krokodil, das von den Leuten Sangbeli genannt wurde. Es lebte in dem Fluss Konkore. Das Krokodil war kein richtiges Krokodil. Es waren sieben böse Hexen, die sich in ein Krokodil verwandelt hatten. Zwischen Wassou und Kennende mussten Reisende den Fluss Konkore überqueren. Und genau an dieser Stelle lauerte Sangbeli auf die schutzlosen Paddelboote mit den sich darin befindenden Leuten. Die Mitarbeiter, welche die Boote steuerten, wollten aus Furcht vor dem Krokodil schon gar nicht mehr arbeiten.

Eines Tages wollte ein Sänger mit seiner Familie den Fluss überqueren. Der Sänger begann ein Lied mit Sangbelis Namen zu singen und stieg mit seiner Familie in das Paddelboot, um sich auf die andere Seite bringen zu lassen. Trotz dieses Liedes zur Besänftigung des Krokodils kam Sangbeli und tötete die ganze Familie.

Es verging die Zeit und eines Tages wurde in der Unterpräfektur Buramayah ein Mann namens Donse Mussa geboren, der sehr intelligent war. Er war auch ein halber Hexer und wollte den Menschen helfen, damit sie den Fluss überqueren konnten. „Donse" bedeutet Jäger. Mit 17 Jahren hatte Mussa mit der Jagd auf Wildtiere begonnen.

In Kennende gab es sieben Hexen, wovon eine ihre Enkeltochter fressen wollte. Die Hexe sagte zu ihren Kolleginnen, dass sie Hilfe brauchte, um die Enkelin zu fressen, und die anderen stimmten ihr zu. „Du musst nur das Mädchen zum Fluss schicken", sagten die anderen.

Die böse Hexe befahl daraufhin ihrer Enkelin: „Gestern und vorgestern haben wir nur Suppe ohne Fleisch gegessen. Du musst zum Fluss gehen und Fische fangen." „Nein, ich gehe nicht", erwiderte das Mädchen, „denn ich weiß, was ihr vorhabt." Donse Mussa wusste ebenfalls, was die Hexen vorhatten, und kam lächelnd zu dem Mädchen und meinte: „Geh und fang Fische, ich werde auch angeln gehen." Aber das Mädchen wollte nicht und so ging er allein. Die böse Hexe schlug ihre Enkelin, damit sie zum Fluss geht. Da nahm das Mädchen ihre Netze und ging mit Tränen in den Augen zum Fluss.

„Mach dir keine Sorgen und habe keine Angst, ich bin hier, um dich zu beschützen", sagte Mussa zu ihr, als sie kam. Plötzlich erschien Sangbeli in der Nähe des Mädchens und peng-peng-peng schoss Donse Mussa sieben Mal auf das Krokodil. Bei jedem Schuss hörte man den Schrei einer Hexe. Dann wurde es still und das Krokodil schwamm tot auf dem Fluss davon. Seit diesem Tag konnten die Leute den Fluss ohne Angst und Schrecken überqueren. Aber Mussas selbst auferlegte Aufgabe, die Menschen vor Bösem zu bewahren, war noch nicht vorbei.

In Koba Sanya gab es einen bösen Schimpansen, der in Sanya seine Nahrung suchte. Wenn er eine offene Tür sah, ging er in die Wohnung und entführte die Menschen in den Wald. Mussa wollte seine Großmutter besuchen, die in Sanya lebte, weil sie dort verheiratet gewesen war. Ihr Mann war schon von dem bösen Schimpansen getötet und gefressen worden. Als Mussa in Sanya ankam, sah er eine unbekannte Frau mit ihrem Kind auf dem Rücken. Die Frau war ebenfalls zu Besuch in das Dorf gekommen. Plötzlich erschien der Schimpanse und stahl das Kind der Frau und tötete es. Die Frau weinte sehr lange um ihr Kind. Mussa kam zum Haus seiner Großmutter, die jedoch nicht zu Hause war. Sie kehrte erst nach einer Weile ganz verschwitzt zurück. „Ich habe hier einen Schimpansen gesehen, er hat das Kind von einer Frau gestohlen und wenn ich ihn wiedersehe, dann werde ich ihn töten", sagte Mussa zu seiner Großmutter. „Schau dir die Sachen an, die hier passieren, aber du darfst mit niemandem darüber reden", sagte seine Großmutter. „Wenn du das nicht einhalten kannst, dann fahr gleich wieder zurück."

Mussa suchte den Schimpansen. In Sanya gab es einmal in der Woche Markt und der Schimpanse kam dorthin, um sich Menschen zu holen. Auf diese Weise hatte er schon viele getötet. Am Abend trafen Mussa und der Schimpanse endlich aufeinander. Der Schimpanse wollte Mussa angreifen, aber Mussa verschwand und tauchte auf einem Baum auf, der Schimpanse kletterte hinterher. Mussa verschwand wieder und tauchte auf einem anderen auf. So ging es eine ganze Weile, bis Mussa eine günstige Position hatte. Von dort schoss er sieben Mal auf den Schimpansen. Beim siebten Schuss schrie seine Großmutter auf: „Oh mein Enkel, du hast mich erschossen!" „Ja", erwiderte Mussa, „ich musste dich erschießen, denn du hast zu viele Menschen getötet." Es wurde eine große Feier für Mussa organisiert und die Dorfbewohner brachten ihm sehr viele Geschenke als Zeichen ihrer Dankbarkeit.

Im Fluss Fatala gab es ein gemeines Krokodil, das die Leute Kounkoure Bamba genannt hatten. Der Fluss Fatala trennt die Städte Boffa und Boke voneinander. Um nach Boke zu fahren, muss man daher immer den Fluss Fatala überqueren und umgekehrt. In Boke findet man viele Bodenschätze wie z. B. Aluminium. Das Krokodil Bamba hatte viele Menschen getötet, die den Fluss in großen Paddelbooten befuhren, es nahm jedoch nie den Fährmann. Wenn es einen Menschen gefasst hatte, zeigte es ihn drei Mal hoch und tauchte dann ab. Die Menschen wollten den Fluss deshalb nicht mehr überqueren. Eines Tages kam in der Abenddämmerung ein junger Mann, der den Fluss befahren wollte. Er sprach den Fährmann an. „Guten Abend, hast du noch Dienst?", fragte Donse Mussa einen der Paddelbootfahrer. „Ja, ich bin noch im Dienst", antwortete der Fahrer, „aber hier ist es sehr gefährlich, Bamba hat lange Zeit keinen Menschen gehabt. Daher bitte ich dich, heute von deiner Fahrt abzusehen." „Wer ist denn Bamba?", fragte Donse Mussa den Fährmann. Dieser wunderte sich, dass Donse Mussa noch nichts von dem Krokodil gehört hatte. „Bamba ist ein Krokodil, das die Menschen hier frisst", sagte der Fährmann. „Ich gebe dir viel Geld, damit du mich über den Fluss bringst", erwiderte Mussa, und da willigte der Fährmann ein. Im Boot legte Mussa sich mit seinem Hut zum Bug des Bootes hin, mit einem Gewehr und einem Messer in seiner Hand. Als sie in der Mitte des Flusses waren, erschien Bamba im Wasser und packte Mussa. Mussa kämpfte mit Bamba und stach dabei mehrmals mit seinem Messer auf das Krokodil ein, bis es starb.

Er zog Bamba ans Ufer, damit die Leute das tote Krokodil sehen konnten. Mittlerweile war es tiefe Nacht. Am Morgen kam ein Junge zum Fluss, der für seine Mutter den Müll wegbringen sollte. Da sah er das Krokodil auf dem Sand liegen und lief schnell wieder zurück zum Dorf, um allen zu sagen: „Bamba ist tot!" Fast das ganze Dorf lief zum Strand, um sich mit eigenen Augen zu vergewissern, dass das gemeine und gefährliche Krokodil endlich getötet ist. „Wer hat das geschafft?", wollten sie wissen. „Ich habe es getötet", sagten viele kräftige junge Männer. Da sagte der Fährmann: „Ich sollte gestern einen jungen Mann in der Abenddämmerung über den Fluss fahren. Da hat Bamba ihn genommen, aber er konnte ihn nicht noch mal hochzeigen. Ich hörte nur den Kampf zwischen den beiden", erklärte der Mann dem Dorfvorsteher. Mussa hatte seine Schuhe neben Bamba im Sand liegen lassen und als er kam, um sie zu holen, zeigte der Fährmann ihn dem Dorfvorsteher. Mussa stellte sich vor und bestätigte, dass er Bamba getötet hatte. Er bekam von den Dorfbewohnern viele Geschenke als Zeichen ihrer Dankbarkeit.

Danach kehrte er nach Bouramaya zurück und heiratete das Mädchen, dessen eigene Großmutter es von dem böse Krokodil Sangbeli töten lassen wollte. (Ende)

Als wir nach Yerende kamen, gingen wir sofort auf das Reisfeld und arbeiteten zusammen mit den anderen. Am Abend rannten wir in die Wohnung der Mutter meiner Stiefmutter und blieben nach dem Abendessen noch sitzen, bis wir sagten: „Wir wollen jetzt ins Bett gehen." „Ihr habt doch da drüben ein Haus zum Schlafen, ihr müsst dorthin gehen, wir müssen die Tür schließen", sagte die Stiefmutter zu uns. „Wir gehen nicht woanders hin, wir schlafen hier. Es gibt hier doch viel Platz", sagten wir. „Wenn sie uns zwingt, die Hütte hier zu verlassen, haben wir Angst, dass uns die Hexen aus dem Dorf etwas antun wollen, weil wir nicht von hier sind. Aber es gibt keine Hexen, die uns fressen können, denn der allerhöchste Gott schützt uns", sagten wir weiter, um uns selbst nochmal Gottes Schutzes zu versichern. „Die Kinder, die in der Großstadt geboren sind, sind unhöflich", sagte die Oma, also die Mutter meiner Stiefmutter. „Wir sind kein Nachtmahl für die Hexen und wir werden sehen, wie es mit dieser Hexerei endet", meinten wir. Glücklicherweise durften wir dann eine Woche in der Wohnung der Oma, der Mutter der Stiefmutter, übernachten, aber die Stiefmutter hat sich uns gegenüber immer schlecht verhalten. In dieser Woche in Yerende konnten wir den Reis fast komplett ernten. Danach fuhren wir wieder nach Conakry zurück. Seit diesen Tagen war ich nie wieder in Yerende.

Ich war in der elften Klasse. Und wie in den meisten Ferien sind wir zu der Mutter meines Vaters gegangen, um in der Plantage zu arbeiten. Die Plantage befindet sich in Tongoboffou. In meinem Dorf übernachtete ich bei meinen Freunden, die im Dorf geboren sind, denn meine Oma mochte mich auch nicht gerne. Sie hatte die Kinder von meinem Onkel, Bob, sehr viel lieber gehabt als die Kinder meines Vaters. Und das, obwohl mein Vater seine Mama so unterstützt hatte. Er kaufte ein Grundstück für seine Geschwister und baute für alle Häuser. Aber weil die Oma die anderen viel lieber mochte als uns, wollte ich nicht bei ihr schlafen. Die Dorfbewohner mochten mich dagegen sehr, ich wurde dort wie ein Prinz behandelt, weshalb ich bei einem von ihnen übernachtete.

Eines Tages besuchte uns eine alte Dame aus Koba, das ist ungefähr 70 Kilometer von Koubia entfernt. Ich kam am Abend zum Essen. „Grüß mal die alte Dame da drüben, sie ist deine Oma, also die Mutter deiner verstorbenen Mama", sagte die Mutter meines Vaters zu mir. „Wirklich?" fragte ich, denn ich kannte die Mutter von meiner Mama nicht. Die alte Dame kam zu mir und nahm mich mit Tränen in den Augen in den Arm. Ich weinte auch. „Warum kommt ihr in den Ferien nie zu mir nach Koba? Ich bin die Mama von eurer Mama", sagte sie zu uns. „Es tut uns sehr leid, wir haben mehr Kontakt zu der Mama unseres Vaters als zu dir, weil unser Vater uns immer hierher schickt", sagten wir (meine drei Schwestern und ich) zu ihr. „Es sind drei

Monate Ferien und ab heute machen wir die Hälfte der Ferien in Koubia und die andere Hälfte in Koba", sagten wir zu ihr. „Ihr habt mehrere Tanten und Onkel in Koba, sie wollen euch auch alle sehen", sagte die Oma.

Ich war der Erste, der die Oma in Koba besuchte. Wer die Verwandten seiner Mama und seines Vaters kennt, erfährt, zumindest in meiner Kultur, durch Erzählungen so einiges über Menschen und andere Dinge. Die Verwandten meiner Mutter gaben mir viel Zärtlichkeit, humorvolle Liebe und behandelten mich wunderbar. Ich stellte fest, dass ich die Mutter der Mama lieber habe als die Mama des Vaters, und dass man sich schöne Geschichten von den Eltern der Mutter erzählen lassen kann.

Eines Tages erzählte meine Tante Emani mir, warum mein Vater die Mama seiner verstorbenen Frau nicht mochte:

„Deine Mama war zunächst mit einem unserer Cousins, Yembala verheiratet. Das war eine Zwangsheirat. Yembala war Allgemeinmediziner, er hatte zum größten Teil in Frankreich studiert. Nach seinem Studium sollte er wieder nach Guinea zurückkehren und in seiner Präfektur in Koba arbeiten. Er baute seine eigene Praxis auf und nur vier Monate nach der Hochzeit mit deiner Mama heiratete er eine zweite Frau, ohne deine Mama zu fragen, denn er war sehr dominant. Eines Tages hat deine Mama ihre Sachen gepackt. ‚Wohin gehst du?', fragte ihr Mann sie. ‚Ich gehe zu meinen Eltern zurück, du bist nicht der richtige Mann für mich. Außerdem passen wir nicht zusammen. Ein Mann, der seine Frau kolonisiert, ist für mich wie ein Waschlappen', sagte die Frau zu ihm. Dein leiblicher Vater war zu der Zeit Apprentis, d. h. Lehrling. Er musste alles für seinen Lehrer tun, wie zum Beispiel auch das Gepäck ins Auto einladen. Deine Mama stand in Koba am Rand der Straße nach Tatema und wartete auf ein Auto. Da kam das Auto, mit dem dein Vater als Lehrling fuhr."

„Hallo, wohin wollen Sie fahren?", fragte dein Vater die Frau. „Ich möchte nach Koba Tanènè", antwortete die Frau. „Okay", sagte er zu ihr und nannte direkt die Preise für den Transport ihres Gepäcks und den Mitnahmepreis für sie.

„Du siehst sauer aus. Darf ich fragen, warum?", fragte dein Vater die Frau. „Frag lieber nicht, ich hätte nie mit schlechten Männern reden sollen." „Oh, dein Mann hat dir wehgetan. Hat er dich geschlagen, oder was?", fragte er weiter. „Du übertreibst, sei lieber still", erwiderte sie. „Sie sind in Tanéné angekommen, Sie müssen jetzt Geld bezahlen", sagte dein Vater zu ihr. Sie bezahlte und sagte zu dem Mann: „Du kannst bitte mein Gepäck in mein Haus tragen" und so hat er ihr ganzes Gepäck bis in ihr Zimmer getragen. „Du bist ein mutiger Junge, die Auseinandersetzung im Auto tut mir leid. Mein Mann hat mich betrogen, weil er eine andere Frau ohne meine Zustimmung geheiratet hat. Außerdem ist er sehr dominant und ich möchte solche Männer nicht", sagte deine Mutter zu ihm und gab ihm noch etwas Trinkgeld. Aber dein Vater nahm das Geld nicht, denn die Schönheit der Frau hat es ihm angetan. „Darf ich dich besuchen, wenn ich wieder in Koba bin?", fragte er sie. „Ja, du kannst mich besuchen, wenn du hier bist", antwortete die Frau. Und er kam sie daraufhin tatsächlich immer besuchen, wenn er in Koba war. Eines Tages kam er in der Abenddämmerung zu Besuch. Die Frau bot einen Stuhl an, aber als er sich setzen wollte, blockierte die Mama der Frau, also meine jetzige Oma, den Stuhl mit den Worten: „Du darfst nicht hierherkommen, du armer Mann, ich will dich hier nicht mehr sehen, lass meine Tochter in Ruhe, hast du verstanden?!"

„Bintia, was machst du mit diesem schlechten Mann, diesem mittellosen Mann?", fragte die Mutter die Tochter. „Wir sind einfach nur befreundet", antwortete diese „ich finde es nicht gut, wenn du Menschen beurteilst, obwohl du sie nicht kennst. Wenn du jemanden siehst, darfst du ihn nicht direkt ablehnen, sondern musst versuchen herauszufinden, wie sein Charakter ist, was ihm wichtig ist, insbesondere sein Wille, seine Ängste. Achte nicht nur auf das Äußere. Ich mag diesen Jungen, er bringt mich zum Lachen, erzählt Witze, das mag ich", erwiderte die Frau ihrer Mama.

Dein Vater war sehr betroffen und enttäuscht. Die beiden waren ein Stück gegangen und setzten sich dann auf eine Bank an der Straße. Da gab die Frau, obwohl sie bereits im zweiten Monat schwanger war, deinem Vater einen Kuss und sagte zu ihm: „Ich bin schwanger. Willst du trotzdem mit mir gehen?" Und dein Vater sagte: „Ja, aber deine Mama ist gegen mich."„Du musst nicht annehmen, was meine Mutter sagt. Sie hat keine Ahnung, was ich genau möchte", sagte deine Mutter zu deinem Vater. „Ja, aber die Eltern sind sehr wichtig, das weißt du doch", betonte mein Vater. „Ich liebe dich über alles", sagte die Mutter. „Ich dich auch", antwortete dein Vater. Und so sind die beiden zusammengekommen. Aber bis deine Oma deinen Vater akzeptiert hat, hat es eine ganze Weile gedauert.

In Afrika glauben viele Leute an Hellseher. Meine Oma, die Mutter meiner Mama, ging auch zu einem Marabou und Wahrsager, weil sie wissen wollte, ob meine Mutter später zu ihrem ersten Mann zurückgehen würde. Der Hellseher sagte zu ihr: „Nein, deine Tochter hat den richtigen Mann gefunden, bei dem sie bis zu ihrem Tod bleiben wird. Du musst nicht mehr dagegen sein. Ich weiß, dass du diesen Mann nicht magst, aber er ist der richtige für sie." „Ich glaube das nicht", sagte meine Oma. „Nun habe ich durch mein Wissen das gesehen, was du wissen wolltest", sagte der Hellseher zu ihr.

Beim Mittagessen sagte meine Oma: „Ich mag diesen Mann nicht." Meine Mutter antwortete, dass sie meinen Vater liebe, und, obwohl er aus einer armen Familie stamme, sei er besser als ihr vorheriger Mann. „Mit ihm kann man Kompromisse schließen", sagte meine Mutter zu ihrer Mutter. „Er ist sehr lustig. Wenn er hierherkommt, müssen wir viel lachen, bis uns die Augen wehtun, er bringt uns immer zum Lächeln", sagte die Schwester der Frau zu ihrer Mutter. Nach dem Essen rief der Vater seine Tochter und betonte: „Ich weiß, dass dieser Mann für dich sehr wichtig ist. Liebst du ihn? Sag's mir!" „Ja, ich liebe ihn!" „Okay", so der Papa.

Als mein Vater zu Besuch kam, versteckte er sich, denn er wollte nicht, dass die Eltern meiner Mutter ihn sahen. Doch mein Opa, erwischte ihn. Es war in der Nacht. „Verstecke dich nicht, ich sehe dich doch, komm einfach zu mir", sagte mein Opa zu ihm. Mein Vater ging zu ihm. „Meine Tochter liebt dich, liebst du sie auch?", fragte der Opa. „Ja, ich liebe sie so sehr, ohne sie kann ich nicht leben", antwortete der Mann. „Woher kommst du, aus welcher Familie stammst du?", fragte der Opa. „Ich komme ursprünglich aus Koubia. Meine Familie ist arm. Deshalb habe ich die Schule verlassen, um sie zu unterstützen. Ich mache den LKW-Führerschein und werde irgendwann meinen eigenen LKW besitzen", sagte mein Vater. „Okay, komm mit", forderte der Opa ihn auf, „alle meine Töchter finden dich so toll. Bintia, der Almamy ist wieder da", rief der Opa seiner Tochter zu.

Der Vater hatte zu seinen Eltern gesagt, dass er in eine schwangere Frau verliebt sei, und darum gebeten, ob seine Eltern die Hand der Frau für ihn erfragen könnten. Seine Eltern waren einverstanden, fuhren zu den Eltern der Frau und hielten um die Hand der Frau für ihren Sohn an.

„Hier haben die Männer die Macht über die Frauen", fuhr meine Tante fort. „Wenn du siehst, dass dein Papa nicht will, dass ihr hier zu der Oma kommt, dann ist das wegen ihm." „Das war aber keine Lösung, außerdem hatte er unsere Mutter trotz Missverständnis gehabt und nicht jeder kann jeden mögen", sagte ich zu meiner Tante.

Nach den Ferien musste ich in die zehnte Klasse gehen und in dieser Klasse absolviert man eine Prüfung, das Brevet d'etude primaire, vergleichbar mit einem Realschulabschluss, um aufs Gymnasium gehen zu dürfen. Bei dieser Prüfung erhalten alle Schüler und Schülerinnen der zehnten Klasse in Guinea die gleichen Aufgaben. Elf Fächer, inklusive Diktat, werden geprüft, aber ich durfte auf das Diktat verzichten, da ich sehr schwerhörig bin. Stattdessen musste ich in den anderen Fächern 60 % der Aufgaben erreichen, was mir Gott sei Dank auch gelang.

Zur Verkündung der Ergebnisse wurden alle Schüler und Schülerinnen mit ihren Eltern eingeladen. Ich kam mit meinem Bruder, weil mein Vater keine Zeit für mich hatte. Bei der Ergebnisverkündung stand ein Mitschüler, neben mir, der selten in die Schule kam. Er meinte zu mir: „Du, Schwerhöriger, wenn du diese Prüfung bestehst, dann muss ich ja auf jeden Fall bestehen." „Ah, abwarten und zuhören", antwortete ihm mein Bruder. Mein Name wurde an der fünften Stelle genannt und mein Bruder hat mich vor Freude hochgenommen. Ich fragte ihn: „Hast du meinen Namen gehört?" „Ja, du bist der Fünfte, also unter den Allerbesten. Aber wart ab, ich möchte noch hören, ob der, der dich vorhin beleidigt hat, auch bestanden hat", sagte er zu mir. „Das ist aber für mich unwichtig, ob er besteht oder nicht", erwiderte ich. „Nein, warte." Der Schulleiter, der die Ergebnisse vorlas, sagte: „Und der Letzte ..." – und wartete ca. 5 bis 10 Sekunden, bis er den Namen des Letzten sagte. „Ich habe deinen Namen nicht gehört, also du hast nicht bestanden", sagte mein Bruder zu dem Jungen der vorher groß getönt hatte. „Du weißt nicht, was mein Bruder immer zu Hause macht, er lernt so viel! Lernen ist sein untrennbarer Freund", und er fügte hinzu: „Wer die Schule besser machen möchte, muss sich auch mehr Zeit fürs Lernen nehmen."

Auf dem Gymnasium gibt es drei Fachrichtungen: Sciences expérimentales (Naturwissenschaften), Sciences mathématiques (mathematische Wissenschaften) und Sciences sociales (Geisteswissenschaften). Alle Schülerinnen und Schüler müssen sich für eine Fachrichtung entscheiden.

Ich hatte Science expérimentales genommen, weil ich in Biologie, Chemie, Mathematik und insbesondere in Physik sehr gut war. Wir hatten neun Monate Schule und drei Monate Schulferien. Im Gymnasium musste sich am Anfang jeder vorstellen. Ich hatte nicht mitbekommen, dass die Schüler sich vorstellen. Als ich dran war, wusste ich nicht, was sie von mir wollten. Ich sagte zum Schulleiter, dass ich nicht gut höre und daher nicht weiß, was von mir verlangt wird. Plötzlich stand ein Mädchen auf mit den Worten: „Der Schüler ist sehr schwerhörig, ich weiß nicht, was dieser Mann in der Schule machen will. Die Schwerhörigen müssen zu Hause bleiben, aber dieser dumme Kerl will nur, dass die Leute über ihn immer lachen, er hört nichts und versteht auch nichts."

Ich fühlte mich beleidigt, griff das Mädchen sofort an und schlug sie. Sie verließ die Klasse und ging zu ihren Eltern. Die ganze Familie der Schülerin kam in die Schule und alle wollten mich unbedingt zurückschlagen. Durch den Tumult wurden auch die anderen Klassen gestört, sodass alle Schüler in den Schulhof kamen. „Wir wollen ihn schlagen, weil er unsere Tochter geschlagen hat", sagten die Eltern und mussten erst einmal vom Schulleiter beruhigt werden. Die Lehrer aus der zehnten Klasse sagten: „Wir kennen diesen Jungen sehr gut, er ist zwar schwerhörig, aber er ist immer sehr brav, ruhig und unproblematisch. Es ist passiert, weil eure Tochter ihn beleidigt hat." Ich sollte am nächsten Tag mit meinen Eltern in die Schule zum Schulleiter kommen, um ein Gespräch mit den Eltern des Mädchens zu führen. Ich kam mit meiner bösen Stiefmutter, also der dritten Frau von meinem Vater, da mein Bruder zur Uni musste. Beim Gespräch entschuldigte ich mich zuerst bei dem Mädchen. „Durch Wut verliert der Mensch die Kontrolle über alles, auch seine Intelligenz", sagte ich zu ihren Eltern. Nach dem Gespräch bin ich mit meiner Stiefmutter nach Hause gegangen. Sie sagte zu mir: „Du bist sehr blöd, was machst du in der Schule mit diesen kaputten Ohren?! Willst du, dass die anderen Schüler immer über dich lachen? Dein Vater hat die Möglichkeit, dich nach Europa zu schicken, damit dir dort geholfen wird. An deiner Stelle würde ich so lange nicht mehr zur Schule gehen, bis mein Papa mir hilft." Ich habe dann tatsächlich die Schule verlassen, denn mein Papa konnte das Schulgeld nicht mehr für mich bezahlen, da seine dritte Frau das gemacht hatte, was sie vermutlich von Anfang an vorhatte. Sie hatte das ganze Geld meines Vaters ausgegeben und ihn verlassen. Sie ging einfach zu einem anderen Mann, den sie liebte. Ich fuhr zu meiner Oma nach Koba, um es dort mit traditioneller Medizin zu versuchen. Leider wurde die Schwerhörigkeit auch dadurch nicht besser. Drei Monate lang ging ich nicht zur Schule. In dieser Zeit versorgte ich meine Oma mit Fisch, denn ich ging fast jeden Tag für sie angeln. In Koba gab es ein Werk, Chu Koba, in dem Zucker aus Zuckerrohr gewonnen wurde. Dort arbeiteten Chinesen und Guineer zusammen. Die Firma war jedoch in die Insolvenz gerutscht, so dass keiner mehr dort arbeitete. Aber das Zuckerrohrfeld war noch da. Jedoch war es verboten, von dem Zuckerrohr zu nehmen. Und immer, wenn ich zum Angeln ging, gab mir meine Oma den Rat, das Zuckerrohr nicht zu nehmen, denn die Strafe für die Leute, die das Zuckerrohr stehlen, war sehr hoch. Eines Tages sah ich drei Jungen, die vom Zuckerrohr genommen hatten und es aßen. Also ging auch ich zum Feld und nahm mir ein bisschen zum Essen. „He, warum hast du das Zuckerrohr genommen?", fragten die Junge mich. „Weil ihr es genommen habt." „Weißt du, wie hoch die Strafe ist, wenn man das Zuckerrohr klaut?", fragten sie mich weiter. „Das interessiert mich überhaupt nicht! Wenn man das nicht isst, dann geht alles kaputt oder alles wird von Tieren gefressen. Ich weiß nicht, wie der Mensch so böse sein kann und dieses Zuckerrohr allen verbietet", erwiderte ich auf die Fragen. Die drei Jungen wollten mich sofort angreifen, warum, weiß ich nicht. „Entschuldigt bitte, ich möchte euch nichts tun, bitte lasst mich in Ruhe", sagte ich zu denen. Die drei waren Geschwister. Der, der hinter mir stand, gab mir eins auf den Hinterkopf. Nun bin ich ja sehr gut im Kampfsport ausgebildet. Ich habe die drei Jungs mühelos geschlagen und sie gingen nach Hause. Als ich später auf dem Berg auf der Straße lief, um nach Hause zu gehen, sah ich die ganze Familie der Jungs. Sie kamen zu mir, um mich zu schlagen. Ich hatte mit aller Kraft gegen sie gekämpft, aber sie waren zu viele, überwältigten und schlugen mich und zerfetzten meine Kleider. Meine Familie kam zu spät. „He, was machen Sie, Sie schlagen meinen lieben Enkel … he, hör auf, das ist aber sehr schlecht, aufhören, Sie schlagen meinen lieben Enkel, warum denn?" Sie hörten auf, mich zu schlagen und ich lag schon halb tot auf dem Boden. „Es tut uns sehr leid, wir wussten nicht, dass er Ihr Enkel ist", entschuldigte sich die Familie bei meiner Oma. Meine Oma hörte ihnen gar nicht zu. Sie nahm mich einfach fest in den Arm und weinte. Ich wurde zu meiner Tante nach Mabassa gebracht, die mich wieder gesund pflegte. Zehn Tage lag ich verletzt bei ihr, bis es mir wieder besser ging. Meine Tante sagte, dass sich die Familien eigentlich gut kennen würden, nur mich noch nicht. „Die älteste Tochter von dieser Familie war eine sehr gute Freundin von deiner Mama. Die beiden waren unzertrennlich, sie machten alles zusammen", erzählte sie mir. Als es mir wieder gut ging, wollte ich zurück zu meiner Oma nach Tanéné-Koba. Von Mabassa bis Tanéné sind es drei Kilometer. Unterwegs traf ich einen Sohn der Familie die mich so schwer geschlagen hatten, einer, der bei der Schlägerei dabei war. Ich ging direkt auf ihn los und kämpfte mit aller Kraft gegen ihn. Seine Familie kam, um uns zu trennen. „Ich möchte, dass Sie mich fertig machen, so dass ich nicht mehr existiere", sagte ich zu ihnen. „Es tut uns unendlich leid, was zwischen uns beim letzten Zusammentreffen passiert ist", sagte der Familienvater zu mir und nahm mich fest in den Arm. „Wir wussten nicht, dass du der Sohn von Bintia bist." „Ja, es ist in Ordnung, aber wenn etwas zwischen Jungen passiert, dann muss man sich erkundigen, was genau zwischen denen vorgefallen ist, anstatt sofort andere für die eigenen Kinder zu schlagen. Ich finde das nicht gut", sagte ich zu ihm. Er sagte: „Es ist jetzt alles in Ordnung, die sind alle deine Brüder, Freunde, Cousins usw." Diese Jungen wurden meine besten Freunde und die Schönheit ihrer Schwester hatte es mir sehr angetan, aber die junge Frau war schon für ihren Cousin reserviert.

Ich lernte auch noch einen anderen Jungen kennen, Sufiana. Er kam aus einer sehr armen Familie und musste jeden Tag nach der Arbeit auf dem Reisfeld mit seinem Papa für seine Mama angeln gehen. Ich ging mit ihm angeln. Es war an einem Freitag, als ich eine Stelle erwischt hatte, an der man sehr viele Fische fangen konnte. Aber es war keine gute Idee, an einem Freitag dort zu stehen. Die Leute gehen früher nach Hause, um am Freitagsgebet teilzunehmen. Schon auf der Straße haben die Leute mir immer etwas zugerufen. Jeder, der vorbeikam, riet mir, den Ort zu verlassen. Ich hatte zunächst keine Ahnung, warum die Leute mir das zuriefen. Doch plötzlich sah ich auf der Wasseroberfläche schöne Sachen wie Armbänder, Ketten aus Gold usw. Ich war erstaunt und fragte mich: Kann Gold überhaupt auf dem Wasser schwimmen? Als ich ein Armband nehmen wollte, rief meine Oma: „He, bitte nicht nehmen, lass das und komm zu mir, mein Lieber. Gehen wir in die Moschee." „Meine Oma, kann Gold wirklich auf Wasser schweben?", fragte ich sie, als wir dort waren. „Wo du warst, lebt eine Frau, die kein Mensch ist. Sie zeigt dir schöne Sachen, aber wenn du ihre Sachen nimmst, dann siehst du sie. Und wenn sie dich nimmt, dann bleibst du für immer verschwunden. Du darfst nie wieder zu diesem Ort gehen", sagte meine Oma eindringlich und ich antwortete: „Ich habe tatsächlich ihre Zeichen gesehen! Alles klar, ich gehe nicht mehr dorthin." Nach dem Gebet traf ich Sufiana. „Hast du die Frau an diesem Ort, wo du warst, gesehen?", fragte er mich. „Nein, aber ich habe ihre Zeichen gesehen und mich gedrängt gefühlt, eine der Sachen von ihr zu nehmen. Aber Gott hat mir geholfen, indem er mir meine Oma schickte", antwortete ich auf die Frage von Sufiana.

Ich sollte eines Tages für ein paar Wochen meine andere Tante, Dandé, und ihre Schwester Sinatou in Taboria am Meer besuchen, weil sie dort verheiratet sind. Von Tanéné bis Taboria sind es 20 Kilometer und ich ging zu Fuß dorthin, weil ich es mag, zu Fuß zu laufen und die Landschaft zu sehen. Der Mann von meiner Tante Dandé ist Fischer und besaß sechs Segelboote zum Fischefangen; die Tante Sinatou und ihre Schwiegermutter waren die bekanntesten Fischverkäuferinnen aller Zeiten in Koba Taboria.

Koba Taboria ist ein sehr schönes Dorf, das direkt am Meer liegt. Dort befindet sich auch Kitikata, einer der schönsten Strände Guineas. In Taboria fließt auch ein Fluss. Überquert man diesen Fluss, dann ist man in Kito und danach in Kitamu – dort befinden sich auch sehr schöne Strände. Man kann dort Delfine sehen und es gibt sehr viele Kokospalmen und andere Palmsorten. Im Dorf wimmelt es vor Menschen, denn es kommen am Tag einige Tausend Fischhändlerinnen und Fischhändler.

Manda, der Mann meiner Tante, nahm mich in einem der Boote mit aufs Meer, um zu fischen. Ich lernte Rafi aus Sierra Leone kennen. Er war Bootsbauer und sehr gut in Kung Fu ausgebildet, er trainierte mich einige Male. Ich lernte dort auch viele junge Leute kennen und einmal mussten die Gäste gegen den Gastgeber Fußball spielen. Es wurde sehr viel gejubelt, als wir gewonnen hatten.

Es fließt dort ein Bach, Khuregbé (großer Bach), an dem wir uns immer wuschen. Es kamen viele junge Leute zu diesem Bach. Ein Mädchen war da, das die gleiche Unterhose anhatte wie ich, und einer meiner Freunde, sagte zu dem Mädchen: „Du hast einen männlichen Slip angezogen und der steht dir nicht so gut." Sie erwiderte: „Dein Freund hat einen langen Penis und der Penis hat anscheinend nicht gut gefrühstückt, der Slip steht ihm auch nicht gut." Ich ging sofort zu dem Mädchen und sagte ihr, wenn sie mich weiter beschimpfe, dann bekäme sie Ärger. „He, kennst du die Mutter von diesem Mädchen? Sie ist sehr gefährlich, alle haben hier Angst vor ihr", sagten die anderen zu mir. „Aber ich habe keine Angst vor ihrer Mutter, wenn das Mädchen mich weiter beschimpft, dann schlage ich sie", erwiderte ich den Leuten. Doch das Mädchen wiederholte, was sie zu meinem Freund gesagt hatte. Daraufhin schlug ich sie, worauf sie weinend zu ihrer Mutter lief und sagte, dass ich, das Kind von Sinatou, sie geschlagen habe.

Ich war soeben mit meinen Freunden zum Abendessen nach Hause gekommen, als die Mutter des Mädchens schreiend in unsere Wohnung hineinstürmte mit den Worten: „Sinatou, dein Sohn hat meine Tochter geschlagen, ich werde euch beide fertig machen!" „Du hast ein großes Problem verursacht, warum hast du das Mädchen geschlagen?", fragte mich meine Tante. „Du brauchst keine Angst vor dieser Frau zu haben", sagte ich zu ihr. Und an die Frau gewandt: „Ihre Tochter hat mich beschimpft, deshalb habe ich sie geschlagen. Anstatt zu schreien, müssen Sie erstmal fragen, was passiert ist. Ich habe keine Angst vor Ihnen." Die Frau kam und hielt mich fest, um mich zu schlagen. „Lassen Sie mich los! Wenn Sie mich schlagen, werde ich auch zurückschlagen", sagte ich zu ihr. Sie ließ mich nicht los und schlug mich. Ich brachte die Frau zu Boden und sagte zu ihr: „Hör auf, ich will Sie nicht schlagen, sie sind eine Frau, ich bitte Sie nochmal, hören Sie auf. Entschuldigung für das, was zwischen deiner Tochter und mir passiert ist." Ich ließ sie in Ruhe und entschuldigte mich nochmal bei ihr und ihrer Tochter. Das Mädchen wurde eine gute Bekannte von mir. Das war also auch eine Art, eine Freundschaft aufzubauen.

Wer in seinem Urlaub etwas anderes erleben möchte, sollte einige Tage in Koba Taboria verbringen. Ich hatte so viel Spaß in Taboria gehabt, dass ich den Ort gar nicht verlassen wollte und am liebsten für immer dortgeblieben wäre, weil man mich zu Hause ja immer misshandelte. Nach 20 Tagen in Taboria bin ich jedoch wieder zu meiner Oma zurückgekehrt – mit einem großen Senti voller Trockenfisch für die Oma und für die anderen Tanten. Ein Senti ist ein Behälter aus dünnem Holz, um den Fisch vor Erwärmung zu schützen.

Eines Nachts träumte ich von einem unbekannten Menschen. Er sagte zu mir: „Steh auf und geh in die Schule, das schaffst du schon! Deine Stiefmutter hat dir einen schlechten Rat gegeben, weil sie will, dass du später keine Zukunft hast. Sie ist völlig gegen dich! Steh auf und geh in die Schule!" Ich stand auf und konnte nicht mehr weiterschlafen. Ich weckte meine Oma und sagte ihr, dass ich wieder in die Schule gehen möchte. „Ja, okay, aber es ist jetzt Nacht und man findet um diese Zeit keine Autos nach Conakry. Morgen früh kannst du fahren", sagte meine Oma. Nach drei Monaten wurde ich wieder von der Schule aufgenommen unter der Voraussetzung, dass ich keine Probleme mehr mache. Ich musste Prüfungen nachholen. Drei Freunde und mein Cousin Zakari Touré konnten mir helfen, indem sie mir Lernstoff erklärten, welchen ich verpasst hatte und daher schnitt ich bei den Prüfungen sehr gut ab. Meine Freunde Darius Bango, Zakari Touré, Moriba Sylla, Molaka Camara und ich bildeten eine Gruppe aus sehr guten Schülern, um zusammen zu lernen. Bei uns auf dem Gymnasium wurden die Lerninhalte der einzelnen Fächer teilweise zwar auch an die Tafel geschrieben, sehr viel wurde aber auch einfach diktiert, z. B. Lexikoninhalte. Glücklicherweise saß ich in der zwölften Klasse neben einem meiner besten Freunde, Moriba. Ich hatte keine Probleme mehr, in der Schule mitzukommen, da ich immer bei ihm abschaute, was die Lehrer diktiert hatten. Und wenn wir eine Klausur schrieben und meine Note besser als die Note von Moriba war, dann wurde er immer sauer; das war das einzige Problem zwischen uns. In der zwölften Klasse hatten wir die erste Abiturprüfung, auf die wir uns bei mir zu Hause gemeinsam vorbereiteten. Einmal wollten meine Schulkollegen Wasser zum Trinken haben, worauf meine Stiefmutter wütend wurde und zu meinen Freunden sagte: „Ihr müsst selbst Wasser zum Trinken mitnehmen, wir haben kein Wasser für euch!" Nun hatten wir jedoch genug Wasser im Haus und ich war wirklich enttäuscht von ihr. Ab diesem Zeitpunkt behielt ich für meine Freunde immer fünf Liter Wasser aus dem Kühlschrank bei mir. Im Grunde war die Stiefmutter neidisch, denn ihre Kinder hatten es nicht geschafft, aufs Gymnasium zu gehen. Die erste Abi-Prüfung schrieben wir im Juni 1990 und alle hatten bestanden. Die Ergebnisse wurden im Radio National verkündet. Als meine Stiefmutter und ihre Kinder meinen Namen im Radio hörten, brach sie in Tränen aus, statt zu jubeln. Ihre Kinder sahen mich mit einem schlechten Gesichtsausdruck an. Ich aber freute mich riesig, dass ich die erste Abi-Prüfung bestanden hatte. Mein Vater und meine leiblichen Geschwister gratulierten mir, das war das Wichtigste. Es war auch schön, dass unsere Nachbarn mir gratuliert haben, sie kamen zu uns in den Hof und sagten: „Wir haben deinen Namen im Radio unter den bestandenen Schülern gehört, das freut uns auch so sehr!" Danach mussten wir ins Dorf, um wieder auf den Plantagen zu arbeiten. Wir arbeiteten immer für Geld, denn der Vater hatte viele Kinder und statt Mitarbeiter einzustellen, mussten wir für ihn arbeiten.

Früher gab es in meinem Dorf eine sehr arme Familie. Die Familie hatte drei Kinder: einen Sohn, Bangary Tia, zwei Jahre älter als ich, und zwei Töchter. Der Familienvater mochte mich sehr. Er war sehr krank und ich wollte seinem Sohn helfen, indem ich ihn zu mir nach Conakry nahm, damit er in eine bessere Schule gehen konnte. Denn die Schule in Conakry war besser als die auf dem Land. Die Frau des Mannes hat sehr schlechte Sachen gemacht, indem sie mit sehr vielen Männern ins Bett ging, weil ihr Mann sehr krank war. Sie bekam zwei weitere außereheliche Kinder und behauptete, dass diese zwei Kinder von ihrem Mann seien. Nun sagte der Mann, Sirany Dao, zu seiner Frau: „Wenn du so viel Spaß am Leben hast, dann lass dich von mir scheiden und heirate einen anderen, den du gut findest ... die zwei Kinder sind nicht von mir, sie sehen den Männern ähnlich, mit denen du immer fremdgehst." Der Mann und seine Frau lebten zwar in einer Wohnung, aber die Zimmer waren getrennt. In der Nacht war das Zimmer der Frau voller junger Männer. Einmal ging Sirany Dao zu seiner Frau ins Zimmer, weil es dort sehr laut war, und erwischte sie mit anderen Männern. Er verlor seinen Lebensmut und erlag seiner Erkrankung.

Sein ältester Sohn ging mit mir zur Schule, aber leider wollte er eigentlich nicht, er wollte auch nicht, dass wir beide etwas zusammen unternahmen. Er hatte eine andere Gruppe und diese bestand nur aus jungen Frauen, zu denen er jeden Abend ging. Der Sohn ging auch nicht mehr ins Dorf, um seine Mama und seine Geschwister zu besuchen. Er hatte aber sehr guten Kontakt zu meinem Vater, und der hatte für ihn alles gekauft, was man für die Schule braucht.

Als der Vater starb, fuhr Bangary Tia ins Dorf Koubia zur Beerdigungszeremonie. Ich wollte, dass er gut in der Schule ist, aber er betrachtete mich als Gegner, denn er war sehr neidisch auf mich. Am Ende hat er die Schule nicht geschafft und fing an, als Brunnenbauer zu arbeiten. Eines Tages wurde das Haus seines Vaters in Brand gesetzt. Die Mutter, die Geschwister und Freunde von ihnen waren im Haus und alle versuchten, sich selbst zu retten, die Mutter aber bemühte sich nicht. Ihre Tochter lief zurück in die Wohnung und nahm ihre Mama bis zur Tür mit. Doch – schwupp – kehrte die Frau wieder in die Wohnung zurück. Die Frau konnte zu dieser Zeit schon nicht mehr laufen und niemand wusste, wie sie es schaffte, wieder in die Wohnung zurückzugehen, oder ob sie jemand hineinbrachte. Die Tochter schleppte die Mutter ein zweites Mal bis zur Tür, aber etwas schob die Frau immer wieder in die Wohnung zurück. Beim dritten Mal hielten die Männer die Tochter fest: „Lass sie, du kannst sie sowieso nicht mehr retten", sagten die

Leute zu ihr. Die Frau verbrannte vollständig in der Wohnung. Der älteste Sohn starb durch eine HIV-Infektion, er war verheiratet und hinterließ drei Kinder.

In den Ferien fing ich, nach der Arbeit in der Plantage, mit meiner Gruppe und meinem Cousin Lamma mit der Vorbereitung auf die zweite Abiturprüfung an. Mein Cousin studierte Chemie an der Universität Gamal Abdel Naser in Conakry. Insgesamt gab er uns drei Monate lang Chemie- und Physikunterricht mit vielen Übungen.

Vor den Ferien hatten wir noch erfahren, dass das Lycée Matam umgebaut werden sollte und wir daher ins Lycée Yimbaya gehen müssten. Das ist sehr weit von uns entfernt, ungefähr 18 bis 20 Kilometer von Matam, und wir kamen jeden Morgen zu spät in die Schule. Aber wer zu spät kam, der musste auf das erste Fach verzichten. Da kamen wir auf die Idee, ins nähergelegene Lycée Donka zu gehen. Meiner Gruppe gelang es tatsächlich, eine Genehmigung für dieses Lycée zu erhalten. Es war eine gute Schule und wir fühlten uns dort sehr wohl.

In der 13. Klasse, der sogenannten Terminale, macht man die zweite Abiturprüfung, und diese ist absichtlich sehr schwer, weil wir nur wenige Universitäten haben. Nach dem Abitur muss man noch die universitäre Aufnahmeprüfung machen. Wer diese Prüfung nicht bestand, konnte sie noch zwei Mal wiederholen, und wenn sie zum dritten Mal nicht bestanden wurde, dann musste man etwas anderes machen, z. B. eine Ausbildung.

In unserem Dorf hatten wir einen Verein. Das Ziel dieses Vereins bestand darin, dass man die Kinder auf die Einschulung, aber insbesondere auf große Prüfungen wie das Abitur vorbereitete. In diesem Dorf gab es in den Ferien fast keine Freizeit, denn wir lernten. Im Laufe der Schulzeit hatte man alle drei Monate Prüfungen und ich war in dieser dreimaligen Prüfung der Beste. So hieß es bald, der Zakari ist wirklich genial. Der Mann ist vielseitig begabt, d. h. er ist begabt, egal welches Thema ihm gegeben wird. Die zweite Abiturprüfung wurde ebenfalls von allen in der Gruppe bestanden Mein Name war der erste meiner Schule und wurde an 29. Stelle landesweit genannt. Ich war also der Beste in meiner Schule, die Ergebnisse der Prüfung für ganz Guinea wurden im Radio bekanntgegeben. Die Leute in unserem Hof haben wieder geweint. Sie hatten es wohl bereut, dass sie mich nicht verflucht hatten, damit ich durch die Prüfungen durchfalle, aber GOTT der Allmächtige schützt.

Nach dieser Prüfung mussten wir uns in kürzester Zeit für die Aufnahmeprüfung an der Universität vorbereiten, was nicht leicht war. Es hieß also, Lernen ohne Ende: Wir bereiteten uns auf die Aufnahmeprüfung an der Universität Gamal Abdel Nasser vor. In den Stadtvierteln gab es keinen Strom, auch nicht in der Hauptstadt Conakry, so musste man Kerzen anzünden, wenn man lernen wollte, was für die Augen sehr ermüdend ist. Eines Nachts, während des Lernens, fühlte ich mich total kaputt und wollte mich erholen. Da kam einer der besten Freunde zu mir und sagte: „Steh auf und hilf mir, es gibt einige Physikaufgaben, bei denen ich nicht vorankomme." „Ich bin aber sehr müde, wir können das morgen machen", sagte ich zu ihm. „Nein, jetzt! Du hast einen Computer in deinem Kopf, der dir alles übersetzt", sagte er. „Ich habe keinen Computer im Kopf, mein Freund, und ich habe mich während der Ferien in unserem Dorf vorbereitet", erwiderte ich. Der Freund gab mir Kolanüsse und Zigaretten, damit ich wach blieb, und ich erklärte ihm die Aufgaben. In dieser Nacht konnte ich nicht mehr weiterschlafen, sondern nur weiterlernen.

Wer Medizin studieren wollte, der musste eine sehr gute Leistung bringen. Nur diejenigen mit einer sehr guten Note konnten Medizin studieren. Ich wollte unbedingt Medizin studieren, um erkrankten Menschen zu helfen, und bekam bei der Prüfung auch die geforderte Note. Aufgrund meiner Schwerhörigkeit war es jedoch aussichtslos, denn der Dekan der medizinischen Fakultät hatte zu mir gesagt: „Du kannst nicht Medizin studieren, denn ein Mediziner muss sehr gut hören können." Er nannte mir viele alternativen Studienfächer, woraufhin ich mich für das Physikstudium entschied. Nach der Aufnahmeprüfung am 2. Oktober 1991 durfte ich in Kankan studieren. Kankan liegt im Staat Hauptguinea, 798 Kilometer von meiner Heimat, Conakry, entfernt. Im Anfangsjahr konnte ich nicht nach Kankan, denn es gab einen Volksaufstand. Insbesondere Schüler und Studenten demonstrierten für bessere Bildungsbedingungen. Bei diesen Demonstrationen wurden viele Schüler und Studenten durch die Kugeln des Militärs getötet. Auch in Kankan starben viele Studenten. Ein guter Freund von mir starb, als das Militär der Kaserne Sounyata den Campus stürmte. Eigentlich waren alle Studenten des IPK (Institut Polytechnique Kankan) außerhalb des Campus. Mein Freund hatte jedoch gesagt, dass er wieder nach Conakry fahren müsse, deshalb wolle er in den Campus, um sein Gepäck zu holen. Er kletterte auf die Mauer des Campus und sprang hinüber. Die Soldaten haben ihn erwischt und schlugen ihm mehrfach mit ihren Waffen auf den Kopf. Es gelang ihm noch, wieder auf die Mauer zu klettern und hinüberzuspringen. Auf der anderen Seite aber schlug er am Boden auf und konnte nicht mehr aufstehen. Da kam ein alter Mann mit seinem Fahrrad. „Bitte hilf mir aufzustehen", sagte er zu dem Mann. Der Mann half ihm und er ergriff den Lenker des Fahrrades und stand auf. Da lief ihm Blut aus der Nase und er fiel wieder auf den Boden und starb. Die Studenten, die aus Conakry und aus anderen Orten kamen, fuhren alle nach Hause. Von Kankan bis nach Conakry dauert es 48 Stunden, da die Straße sehr schlecht und gefährlich ist.

Kankan ist die Hauptstadt einer der größten Bundesstaaten Guineas. Die Stadt ist sehr schön und vielseitiger als Guineas Hauptstadt Conakry. Trotz der wertvollen Bodenschätze, wie Gold und Diamanten, leben die Menschen zum großen Teil in Armut. Es gibt nur zwei große Firmen: Die Briketterie und die Baumwollproduktion. In der Briketterie wurden Steine für den Hausbau produziert. Diese Firma gehört zu den Wahabiya (Islamisten) in Kankan. Kankan liegt an der Grenze zur Elfenbeinküste und zu Mali.

Der Slogan in Kankan lautet: „Kankan lete, mö to mö sö, mo to mölon." Übersetzt: Hier ist Kankan neben der Wüste, niemand kennt die anderen und niemand gibt anderen etwas, jeder muss sich um sich selbst kümmern.

Im nächsten Jahr, also 1992, bin ich zum Physikstudium nach Kankan gefahren. Als ich dort ankam, habe ich mich gefragt: „Wo befinde ich mich überhaupt?" Es war warm und es gab viele Mücken. Ich war sehr erleichtert, als ich drei Freunde aus meiner Gruppe sah.

Das Physikstudium machte mir viel Spaß, ich war trotz der Schwerhörigkeit immer einer der Besten. Ich studierte Physik mit dem Schwerpunkt Optik und Energietechnik, aber am Ende des Studiums bekam ich keine gute Note. Das lag daran, dass die Prüfung mündlich gewesen war und ich die Professoren nicht gut verstanden hatte.

In Kankan gab es 1993 wieder einen Studentenaufstand. Es war ein sehr schlimmer Aufstand, der mit der Präsidentenwahl zusammenhing. Die zwei größten Parteien, die Parti d'unité et progrès (PUP – Partei der Einheit und des Fortschritts) des regierenden Lansana Conté und die Partei Ressemblement du peuple Guinée (RPG – die Partei der Versammlung des Volkes von Guinea) von Alpha Condé, verfeindeten sich immer mehr. Und alle Malinké waren für Alpha Condé und die Sosso für Lansana Conté. In Kankan sind fast alle Malinké. Die Studenten waren im Campus geteilt, die Malinké wohnten in Block B unter einem Dach, die Sosso und andere Ethnien lebten unter einem anderen Dach. Ich wohnte bei einer Bekannten meines Vaters nicht weit entfernt vom Campus. In Kankan sprach niemand meine Sprache, Sosso, die offizielle Landessprache nach Französisch. Und ich sprach nicht die Sprache der Malinké, da diese zwei ethnischen Sprachen total verschieden sind. Weil bei der Wahl in Kankan nach offiziellen Angaben sehr viel mehr Menschen ihre Stimme abgegeben haben sollen, als wahlberechtigte Menschen vorhanden waren, wurde die Wahl annulliert und Alpha Condé als Verlierer deklariert. Dieses Ergebnis ließ das Volk in Kankan, die Malinké, entrüstet aufstehen. Sie wollten alle Sosso in Kankan ermorden. Die Vorlesungen wurden von den Malinké und den Fulben blockiert, wir mussten aus der Klasse raus und ich wollte wieder nach Hause, wo ich wohne. Da kam ein Mädchen und sagte in meiner Muttersprache zu mir: „Du darfst heute nicht nach Hause kommen, die Leute warten auf dich, um dich zu töten, weil du ein Sosso bist." „Danke! Sprichst du wirklich meine Muttersprache?", fragte ich sie. „Ja, meine Mutter ist auch Sosso. Ich bin seit einigen Monaten hier, weil meine Mutter gestorben ist. Deshalb wurde ich zu meinem Vater geschickt, der Malinké ist." In dieser Nacht habe ich bei meinem Freund übernachtet. Der Rektor der Universität stammte aus meiner Ethnie und er sagte zu uns, dass wir alle im Campus bleiben mussten. Die Soldaten aus der Kaserne Camp Soundiata sind gekommen, um uns zu beschützen, darunter waren auch einige Soldaten aus meinem Dorf. Ein Freund von mir wollte mir eine Pistole zur Selbstverteidigung geben, aber ich habe sie nicht genommen, da ich in meinem Leben keine Menschen ermorden will. Wir verbrachten einen Monat ohne Vorlesungen. Die Sosso schrieben einen Brief an die anderen Ethnien, in dem stand: „Wir sind nicht hier, um uns gegenseitig abzuschlachten, sondern wir sind hier, um Wissen zu erwerben, zu studieren, wir sind die Zukunft unseres Landes. Bitte hören wir mit dieser Spinnerei auf, das bringt gar nichts." Am nächsten Morgen sind einige Studenten, meist Sosso und andere Ethnien, zu den Vorlesungen gegangen. Da kamen die Anhänger der RPG und warfen mit Steinen und zerstörten viele Fenster. Als sie hinter uns her waren, warfen auch wir Steine und es entstand eine Prügelei. Es war ein wüster Kampf aus dem keiner als Gewinner raus ging. Am Abend wollte ich Wasser zum Duschen holen, aber der kürzeste Weg zum Wasserholen führte an den Malinké vorbei. Als ich dort vorbeigehen wollte, sagte jemand: „Da ist Jimmy, ein Sosso", und es kamen viele mit Macheten und Messern zu mir, um mich fertigzumachen. Ich war inmitten dieser Leute. Nur drei Malinké waren auf meiner Seite und sagten zu den anderen: „Nein, lasst den in Ruhe, der hört gar nichts und für ihn ist die Politik uninteressant." Aber die Kollegen erwiderten: „Doch, wir müssen an ihm ein Beispiel statuieren." Ich sagte: „Wenn ihr mich wegen Politik ermorden wollt, dann tut es! Denn wenn ihr mich heute tötet, werdet ihr mich morgen nicht nochmal töten. Wann werden wir dieses Wort ‚Ethnie' begraben, damit alle Menschen in Guinea eins sind. Dass es keine Malinké mehr in Guinea gibt, keine Sosso oder Toma. Dann sind alle einfach Guineer und die Politiker müssen uns nicht entzweien. Ich bin hier, um zu studieren, und nicht um Politik zu machen. Ihr seid auch hier, um zu studieren" „Wir lassen dich gehen, aber wenn du Wasser holen willst, dann musst du einen anderen Weg nehmen", sagten sie. Vor der Wasserpumpe waren viele Fulbe und auch sie sagten, dass ich dort nicht vorbeikönne, wo sie sind. „Das Wasser hier ist doch für alle, die hier studieren, es gehört hier niemandem", sagte ich zu ihnen. Ich war total genervt und wollte diese schlechten Leute verprügeln.

Jeden Tag kamen Malinké mit Macheten und Messern zum Campus und setzen sich draußen hin. „Wir wollen alle Sosso in Kankan töten", sagten sie immer wieder. Wir hatten zwei Monate lang keine Vorlesung und ich hatte die Möglichkeit nach Conakry zu fahren. So verbrachte ich die Zeit in meinem Elternhaus. Erst als ich hörte, dass es keinen Volksaufstand mehr gibt, fuhr ich wieder nach Kankan zurück.

Eines Tages wollte ich wieder Fisch essen und ging auf den größten Markt in Sogbè, um Fisch zu kaufen. Dort angekommen fragte ich die Fischverkäuferin nach dem Preis des Fisches, da kam eine Frage von der Frau: „Bist du Sosso?" „Ja, ich bin Sosso", antwortete ich. „Mein Name ist Simone, ich bin auch aus Kindia, aber seit vielen Jahren bin ich mit einem Malinké aus Kankan verheiratet und deshalb lebe ich hier. Ich habe von meinem Mann vier Kinder: Drei Jungs und ein Mädchen. Mein ältester Sohn ist Schneider, sein Bruder hat die Schule abgebrochen, weil er die erste Abiturprüfung zweimal wiederholt hat", sagte sie zu mir und fügte hinzu: „Im Campus gibt es doch eine Mensa, willst du dort nicht essen?" „Nein, nicht immer, das Essen in der Mensa schmeckt mir nicht", antwortete ich. „Also wenn du willst, kannst du heute Abend zu mir kommen, ich kann für dich Fisch kochen." Die Frau war supernett, obwohl ich ja immer hörte, „In Kankan gibt niemand etwas dem anderen, niemand hilft dem anderen." Nun, es gibt doch überall dort draußen nette Leute. Wer immer mit offenem Herzen

Gutes tut, wird nie leiden, egal wo er sich befindet und egal ob die Leute um ihn herum nett sind oder nicht.

Am Abend kam ich also wie vereinbart zum Abendessen. Da lernte ich die Kinder von der Frau kennen. Sie sind alle nett. Nach dem Essen mit ihrer Familie wollte die Frau wissen, aus welcher Familie ich stamme. „Ich komme aus Conakry, mein Vater aus Koubia und meine Mama aus Koba", sagte ich zu ihr. „Ich fahre alle zwei Monate nach Koba Taboria, um Fisch zu kaufen", sagte die Frau zu mir. Ich erzählte ihr, dass zwei meiner Tanten in Taboria Fisch verkaufen. „Ach tatsächlich, ich bin eine gute Kundin von einer deiner Tanten und der Mann von ihrer Schwester ist ein bekannter Fischer und hat sechs Boote", erwiderte sie mir. Ihr Sohn machte an dem Abend ein Bild von mir mit seiner Mama.

Nach einigen Tagen ist die Frau nach Koba Taboria zum Fischkaufen gefahren, das dauert zwei bis drei Tage. Das größte Problem war für meine Tante, ihre Kunden zu beherbergen. Als sie die Zimmer vergab, kam Simone zu spät, und sie bekam kein Zimmer mehr.

Die Fische, die meine Tanten verkauften, mussten getrocknet werden und dort, wo sie das machten, konnten die Kunde warten und sich unterhalten. Simone war auch mit ihrem Gepäck dort. Sie saß allein da und zum Glück kam Sinatou zu ihr und fragte sie: „Hast du ein Schlafzimmer bekommen?" „Noch nicht", antwortete Simone. „Von wo kommst du eigentlich?" „Von Kankan", sagte Simone zu ihr. „Oh, das ist sehr weit von hier … der Sohn von meiner verstorbenen Schwester studiert dort", sagte Sinatou zu ihr. „Du meinst Amine?", sagte Simone zu meiner Tante. „Wie, du kennst ihn?", fragte die Tante Simone. „Ja, er ist wie mein Sohn" und sie zeigte meiner Tante das Foto, auf dem sie und ich zu sehen waren, und fragte: „Ist er der, von dem du sprichst?" „Ja, das ist Amine", sagte Sinatou und fügte hinzu: „Als seine Mutter starb, habe ich mich mit meiner Schwester Sirra um die Kinder gekümmert, aber jetzt sind wir verheiratet und die Kinder sind auch groß geworden."

„Komm zu mir, du kannst bei mir übernachten, bis du den gewünschten Fisch hast", sagte Sinatou zu ihr. Simone blieb eine Woche und meine Tanten halfen ihr, schnell den Fisch zu bekommen. Viele Leute warten bis zu drei Wochen. Als Simone nach Kankan zurückfuhr, gaben meine Tanten ihr einen kleinen Senti mit gutem Fisch für mich mit.

Mein Onkel Tao lebte 26 Jahre in Frankreich, dort studierte er Energie. Nach dem Tod von Sékou Touré hatte der Nachfolger von Sékou Touré, Lansana Conté, ihn gebeten, nach Guinea zurückzukehren, damit er sich an der Entwicklung Guineas beteiligen konnte. Er wurde Stellvertreter des Direktors von SOGEL (Societé Guineen Electrique). Nach dem Studium bot er mir eine Praktikumsstelle bei SOGEL an.

Ich machte das Praktikum bei Turbine drei und überwachte den Generalmotor, damit es keinen Stromausfall im Regierungsbezirk gab. Wie es bei der restlichen Bevölkerung aussah, war den Machthabenden egal.

Als Junge und auch im frühen Erwachsenenalter hatte ich gedacht, dass ich niemals im Leben eine Frau haben werde, da ich schwerhörig bin. Ich wuchs in unserem Stadtbezirk mit vielen jungen Leuten zusammen auf. Darunter war einer, Papingo, mit dem ich engen Kontakt hatte. Er war zwei oder drei Jahre älter als ich, aber wir hatten die elfte Klasse zusammen gemacht und immer zusammen in der Gruppe gelernt. Wir galten in diesem Stadtbezirk als Vorbild, denn er und ich sind ernsthafte und seriöse Gläubige. Ich hatte bei seinem Vater weiter Koranunterricht. Er konnte schon richtig den Koran lesen und das hatte er mir auch beigebracht. Wir waren aber keine Antisemiten und meine anderen Freunde waren fast alle Christen.

In Guinea kann ein Vater eine seiner Töchter als „Allahmali", das bedeutet „Gotthelferin", einem unbekannten gläubigen jungen Mann, der seriös ist und ernsthaft an Gott glaubt, als Geschenk geben. Dieser Mann muss gläubig, nett, freundlich und sehr vorbildlich in allen Bereichen sein. Gotthelferinnen müssen anders erzogen werden als andere Frauen. Ihnen wird schon als kleine Kinder gesagt, dass sie später als Gotthelferin abgegeben werden. Sie werden dann auf die Schule für Gotthelferinnen geschickt. Solche Frauen dürfen nicht beleidigt, geschimpft und geschlagen werden. Um solche Frauen abzugeben, muss man zunächst ein Haus für sie und ihren künftigen Mann bauen inklusive sehr viele Sachen für den Haushalt besorgen. Eines Tages wollte ein Imam seine hübsche Tochter als Gotthelferin einem gläubigen Mann geben. Ich bin in Matam Lido aufgewachsen und hatte dieses Mädchen noch nicht einmal gesehen. Das Mädchen war hübsch wie eine Traumfrau. Wer sie sah, wünschte sich die Hand dieser Frau. Wir waren an diesem Tag sieben Männer und saßen um den Tee, da wir jeden Abend Gunpowder, das ist ein sehr starker grüner Tee, kochten. Während die Leute die Hochzeit des Mädchens vorbereiteten, saßen wir beim Tee und unterhielten uns, meist über die Hausaufgaben aus der Schule und aus den Büchern. Neben uns stand eine Tafel zum Erklären von Mathe, Chemie und Physik, da die Schüler in Guinea in diesen Fächern sehr begabt sind.

Bei der Hochzeit des Mädchens kamen viele Verwandte und andere Leute aus dem Viertel. Es gab leckeres Essen und wir bekamen sogar einen großen Korb Reis mit Rindergulasch. Danach musste die Frau ihren künftigen Mann kennenlernen. Die Hochzeitgesellschaft folgte der Braut unter Tränen bis zu einer Bäckerei und auch die junge Braut schluchzte unterdrückt. Wir kritisierten den Fall des Mädchens und sagten zueinander: „Das ist aber nicht gut, ein Mädchen einem Unbekannten zu geben, den sie nicht kennt. Bevor man mit einer Frau ins Bett geht oder eine Frau liebt, muss man sie zuerst sehr gut kennenlernen. Außerdem ist die Liebe ja keine Klamotte. Man muss jemanden lieben, bevor man mit ihm die Ehe schließt. Dieses Mädchen muss jemanden heiraten, den sie noch nicht gesehen hat. Findet ihr das gut?", stellte ich die Frage. „Das Mädchen ist aber sehr hübsch und soll einem dummen Mann gegeben werden, der gar nichts von der Liebe weiß. Er wird ihr später wehtun", sagten wir weiter. Wir waren noch dabei uns aufzuregen, als wir sahen, dass die Leute in unsere Richtung kamen. Papingo war an der Tafel und gerade dabei, uns Integralrechnungen zu erklären. Er meinte, dieses Mädchen ist für Jimmy bestimmt, das bin ich. Ich hatte diesen Namen bekommen, weil ich extrem Sport getrieben hatte. „Warum denkst du das?", fragte ich ihn. „Du hörst nicht gut, aber du bist sehr seriös und gläubig, deshalb will der Imam dir anscheinend seine Tochter schenken", antwortete er. „Es wäre sehr schön, wenn ich die Hand dieses hübschen Mädchens bekommen würde", erwiderte ich. „Aber ich denke, das Mädchen ist vermutlich für dich", sagte ich zu ihm. „Abwarten und Tee trinken", erwiderte er. „Aber wie kommst du auf die Idee?", fragte er mich. „Also so, wie es aussieht, ist die Frau wahrscheinlich für dich", sagten nun auch die anderen zu ihm. Die Leute kamen immer weiter in unsere Richtung. Der Bruder von Papingo sagte: „Es ist klar, sie kommen zu uns" und alle nickten. Bei uns angekommen, stoppten die Leute. Das Mädchen weinte und die Leute sollten ruhig sein, damit der Imam mit dem Mann, dem er seine Tochter geben wollte, sprechen konnte. „Im Namen des allerhöchsten Gottes, im Namen der islamischen Religion und im Namen von allen Gläubigen möchte ich heute meine Tochter jemanden geben, der Gott dient, und dies ist meiner Ansicht nach der Papingo", sagte der Papa des Mädchens zu Papingo. Alle waren ganz still und gespannt. Man hätte eine Fliege vorbeifliegen hören können. Wir warteten auf die Antwort von Papingo. Er schaute mich und die anderen unentwegt an und ich gab ihm durch Augenblinzeln ein Signal und nickte leicht mit dem Kopf, da ich gesehen hatte, dass das Mädchen erleichtert zu sein schien und einen freundlichen Ausdruck im Gesicht hatte. Da kam der Satz: „Ich kann Ihre Tochter annehmen." Wir hatten uns so gefreut und es wurde sehr viel gejubelt mit Gesang und Tanz. „Hier ist der Schlüssel eures Hauses, ihr braucht gar nichts kaufen, es gibt alles darin, was ihr braucht", sagte der Imam zu meinem Freund.

Wie schon erwähnt war ich immer der Meinung, dass ich in meinem Leben keine Frau haben kann. Ich dachte, um eine Frau zu bekommen, muss man ein perfekter Mann sein. Ein perfekter Mann, der gut hört, aber wer ist schon perfekt????

Es gab eine Verkäuferin, die sich die Hände ihrer Tochter für mich gewünscht hat. Die Frau verkaufte Brot und Baguette auf der Kreuzung in Carrefour Constanten. Ich kaufte früh am Morgen immer Baguette bei ihr, wenn ich in die Schule ging. Und wenn ich als Erster bei ihr kaufte, dann hatte sie viel Glück, weil ihre Waren an diesem Tag alle verkauft wurden. Eines Tages rief die Frau mir zu: „Amine, guten Morgen, kaufst du heute kein Baguette oder Brot?" „Nein, ich habe heute kein Geld für Brot", antwortete ich, „ich habe heute auch keine Schule." „Hättest du gerne Brot?", fragte sie mich. „Ja, gerne", antwortete ich. „Okay, du kannst dir ein Baguette nehmen", sagte sie zu mir und fügte hinzu: „Hast du ein bisschen Zeit, um dich mit mir zu unterhalten?" „Ja", antwortete ich. „Ich kenne deine Mama sehr gut, sie war ein sehr guter und liebenswerter Mensch, sie war immer freundlich zu allen, aber es ist schade, dass du sie kaum gekannt hast", sagte sie zu mir. „Ja, alle, die meine liebe Mama kannten, sagen mir so was. Das ist unser Schicksal, dass ich und meine anderen Geschwister die Mama nicht richtig gesehen haben", fügte ich hinzu. „Weißt du, du bist mein Glück, wenn du bei mir anfängst zu kaufen, dann werde ich an diesem Tag alle meine Waren verkaufen" sagte sie zu mir. „Aha, meinst du? Wie oft hast du das schon gemerkt?" fragte ich. „Sehr oft", antwortete sie. „Du bist ein Mann, der viel Glück hat", sagte sie weiter zu mir. „Meinst du wirklich?", fragte ich. „Ja, ich möchte dir die Hand meiner Tochter geben … was sagst du dazu?", fragte sie mich. „Ich hätte gerne ihre Hand, aber nicht mit Zwang, sondern mit Liebe. Deine Tochter ist hübsch und charmant, ich möchte sie gerne kennenlernen, denn ich wünsche mir eine Frau, die mich richtig lieben wird und ich sie auch", sagte ich. „Wie willst du das machen?", fragte sie. „Ich möchte sie persönlich kennenlernen und das wird länger dauern, diese Zeit musst du mir geben."

Ihre Tochter war Schülerin in der zwölften Klasse, also in der ersten Abiturprüfung, und sie war ebenfalls Verkäuferin. Ich baute Kontakt mit dem Mädchen auf. Ich lud sie oft ins Kino, insbesondere zu indischen Filmen, und ins Restaurant ein. Sie erklärte mir immer, dass sie gerne jemanden anderen namens Karim hätte, der aber in Amerika war. Karim ist der Bruder meines Schulfreundes Falan Keloura. Ich lud das Mädchen erneut ins Kino ein. Nach dem Kino wollten wir miteinander reden. „Ich habe ein sehr großes Problem, das ich nicht selbst lösen kann", sagte ich zu Dalakatou. „Welches ist das?" fragte sie mich. „Deine Mama wünscht sich für mich deine Hand und ich habe versucht, dich kennenzulernen. Aber du hast dein Herz bereits jemandem anderen gegeben, der in Amerika lebt. Ich möchte nun keine Liebe mit Zwang, denn Liebe gibt es überall auf der Welt", sagte ich zu ihr. „Ich kann dich nicht lieben, denn mein zukünftiger Mann muss besser hören und viel Geld haben, damit wir in der Liebe sehr glücklich sind", sagte sie zu mir. „Okay, ich akzeptiere deine Entscheidung, aber nur mit viel Geld wird man nicht glücklich. Es muss Liebe und Vertrauen in einer Beziehung herrschen. Ich wünsche dir alles Gute mit deinem zukünftigen Mann. Wir können einfach Freunde sein", sagte ich zu Dalakatou. Die ganze Familie dieser Frau fand mich, einen schwerhörigen Menschen, toll. Ich sagte zu Dalakatous Mutter: „Ich habe versucht deine Tochter kennenzulernen und ihr Liebe zu geben, aber ihr Herz ist bei jemand anderen. Wir alle müssen bitte die Entscheidung der erwachsenen jungen Frau respektieren." „Ich respektiere ihre Entscheidung, aber der Mann ist nicht gut für sie. Er lebt in Amerika, aber wenn er in Conakry ist, hat er mit vielen anderen Frauen zu tun; das weiß meine Tochter und ich weiß nicht, warum die Frauen in Conakry ihre Augen nicht öffnen, um zu verstehen, dass die im Ausland lebenden Guineer oft Angeber sind", sagte die Mama mit Blick zu mir. „Das stimmt, man hat einen Kopf, um zu denken, und ein Herz, um Sachen zu verstehen und zu lieben. Deine Tochter ist erwachsen, sie muss wissen, was für sie gut oder schlecht ist", sagte ich zu der Mama weiter. Sie war von ihrer Tochter sehr enttäuscht.

Es waren Sommerferien und ich hatte zwei gute Spieler aus meiner Mannschaft des JFC (Jimmy Fußball Club) mit ins Dorf Koubia genommen, weil wir immer gegen die Gastgeber spielen, wenn wir ins Dorf kommen. Es spielten also die „Urlauber" gegen die Jungen des Dorfes Fußball. Bis zu diesem Zeitpunkt hatten wir noch nie gegen diese Leute gewonnen, weshalb ich

Siladou und Karimka aus meiner Mannschaft in Matam mitnahm, weil wir immer Probleme mit dem Innenverteidiger hatten und auch im Mittelfeld mit der Nummer 10. Mithilfe der zwei mitgebrachten Spieler konnten wir diesmal gegen die Gastgeber, die Jungen des Dorfes, gewinnen. Danach hat es Probleme zwischen den Zuschauern aus Conakry und den Dorfbewohnern gegeben, weil es ihnen wehgetan hatte, gegen uns zu verlieren.

Meine zwei Freunde fragten mich, ob in Koubia Partys stattfinden. „Nein, hier finden keine Partys statt, Partys feiern ist hier total verboten. Hier leben die Islamisten, sie sagen, Partys sind eine Satanssache, aber in Wassou findet zweimal in der Woche eine Party statt. Wir können also am Samstag auf die Party nach Wassou gehen. Um dort hinzukommen, gibt es zwei Möglichkeiten: Entweder auf der Hauptstraße, das sind fünf Kilometer, oder über Sumbuyadi, aber da müssen wir einen großen Fluss, den Lecken, überqueren. Die Brücke ist ca. 40 Zentimeter breit und 15 Meter lang und wenn das Wasser auf der Brücke ist, dann dürfen wir sie nicht überqueren. Das ist zu gefährlich. Ich weiß, dass wir alle perfekt schwimmen können, aber bitte nicht überqueren, wenn das Wasser über der Brücke ist."

Man sagte, dass die alten Leute im Dorf extremer gewesen seien als die Islamisten selbst. Sie lasen den Koran und verstanden trotzdem nicht die genauere Bedeutung. Es gab einen Mann, Bassekhu Garangé, der aus diesem Dorf kam, aber mehrere Jahre in Frankreich lebte. Als Lansana Conté an der Macht war, wurde er gerufen, um sich an der Entwicklung des Landes zu beteiligen. Er setzte sich für die jungen Leute, die im Dorf lebten, ein, indem er zu den alten Leuten sagte: „Es müssen hier Partys stattfinden, damit die Jugend etwas Spaß haben kann." Aber die alten Leute wollten das weiterhin nicht. Sie erklärten Garangé: „Es fanden hier mal Partys statt. Immer, wenn eine Party stattgefunden hatte, wurden mehrere Mädchen schwanger. Um weitere Schwangerschaften zu verhindern, haben wir die Partys gestoppt, weil die Mädchen sich nicht vor einer Schwangerschaft schützen können. Und das soll so bleiben", sagten die alten Leute. „Aber wenn ihr dabei bleibt, dass hier keine Partys stattfinden, dann wird sich die Mentalität der jungen Leute nicht weiterentwickeln. Und Selbstbewusstsein ist sehr wichtig für die jungen Leute", erwiderte Garangé weiter. „Hier in Koubia werden wir niemals mehr erlauben, dass Partys stattfinden." Der alte Imam sagte: „Ich bin überhaupt nicht dagegen, wenn die jungen Leute eine Party machen. Wenn die Koubiakas den jungen Leuten verbieten Partys zu feiern, dann können die jungen Leute das bei mir machen." Der Imam, Abou Gassama, war ein sehr guter Mensch, der bestrebt war dem allerhöchsten Gott zu dienen und ihm nah zu sein, aber er war nicht extrem. Er las im heiligen Koran und verstand genau dessen Bedeutung. Viele andere aber, die zwar lesen konnten, aber den Inhalt der Suren des Korans dennoch nicht verstanden, waren sehr extrem in diesem Dorf.

Am Samstag hatten wir uns auf den Weg über die Hauptstraße gemacht, um nach Wassou zum Tanzen zu gehen. Es war nicht weit zu dem anderen Dorf, zumindest kam es uns nicht so vor, weil viele junge Leute aus Koubia kamen. Wir bezahlten den Eintritt, der einige Hundert guineische Francs kostete, und gingen hinein. Wir waren verrückte Tänzer, denn in der Schule in der Präfektur Matam gab es regelmäßige Tanzwettbewerbe in Breakdance, in Yamayama, dem Tanz aus der Elfenbeinküste, Zouk und Yankadi. Der DJ war ein Bekannter von mir und stammte aus meinem Dorf, Koubia. Als ich zu ihm ging, um mir Musik zu wünschen, kam ein Junge aus Wassou zu mir und sagte zu mir: „Das Mädchen, Marisa Tadé, ruft dich und will dich treffen, geht das?" „Welches, ich kenne keine Marisa Tadé hier ... Sag ihr, sie kann auch zu mir kommen, wenn sie mich wirklich treffen möchte", sagte ich zu dem Jungen. Als ich neben dem DJ saß, kam das Mädchen direkt auf meinen Schoß. „Hallo, wie geht es dir?" „Gut. Und selbst?" „Auch gut", antwortete sie. „Du sagst, du kennst mich nicht?", fragte sie mich. „Nein, ich kenne dich nicht und ich habe dich noch nie in meinem Leben getroffen." „Aber ich kenne dich aus Matam vom Sehen, ich bin von der Familie Tadé in Matam, eine deiner Tanten (väterlicher Seite) ist mit meinem Onkel verheiratet. Ich bin zwar in Bamako aufgewachsen, aber jetzt bin ich wieder hier bei meiner Mama in Wassou", sagte sie zu mir. „Kannst du vielleicht Salsa mit mir tanzen?", fragte sie mich. „Ja, kann ich", antwortete ich und wir tanzten Salsa miteinander. Ich hatte es der Frau angetan und sie mir ebenfalls. Mit der Zeit lernte ich sie besser kennen. Ich hatte mir viele Sorgen gemacht, weil ich schwerhörig bin, aber diese Frau hat mich angenommen, wie ich bin, und deshalb war ich mit dieser jungen Frau liiert. Wir waren gute Freunde, alle Ferien habe ich mich auf unsere Treffen gefreut. Ich kam also in den Ferien nach Koubia und wollte die Frau in Wassou wieder besuchen, denn es gab keine Kommunikationsmöglichkeiten wie Handy oder Festnetztelefon. Aber wenn man vor Ort war, konnte man einfach problemlos auf Besuch vorbeigehen. Es war Nacht, als ich in Koubia ankam, und sehr dunkel. Aber ich wollte sowieso zu ihr. Da schlug ich die Richtung des Flusses Lecken ein. Als ich am Lecken ankam, stand das Wasser bis über der Brücke. Ich war alleine und der Lecken ist gefährlich, aber die Liebe nimmt einem jegliche Angst und so konnte ich die Brücke überqueren und nach Wassou gehen, ohne dass mir etwas passierte. Als ich bei Mariam angekommen bin, fragte sie mich direkt: „Aus welcher Richtung bist du gekommen?" „Über den Lecken", antwortete ich. „Wow, dort ist es aber sehr gefährlich, bist du der großen Schlange begegnet?", fragte sie mich weiter. „Nein." „Oh, da hast du aber viel Glück gehabt, mein Schatz. Immer, wenn du hierherkommen willst, dann musst du bitte die Hauptstraße nehmen." „Das ist aber weit." „Aber besser als über den Lecken", sagte die Mutter von Mariam zu mir und fügte hinzu: „Hier, insbesondere beim Lecken, herrscht in der Nacht Hexerei." „Okay, alles klar", betonte ich. Als ich wieder nach Koubia gehen wollte, wartete ich auf ein Auto und ließ mich mitnehmen. Jeden Montag findet bei uns in Koubia ein Louma, das bedeutet Markt, statt. Da kommen alle aus den Nachbardörfern zum Einkaufen nach Koubia. Mariam war ebenfalls auf dem Markt und als sie nach Hause gehen wollte, nahm sie mich mit. Ich blieb bis zum Abend und wollte dann wieder nach Koubia zurückkehren, weil wir am nächsten Morgen auf der Plantage arbeiten mussten. Ich schlug die Richtung des Lecken ein. Immer wenn ich in der Nacht allein laufe, rezitiere ich vier Schutzverse aus dem heiligen Koran um Allahs Schutz zu erbitten. Das ist der Ayat-Al Kursi (Die Kuh, Sure 255), die aufrichtige Ergebenheit (Der Glaube ohne Vorbehalt, Sure 112), der Tagesanbruch (Sure 113) und die Menschen (Sure 114).

Sinngemäß lauten sie:

Sure 255: Allah, kein Gott ist da außer ihm, Dem Ewiglebenden, Dem durch Sich selbst Seienden. Ihn ergreift weder Schlummer noch Schlaf. Ihm gehört, was im Himmel und was auf der Erde ist. Wer ist es, der bei Ihm Fürsprache einlegen könnte außer mit seiner Erlaubnis? Er weiß, was vor uns und was hinter uns liegt; sie aber begreifen nichts von Seinem Wissen, es sei denn das, was Er will. Weit reicht sein Thron über die Himmel und die Erde, und es fällt ihm nicht schwer sie zu bewahren. Und Er ist der Hohe, der Allmächtige.

Sure 112: Im Namen Allahs, des Allerbarmers, des Barmherzigen sprich: „Er ist Allah, Ein Einziger Allah, Der Absolute (Ewige, Unabhängige, von dem alles abhängt). Er zeugt nicht und ist nicht gezeugt worden und ebenbürtig ist keiner."

Sure 113: Im Namen Allahs, des Allerbarmers, des Barmherzigen sprich: „Ich nehme meine Zuflucht zum Herrn des Frühlichts vor dem Übel dessen, was Er erschaffen hat, und vor dem Übel der Dunkelheit, wenn sie heranbricht und vor dem Übel der Knotenanbläserinnen und vor dem Übel eines (jeden) Neiders, wenn er neidet."

Sure 114: Im Namen Allahs, des Allerbarmers, des Barmherzigen, sprich: „Ich nehme meine Zuflucht zum Herrn der Menschen, dem König der Menschen, dem Gott der Menschen vor dem Übel des Einflüsterers, der entweicht und wiederkehrt, der den Menschen in die Brust einflüstert."

Als ich mich dem Lecken näherte, war im Fluss Flut, und als ich die Brücke überqueren wollte, war plötzlich meine Freundin hinter mir, ohne dass ich sie hatte kommen sehen, und sagte zu mir: „Bitte nicht überqueren." „Wie bist du so plötzlich aufgetaucht?", fragte ich sie und fügte hinzu: „Wir sind hier sehr weit von dir zu Hause, hast du mich verfolgt, oder was?" „Das musst du nicht unbedingt wissen, du musst nur meinen Anweisungen folgen", sagte sie. „Du kannst bei mir übernachten und morgen wieder nach Koubia gehen. Die Straße geht durch die Wälder und ist sehr schmal." Wir gingen also zurück. In den Dörfern gibt es an einigen Orten Tongefäße mit Wasser. Das Wasser ist für die Personen, die lange Strecken hinter sich haben, damit sie trinken können, wenn sie Durst haben. Als wir uns einem Tongefäß näherten, sagte meine Freundin zu mir: „Da steht neben dem Tongefäß mit Wasser ein Mädchen, lass sie machen, was sie gerade macht, sag gar nichts zu ihr, also rede nicht mit ihr, lass uns einfach vorbeigehen. So, als ob wir sie gar nicht gesehen haben." „Okay, alles klar." Das Mädchen stand vor dem Tongefäß und erfrischte oder besser gesagt badete sich und verbrauchte dadurch das Wasser, welches für die durstigen Reisenden vorgesehen war. Das hat mir nicht gefallen und so fragte ich sie: „Findest du das wirklich gut, was du gerade machst? Die Leute wollen dieses Wasser trinken, wenn sie Durst haben. Du bist wirklich ignorant und für mich bist du der schlechteste Mensch, den ich je gesehen habe, wie kann man sich so verhalten?" Sie erwiderte: „Du musst gehen und mich in Ruhe lassen. Ansonsten kriegst du etwas Schlimmes von mir. Ich denke, es gibt keine Menschen, die gut sind, der Mensch ist im Allgemeinen das böseste Tier der Welt." Ich war genervt und wollte diese böse Hexe prügeln, aber meine Freundin hielt mich fest. Ich sagte zu ihr: „Du hast mit deiner Hexerei keine Macht, um mich fertigzumachen." Dann gingen wir weiter bis nach Hause zu meiner Freundin, wo ich übernachten wollte. Allerdings hatte ich keine Lust mehr, dort zu übernachten. Ich wollte unbedingt in dieser Nacht nach Koubia, aber die Freundin hinderte mich mehrmals daran, sodass ich in Wassou übernachten musste. Am nächsten Morgen machte ich mich wieder auf nach Koubia, aber statt schon in der Früh nach Koubia zu gehen, war ich erst um 13 Uhr auf dem Weg über den Lecken. Am Lecken war Ebbe, also niedriges Wasser im Fluss, so dass man die Brücke sicher überqueren konnte.

Ich machte einen ersten Schritt auf die Brücke, als ich eine ungewöhnliche Schlange auf dem Wasser erblickte. Eine solche Schlange hatte ich in meinem Leben mit bloßen Augen noch nie gesehen und ich kehrte auf festen Boden zurück. Ich wollte gerade einen Stein vom Boden aufnehmen, als die Schlange ihren Kopf hob und mich ganz fest anschaute. Ich legte den Stein auf den Boden zurück und die Schlange zog ihren Kopf wieder zurück. Ich wartete ungefähr eine halbe Stunde lang, bis sich die Schlange auf dem Wasser vorbeischlängelte. „Wow! Gott ist sehr groß, Er macht, was Er will ... ist das wirklich eine echte Schlange?", fragte ich mich. Wenn man von Wassou nach Koubia über den Fluss Lecken geht, kommt man zu einem kleinen Dorf, Sumbouyadi. Als ich die Brücke überquerte, sah mich ein kleines Mädchen und schrie: „Da kommt ein mutiger Junge!" Die Leute sind daraufhin in Scharen zu mir gekommen. „He Junge, bist du wirklich über die Brücke gekommen, hast du vielleicht etwas gesehen?", fragten die Bewohner mich. „Ja, ich bin über die Brücke gekommen, aber ich habe gar nichts gesehen", antwortete ich. „Tatsächlich?" „Ja, ich habe gar nichts gesehen, was wollen Sie eigentlich von mir, lassen Sie mich doch in Ruhe gehen." „Das ist der Amine, der Sohn von Mady ich kenne ihn gut", meldete sich ein Junge, mit dem ich oft Fußball gespielt habe. Ich ging weiter nach Hause. Meine Oma fragte mich ebenfalls, wie die anderen in Sumbouyadi, ob ich etwas gesehen hätte. Ich bat sie: „Sag mir bitte, was da ist, wenn du es weißt." Sie erzählte mir: „Dort gibt es eine sehr große Schlange, die zu dieser Uhrzeit immer da ist. Und diese Schlange hat schon so viele Menschen ermordet. Wer zu dieser Uhrzeit die Brücke antritt oder neben der Brücke steht, bleibt für immer verschwunden", sagte sie. „Ich habe diese ungewöhnliche Schlange mit bloßem Auge gesehen", sagte ich zu meiner Oma. „Wirklich? Und du bist am Leben?", fragte sie mich. Ich erzählte ihr die Geschichte und fügte hinzu: „Der allerhöchste Gott ist der beste Beschützer, nicht jeder kann von dieser Schlange ermordet werden, vielleicht hatte sie keine Lust mehr auf mich oder sie hat mich vielleicht toll gefunden und mir deshalb nicht wehgetan", sagte ich mit einem Lächeln und dem Blick zu meiner Oma. „Dein Herz ist sauber", sagte meine Oma zu mir. „Gott sei Dank", sagte ich. Die Oma hat mich von da an „Amine Koe" genannt, übersetzt „Amine der Nacht", denn ich konnte immer diese Brücke überqueren, auch wenn Wasser auf der Brücke war.

Es war ein schöner Freitag, als die jungen Leute aus Koubia wieder nach Wassou zum Tanzen gehen wollten. Wir waren etwa zwanzig Mädchen und Jungen. Ich freute mich darauf, meine Freundin wiederzusehen. Als wir da waren, hat mir einer der Brüder meiner Freundin verraten, dass Marijol in einem Monat heiraten sollte. Ich war zutiefst geschockt und hatte keine Lust mehr auf die Party. Ihr Bruder hatte ihr gesagt, dass ich auf der Party sei. Da kam sie zu mir und erzählte, dass ihre Eltern sie zwingen, einen Mann zu heiraten und dass sie mich nie wieder treffen darf. Wir haben uns trotzdem innerhalb dieses Monats getroffen. Eines Tages hat der Mann mich mit Mariam gesehen, obwohl wir uns heimlich getroffen hatten. Er sagte mir: „Bitte lass die Frau für mich, die Hochzeit steht schon vor der Tür. Du bist sehr jung und nicht in der Lage, eine Frau zu heiraten. Du kannst dich mit diesem Alter nicht um eine Frau kümmern." „Aber du kannst auch eine andere Frau heiraten, die volljährig ist, sie ist doch auch erst 17 Jahre alt, das ist minderjährig", antwortete ich dem künftigen Mann meiner lieben Freundin. „Das ist in Europa oder in Amerika so, aber wir sind in Guinea, alles ist möglich. Wenn du diese Frau nicht vergisst, ist das eine Familienkriegserklärung", erwiderte er. Nach der Hochzeit von den beiden traf ich in Conakry Marijol, die älteste Schwester von meiner Ex-Freundin. Sie meinte zu mir: „Weißt du, dass meine Schwester vor der Hochzeit schwanger war?", „Nein, das wusste ich nicht. Willst du sagen, dass das Kind von mir ist?", fragte ich sie. „Na von wem sonst, also Abwarten und Teetrinken." „Ich warte, bis die Frau selbst mir das sagt", dachte ich. Obwohl ich meine Ex-Freundin noch zweimal getroffen hatte, hatte sie mir nie etwas davon gesagt, dass sie vor der Hochzeit von mir schwanger gewesen wäre.

Meine Liebe und mein Leben in Deutschland

Schon als kleiner Junge, etwa mit neun Jahren, hatte ich von einem Foto am Himmel geträumt. Auf dem Bild war ein neugeborenes Kind zu sehen. Ich konnte aber nicht unterscheiden, ob es ein Junge oder Mädchen war. Es hatte zwar Haare, aber die waren nicht genau zu sehen, denn die waren sehr kurz. Ich träumte immer öfter von diesem Bild am Himmel und wenn im Traum das Kind einen guten Gesichtsausdruck hatte, dann wurde der nächste Tag ein schöner Tag für mich. Wenn ich träumte, dass das Kind einen unglücklichen Ausdruck im Gesicht hatte, dann wurde der nächste Tag ein schlechter Tag für mich. Als ich in Kankan studierte, träumte ich erneut von diesem Bild: Ich sah jetzt, dass es ein Mädchen war mit sehr blonden, lockigen Haaren und das Mädchen schickte mir ein schönes Lächeln aus dem Bild heraus. Ich bekam Angst, schreckte hoch, wachte auf und konnte nicht mehr weiterschlafen. Mein Freund Arthur fragte mich, was da los sei, wieso ich nicht schlafen könne. „Hattest du einen Alptraum, oder was?" Ich konnte ihm aber nicht erklären, was mich erschreckte hatte.

Eines Tages fragte mich mein Freund Kamassan, ob ich ihn begleiten möchte. Er wollte zu einer Hellseherin gehen. „Ich kann mitkommen, aber ich glaube diesen Leuten in Wirklichkeit nicht, denn sie können nicht sagen, wann sie selber sterben müssen", sagte ich zu ihm. Wir sind zu der Hellseherin gegangen. Die Frau saß in einem Rollstuhl. An diesem Abend waren nicht viele Leute bei ihr. Mein Freund war dran und die Frau las ihre Coris (Muscheln) und murmelte etwas, dann sagte sie zu mir: „Du gehst bald nach Europa, dort erwartet dich eine sehr schwere Aufgabe." „Ich bin aber nicht da, damit du für mich etwas siehst", sagte ich zu ihr. „Meine Muscheln sind dir gefolgt, deswegen muss ich dir sagen, was ich gesehen habe." Die Frau hat sehr viel über mich gesprochen. Ich war schon sauer auf sie und wollte sofort von dort weggehen.

Nach dem Praktikum bei SOGEL habe ich einen Deutschkurs besucht und die Mittelstufe absolviert. Ende Januar ging ich zur deutschen Botschaft, um ein Visum zur Vertiefung des Physikstudiums zu beantragen. Und es gelang mir tatsächlich, das Visum für ein Studium in Deutschland zu bekommen.

Vor der Reise träumte ich wieder von dem Bild und sprach mit dem Mädchen auf dem Foto. „Hallo, wie heißt du denn?", fragte ich das Bild. Als die Frau mir ihren Namen gesagt hatte, packte mich die Angst und ich bin aufgestanden. Ich hatte den Namen „Caro" gehört und mir gemerkt.

Am 10. Mai 1998 kam ich am Hauptbahnhof von Leipzig an. Dort lebten meine leibliche Schwester Binette und ihr Mann, Odo. Ich bin zunächst mit Sabena, der heutigen Brüssel Airline, am 9. Mai 1998 um 9:54 Uhr vom internationalen Airport Gbessia nach Brüssel geflogen. Kurz vor sechs landete das Flugzeug am Flughafen in Brüssel. Beim Umsteigen musste ich durch den Flughafen und hätte meinen Pass der Polizei zeigen sollen. Die Beamten fragten mich danach, aber ich hatte sie nicht richtig gehört und sie riefen sofort einen der Kollegen, der mich in den Wartebereich der Passagiere brachte, die zurückflogen. Der Polizist fragte mich dort nach meinem Pass. Ich zeigte ihm das Dokument und fügte hinzu: „Ich fliege nach Deutschland zum Studium und meine Freunde warten draußen auf mich." „Okay, aber warum haben Sie Ihren Pass nicht gleich meinen Kollegen gezeigt?", fragte er mich. „Weil ich nicht gut höre und nicht mitgekriegt hatte, was sie von mir wollten", antwortete ich. „Gut, Sie können jetzt gehen", sagte er zu mir. „Vielen Dank", sagte ich zu ihm. Als ich durch die Ankunftshalle gegangen war, habe ich niemanden mehr gesehen, der mich hätte abholen wollen. Ich saß zwei Stunden am Flughafen. Da kam ein Kongolese zu mir und fragte mich: „Warten Sie auf jemanden?" „Ja, aber ich glaube, sie sind nicht mehr da. Ich möchte nach Deutschland", antwortete ich. „Ich bin Taxifahrer und kann Sie nach Deutschland fahren, aber das kostet tausend Dollar", sagte er zu mir. „Ich habe aber von Afrika bis hier keine tausend Dollar bezahlt, wieso muss ich von hier bis Deutschland tausend Dollar bezahlen? Für mich sind Sie kein Taxifahrer, sondern ein Betrüger und ich möchte bitte mit solchen Leuten nicht reden", sagte ich zu ihm und er ist gegangen. Als er ging, sah ich zwei Männer diskutieren, einen Belgier und einen Afrikaner. Die beiden standen genau neben mir, aber ich habe sie nicht verstanden. Der Afrikaner sagte zu mir in meiner Muttersprache: „Die Weißen denken immer, dass sie besser sind als alle anderen" und schimpfte auf Sosso. „Hallo mein Bruder, wie geht es dir?", grüßte ich ihn. „Hallo, was ist denn los und was machst du hier?", fragte er mich. „Ich bin gestern von Conakry bis hierher geflogen und möchte mit dem Zug nach Deutschland fahren. Könntest du mir bitte den Weg zum Hauptbahnhof von Brüssel zeigen und mir helfen, ein Ticket zu kaufen?", fragte ich ihn. „Ist niemand gekommen, um dich von hier abzuholen?" fragte er mich. „Doch, aber ich habe niemanden gesehen. Das Problem ist, dass ich mich drinnen ein bisschen verspätet habe. Eigentlich sollte mich der Mann von meiner Schwester hier abholen, aber ich habe ihn nicht gesehen", sagte ich zu ihm. „Okay, hast du die Telefonnummer von deinem Schwager?", fragte er mich weiter. „Ja, habe ich." „Gib sie mir, ich möchte mit ihm telefonieren." Er rief Odo an, der auch den Hörer abnahm, und sagte zu ihm: „Hallo, ich rufe aus Brüssel vom Flughafen an. Bist du in Brüssel oder in Deutschland?" „Ich bin in Deutschland", antwortete Odo. „Aber du solltest doch jemanden von hier abholen, warum bist du nicht gekommen?", fragte er weiter. „Ich habe Freunde in Brüssel, sie sollten ihn an meiner Stelle abholen, aber sie haben mich angerufen, dass sie ihn nicht gesehen haben", sagte Odo und legte den Hörer auf. Der Afrikaner sagte mir, er sei Taxifahrer und stellte sich vor: „Ich bin Ebramy und komme aus Conakry. Ich lebe seit vielen Jahren in Brüssel. Was willst du in Deutschland machen?" „Ich bin zum Studium nach Deutschland gekommen", sagte ich zu ihm. „Oh, sehr gut, viele Afrikaner kommen hierher, um zu studieren, aber das schaffen sie nicht, das ist eine Blamage für Afrika", sagte er zu mir. „Es könnte vielleicht sein, dass sie finanzielle Probleme haben, sodass sie ihr Ziel nicht erreichen können", antwortete ich. „Okay, steig ein, ich bringe dich zum Bahnhof." Er brachte mich zum Bahnhof und lud mich zuerst zum Frühstück ein. Nach dem

Frühstück musste ich Dollar in belgische Franken wechseln. Ich hatte 1700 Dollar dabei, wechselte 200 Dollar und kaufte ein Ticket nach Leipzig, mit dem ich nur einmal in Köln umsteigen musste. Das Umsteigen war für mich sehr schwierig, denn ich wusste nicht, auf welches Gleis ich muss. Zu dieser Zeit hatte ich noch nicht herausgefunden, woran man erkennt, welcher Zug wann auf welchem Gleis abfährt. Deshalb fragte ich einen Mitreisenden, ob der Zug, in den ich gerade eingestiegen war, nach Leipzig fährt. „Oh nein", sagte der Mann zu mir, „das ist drüben" und er half mir schnell, mein Gepäck in den anderen Zug zu transportieren. Ich hatte nur drei Minuten. Der Mann war sehr nett, es gibt überall nette Leute.

Mein Leben in Leipzig

Die Stadt Leipzig ist in Mitteldeutschland, im äußersten Nordwesten des Bundeslandes Sachsen zu finden. Sie liegt ca. 35 km südöstlich von Halle (Saale), ca. 100 km nordwestlich von der Landeshauptstadt Dresden und etwa 57 km nordnordöstlich von Gera.

Wenn Leipzig für eine Sache bekannt ist, dann für seine wunderschönen Gebäude. Zahlreiche architektonische Meisterwerke ragen hier in den Himmel hinauf. Zu nennen wäre hier zum Beispiel das Völkerschlachtdenkmal, das mit 91 Meter Höhe und einer Fläche von vier Hektar zu den größten Denkmälern Europas zählt.

Leipzig gilt nicht nur als Musikhauptstadt Deutschlands, sondern auch als eine DER Musikstädte in ganz Europa. Viele bedeutende Musiker wie Johann Sebastian Bach oder Robert Schumann waren in Leipzig tätig, Richard Wagner wurde hier geboren und begann seine musische Ausbildung in Leipzig.

In einer Untersuchung, bei der es um die Attraktivität der Stadtzentren in mehr als 120 deutschen Städten ging, schnitt

Leipzig als schönste Innenstadt Deutschlands unter den Vertretern mit mehr als 500.000 Einwohnern ab. Befragt wurden hierbei knapp 60.000 Leute und das Ergebnis fiel recht eindeutig aus. (quelle: Google Wikipedia)

Als ich in Leipzig ankam, habe ich gesehen, dass alle Leute in eine Richtung gingen, und ich folgte ihnen. Dann sah ich weiter vorne Den brutale Mann stehen, er brachte mich zu sich nach Hause. Ich freute mich, meine Schwester Binette zu sehen. Am nächsten Tag musste ich mich im Einwohnermeldeamt anmelden, musste mich versichern und mir sofort ein eigenes Zimmer besorgen. Ich ging zur AOK, um eine Studentenversicherung abzuschließen. Eine Mitarbeiterin sagte zu mir: „Sie können hier keine Versicherung erhalten, da Sie noch nicht an der Uni sind, aber Sie können eine Privatversicherung haben", und hat mir die Adresse von einer Privatversicherung, der DEKV, gegeben. Ich habe zunächst ein Monatsticket für die öffentlichen Verkehrsmittel gekauft und suchte die Adresse der DEKV. Am Bahnhof fragte ich Passanten nach der Adresse, aber die Leute, die ich fragte, waren sehr unfreundlich, sie sagten zu mir: „Wir haben einen schwarzen Hund wie du, Arschloch, hau ab", ich habe zu denen gesagt: „Ich habe auch einen weißen Hund, der Hund sieht schöner aus als ihr und ist besser als ihr." Weil wenn man heute einen Hund ernährt und morgen wieder füttert, dann kommt er, wenn er dich übermorgen sieht, kommt er sehr freundlich mit wedelndem Schwanz zu dir. Da sprach mich ein unbekanntes Mädchen an: „Du darfst diese Leute nicht fragen, sie sind Nazis." „Was bedeutet der Begriff Nazi?", fragte ich sie. „Also, die Nazis mögen keine Ausländer, deswegen musst du sie vermeiden", antwortete sie auf meine Frage und fragte wiederum mich, was ich suche und sie führte mich bis zur DEKV. Dort wurde mir gesagt, dass ich die Versicherung für sechs Monate im Voraus bezahlen muss. Ich zahlte die Beiträge und fragte den Mitarbeiter, der mich beraten hatte, ob ich mit dieser Karte zum Arzt gehen kann. „Ja, Sie können damit zum Arzt gehen und wenn Sie eine Rechnung bekommen, dann müssen Sie uns die einreichen, wir bezahlen einen Teil davon."

Nach einer Woche ging ich zu einem Tropenmediziner, um mich untersuchen zu lassen, ob mit mir alles in Ordnung ist, und es war alles in Ordnung. Nach der Untersuchung bekam ich eine Vollstreckung (im nächsten Kapitel wird beschrieben, was es mit dem Vollstreckungsbescheid auf sich hatte).

Es war ein Montag, an dem ich zum Studienkolleg gegangen bin, um mich anzumelden. Aber es wurde mir gesagt, dass ich zu spät gekommen sei, und die Bewerbungen an die Hochschule direkt senden müsste. Also schickte ich Bewerbungen an die Fachhochschule Anhalt, an die Universität Halle und ein paar weitere. Die Fachhochschule Anhalt hat mich für den Vorkurs angenommen, aber erst für September 1999, da ich erst einmal eine Aufnahmeprüfung machen musste.

In Leipzig hatte ich ein Zimmer in einem Studentenwohnheim an der Volksgartenstraße im Ortsteil Schönefeld bei Thekla.

Der Mann meiner Schwester kann mit anderen Menschen überhaupt nicht umgehen, außerdem hat er weder Erfahrungen mit Menschen noch im Zusammenleben mit einer Frau. Wenn meine Schwester mich besuchte, schlug er nachher seine Frau, weil sie weggegangen war. Ich habe zu meiner Schwester gesagt, dass sie ihn bei der Polizei anzeigen kann, aber das hat sie nicht gemacht.

In Leipzig traf ich Guineer, die illegal in Deutschland lebten. Aber ich wusste nicht, dass sie illegal hier sind. Sie kamen jeden Tag zu mir, wollten bei mir übernachten und redeten sehr laut in meinem Zimmer. Das störte meine Mitbewohner, die sich öfter bei mir beschwerten, dass wir laut sind. Es war an einem Wochenende, als die Guineer wieder einmal bei mir waren und wir haben an diesem Tag viel Bier getrunken. Die Mitbewohner beschwerten sich beim Hausmeister. Der Hausmeister kam zu uns und sagte: „Bitte seid leise, in Deutschland gilt ab 22 Uhr die Nachtruhe." Die Freunde beschimpften daraufhin den Hausmeister. Das fand ich nicht schön und ich schämte mich für meine Bekannte, denn der Hausmeister war ein sehr netter Mensch, er unterhielt sich öfter mit mir.

In dieser Nacht sind wir auf die Party im TRC, in die Stadtmitte, gegangen und um drei nach Hause zurückgekommen. Nach einer

Stunde Schlaf klopfte die Polizei an meine Tür. „Wer ist da?", fragte ich. „Die Polizei", antworteten die Beamten. Es waren bei mir drei Leute, zwei davon illegal. Ich machte die Tür auf. Neben den Beamten stand auch der Hausmeister, der erklärte, dass ich der Mieter sei. Die Polizisten fragten daraufhin die Männer in meinem Zimmer nach ihren Ausweisen. Sie hatten keine. Ich wohnte im zweiten Stock und einer meinte zu mir, bevor die Beamten in mein Zimmer reinkamen: „Mach dein Fenster auf, ich habe kein gültiges Papier, ich möchte aus dem Fenster springen." Als er das Fenster aufmachen wollte, hielt ich ihn fest. „An meinem Fenster darf sich niemand umbringen! Du sagst mir jetzt einfach so, dass du illegal hier lebst??", sagte ich zu ihm und er sprang nicht. Die zwei wurden festgenommen und nach Dortmund-Wickede ins Asylheim gebracht. Ich sollte eine Strafe in Höhe von 300 D-Mark bezahlen. Weil ich das nicht bezahlen konnte, wurden meine ganzen Sachen von der Polizei beschlagnahmt.

Zuvor an dem Tag hatte ich Besuch von einem Guineer namens Banditos Keiran, der bei mir gewesen war. Der war 1992 zunächst zum Studium nach Deutschland gekommen. Er studierte Medizin an der Humboldt-Universität in Berlin, aber da er das Medizinstudium nicht schaffte, wurde er exmatrikuliert und kehrte nach Guinea zurück, um sein Visum zu erneuern. Als er wieder in Deutschland war, fuhr er statt nach Berlin nach Leipzig und wohnte bei mir. Er hatte einen Gebrauchtwagen gekauft und sagte zu mir: „In Leipzig kann ich mein Auto nicht anmelden, da ich in Berlin wohne, aber ich denke, du kannst mein Auto hier anmelden, damit ich nach Berlin fahren kann und wenn ich in Berlin bin, werde ich das Auto über meinen Namen anmelden." Ich habe Banditos Keiran meinen Ausweis gegeben und er meldete sein Auto über diesen Pass an. Er fuhr nach Berlin und verursachte Probleme, indem er Parkplätze nicht bezahlte. Dieses Bußgeld musste ich bezahlen. Ich ging zur Polizei, um gegen ihn Anzeige zu erstatten, aber die Polizisten ignorierten mich einfach.

Eines Tages, das war während der Love Parade in Berlin 1999, wollten meine Freunde mir helfen, Banditos Keiran in Berlin zu finden. Ich mietete für drei Tage ein Auto. Bebeto, der Bruder von meinem Schwager, hatte einen Führerschein und fuhr uns nach Berlin, aber wir konnten Banditos Keiran nicht finden. Banditos Keiran kam aber kurz darauf nach Leipzig, um eine Freundin zu besuchen, und aus sicherer Quelle erfuhr ich, dass er da ist. Ich ging zu seiner Freundin, nahm ihn fest und brachte ihn zur Polizei. Wir wurden bei der Polizei getrennt befragt und ich erklärte den Polizisten, wie es dazu gekommen ist. Der Polizei meinte zu mir: „Ihr Kollege spricht perfekt Deutsch, genau wie die Deutschen." „Es geht nicht um seine Sprachkenntnisse, sondern um die Anmeldung seines Autos über meinen Namen. Sie müssen mir helfen, dieses Problem zu lösen." Ich besitze weder einen Führerschein noch ein Auto. Die Polizisten haben nur notiert, dass das Auto Banditos Keiran gehörte, weil auch er dies bei der Befragung zugegeben hatte.

Im Studentenwohnheim erhielt ich einen Brief von der Hausverwaltung, in dem stand, dass ich das Wohnheim Volksgartenstraße verlassen müsse. Ich zog also aus und bekam in Markkleeberg West ein kleines Zimmer. Es war ein Sonntagabend und ich wollte spazieren gehen. An einem Zigarettenautomaten kaufte ich eine Packung Zigaretten, aber ich hatte kein Feuerzeug dabei. Da kamen zwei junge Frauen vorbei. Die eine rauchte. „Hallo, könnte ich bitte Feuer haben?", fragte ich die Frau. „Nein, wenn du rauchst, musst du dir auch selber Feuer besorgen", sagte sie. „Okay, danke", anwortete ich. Ihre Freundin meinte zu ihr: „Der Mann braucht nur Feuer, das kann man ihm geben, das ist doch kein Problem." Die Frau rief mir hinterher, dass sie doch Feuer für mich habe, aber ich hatte keine Lust mehr.

Am 14. September 1999 machte ich die Aufnahmeprüfung für den Vorkurs und es war mir gelungen, die Prüfung zu bestehen. An einem Dienstag bin ich mit einigen Freunden in die Mensa zum Essen gegangen. Nach dem Essen sind wir in die Cafeteria gegangen, wo ich einen Schulkameraden traf. Der hatte damals in Guinea in der Schule keinen Kontakt mit mir gehabt. Er war nach Deutschland gekommen, aber er schaffte sein Studium nicht. Er meinte zu mir: „Was wir, die gut hören, nicht geschafft haben, kannst du, Schwerhöriger, auch nicht schaffen. Es ist besser, wenn du dir eine Frau suchst, falls du hier in Deutschland leben willst, ansonsten verlierst du dein Visum!" „Eine Frau zu suchen ist trotz der Schwerhörigkeit überhaupt nicht mein Ziel in Deutschland. Mein Ziel ist es, das zu schaffen, was ich erreichen will, also das Physikstudium. Ich denke, diejenigen, die gut hören, wie du zum Beispiel, haben sich beim Studium vielleicht nicht genug Mühe gegeben, denn wenn man studiert, dann muss man viel Mut und Ausdauer beim Lernen haben. Außerdem hat jemand, der eine kleine Hyäne auf seinem Rücken trägt, überhaupt keine Angst vor einem Hund", gab ich ihm zurück. „Okay, viel Glück, aber das Physikstudium ist hier nicht wie bei uns in Afrika, es ist ziemlich schwer", sagte er zu mir. „Danke. In der Regel ist alles schwer und man braucht Mut und Durchhaltevermögen. Ohne das kann man gar nichts schaffen, egal wie intelligent man ist", betonte ich und das Gespräch war zu Ende und er stellte mir seine Frau vor. Das war nett.

Ich wollte arbeiten und hatte in der Jobvermittlung in Leipzig eine Arbeit beim Bauzentrum Leipzig bekommen, denn ich sollte erst im Oktober mit dem Unterricht in Köthen anfangen. Es war ein Freitag. Nach der Arbeit hatte ich mich auf den Weg nach Hause in Markkleeberg West gemacht und in der Straßenbahn saß ich allein. Niemand wollte sich neben mir hinsetzen. Die Leute standen lieber, vermutlich weil ich dunkelhäutig bin. An der nächsten Station stieg die junge Frau in die Straßenbahn, die ich ein paar Tage vorher nach Feuer gefragt hatte. Die Straßenbahn war voll, nur der Platz neben mir war frei, und so setzte sie sich neben mich und grüßte mich freundlich mit einem Hallo und fügte hinzu: „Es tut mir sehr leid, was am Sonntag zwischen uns passiert ist." „Okay, in Ordnung", sagte ich zu ihr. Die Straßenbahn endete genau hinter dem Haus, in dem ich wohnte, und die Frau wohnte in der Nähe. An der Haltestelle haben wir noch einige Sätze ausgetauscht. Ich fragte sie, wie sie heißt und was sie arbeitet. Sie sagte, sie sei Bäckerin. Sie hat auch mich gefragt, was ich mache, und ich erzählte ihr, was ich mache. „Ich hasse aber die Männer", sagte sie zu mir. „Warum? Und wenn du die Männer hasst, warum unterhältst du dich mit mir?" Sie sagte, dass sie nicht darüber reden wolle. Ich meinte: „Erklär es mir doch bitte, vielleicht kann ich dir helfen, eine Lösung zu finden", erwiderte ich. Sie fing an zu erzählen. „Ich war in einer Beziehung und dachte, dass ich glücklich bin. Als ich von dem Freund nach zwei Wochen schwanger war, waren wir beide glücklich. Aber ich kam eines Tages von der Arbeit und wollte noch bei meinem Freund vorbeigehen. Da habe ich diesen super Freund mit meiner besten Freundin beim Küssen gesehen", erklärte sie mir die Geschichte. „Und was hast du gemacht, als du die beiden beim Küssen gesehen hattest?" „Ich war tief enttäuscht und bin gegangen. Er lief hinter mir her und rief: ‚Es tut mir unendlich leid', aber ich wollte gar nichts mehr hören und danach hab ich abgetrieben." Als ich das Wort „Abtreibung" hörte, war ich tief getroffen. „Vielleicht bist du an einen falschen Freund geraten, aber deshalb darfst du nicht alle Männer in einen Topf werfen. Versuch mal andere Männer kennenzulernen, falls du noch Interesse hast, vielleicht findest du den richtigen Partner", sagte ich zu ihr. „Ich fange jetzt an, dich kennenzulernen", sagte sie zu mir. „Oh, das wäre sehr schön."

Die Frau war eine sehr tolle, schlanke und humorvolle Frau und ca. drei Zentimeter kleiner als ich, ich bin 1,74 m. Beim dritten Treffen hatte die Frau für mich einen herzförmigen Kuchen gebacken mit meinem Spitznamen Gym in der Mitte und gab mir kurz einen Kuss.

Wir verabredeten, uns am Samstag wieder zu treffen. Sie wollte zu mir kommen, um afrikanisches Essen zu probieren. Ich bereitete unsere Spezialität vor, Kansiye (Sauce aus Erdnusspaste), denn sie hatte zuvor noch nie Afrikanisch gegessen. Als Beilage gab es Reis und auch Salat. Am Abend kam sie mit zwei Flaschen Martini und einer Flasche Bordeaux. Sie war sehr ruhig und ich brachte sie zum Lachen, indem ich ihr die Witze aus meiner Heimat erzählte. Wir hatten sehr viel Spaß und unterhielten uns gut.

„Und was ist, wenn deine Eltern jetzt wissen, dass du mit einem Afrikaner liiert bist?", fragte ich sie. „Bei meiner Mutter ist es kein Problem, aber mein Vater mag die Schwarzen nicht", antwortete sie auf meine Frage. „Das bedeutet, dein Vater ist fremdenfeindlich?", fragte ich sie weiter. „Ja und er ist sehr dominant", sagte sie. „Ein Sprichwort besagt: Ein Baum hasst seine eigenen Blüten nicht, weil sie unterschiedliche Farben haben, denn die Blüten eines Baumes können z. B. rosa, gelb, rot oder weiß sein, aber er ist nicht gegen seine Blüte", sagte ich. „Wie du meinst, aber hier sind viele Leute sehr spitzig. Ich sage mal zu meinem Vater, dass ich mit einem Schwarzen leben möchte." Ich wollte, dass wir in dieser Nacht zu einer Party gehen, aber sie sagte, dass sie nicht gerne tanzt. „Ich kann dir das Tanzen beibringen", sagte ich zu ihr. „Ja, okay, vielleicht nächstes Mal", erwiderte sie. Im Laufe der nächsten Woche habe ich sie nicht gesehen. Als ich sie wiedersah, sagte sie zu mir: „Bitte sprich mich nicht an, ich komme abends zu dir und erzähle dir, was los ist." Sie kam am Abend und erzählte: „Mein Vater will nicht, dass ich mit einem Schwarzen liiert bin, und ich muss den Kontakt mit dir abbrechen." „Okay, aber ich denke, dass du erwachsen bist und machen kannst, was du willst." „So einfach ist das nicht immer. Mein Vater will, dass ich einen weißen und deutschen Mann habe", sagte sie zu mir. „Ich bin enttäuscht, aber ich akzeptiere deine Entscheidung", sagte ich zu ihr. Ein Bekannter, ein Bauarbeiter, Karsten, wollte die Hand der Frau haben. Er hat sich mit mir getroffen und zu mir gesagt: „Bitte lass die Frau, ich möchte sie heiraten, hat sie dir das nicht gesagt?" „Nein, hat sie nicht." „Du bist jung und nicht in der Lage eine Frau zu haben, denn du studierst." „Wie du meinst, ich nehme das an", sagte ich zu Karsten. Und er meinte weiter: „Sie liebt dich sehr und das ist nicht gut für meine Beziehung mit ihr, bitte keinen Kontakt mehr." „Alles klar, ich verstehe, aber du musst wissen, dass ich sie auch mag", sagte ich zu Karsten. Der Mann war nett zu mir. Ich hatte mir schon Sorgen gemacht, als er so plötzlich vor mir aufgetaucht ist.

Der Aufenthalt in Leipzig war für mich insgesamt sehr schwierig, um nicht zu sagen katastrophal.

Mein Leben in Köthen, Sachsen-Anhalt

Köthen (Anhalt, 1885–1927 amtlich Cöthen) ist die Kreisstadt des sachsen-anhaltischen Landkreises Anhalt-Bitterfeld. Der Begründer der Homöopathie Samuel Hahnemann wirkte hier viele Jahre, und der homöopathische Weltärzteverband hat in Köthen seinen Sitz. Deswegen wird die Stadt gelegentlich als Welthauptstadt der Homöopathie bezeichnet. Weiterhin wurde in Köthen die Fruchtbringende Gesellschaft gegründet, und Johann Sebastian Bach schrieb hier unter anderem Teile des Wohltemperierten Klaviers und der Brandenburgischen Konzerte.

Köthen liegt südlich von Magdeburg, nördlich von Halle (Saale), westlich von Dessau-Roßlau und östlich von Bernburg (Saale). Nördlich des Landkreises Anhalt-Bitterfeld beginnt das Biosphärenreservat Flusslandschaft Mittlere Elbe. Das nördliche Stadtgebiet wird von der Ziethe durchflossen, einem Gewässer mit sehr geringem Gefälle. Mitten im Schwarzerdegebiet der Magdeburger Börde gelegen, verfügt die Köthener Umgebung über beste landwirtschaftliche Böden. Durch den Regenschatten des Harzes ist die jährliche Niederschlagsmenge geringer als im restlichen Deutschland. Köthen liegt im Zentrum der fruchtbaren Köthener Ebene. (Quelle: https://de.m.wikipedia. org/wiki/K%C3%B6then_(Anhalt); Abrufdatum 14.05.2024).

Im Oktober hatte ich in Köthen mit dem Deutschunterricht angefangen und die Ex-Freunding schrieb weiter SMS an mich. Sie fragte nach meiner Adresse und ich sendete sie ihr per SMS. Daraufhin schrieben wir uns Briefe. In meinem letzten Brief an sie schrieb ich: „Ich glaube, du bist sehr glücklich mit deinem Freund und er ist vielleicht der Richtige für dich. Ich möchte mich auf mein Studium konzentrieren, aber ich werde dich nie vergessen, bitte konzentriere dich auf deine Beziehung." Bildung ist ein elementarer Grundstein unserer Gesellschaft. Zahlreiche Einrichtungen und Institutionen erfüllen in Köthen die damit verbundenen Anforderungen. Ob Kindertagesstätten in kommunaler oder freier Trägerschaft, verschiedene Schulformen, die Hochschule Anhalt sowie weiterführende Bildungsangebote für junge und ältere Erwachsene stehen Köthenerinnen und Köthener jeden Alters zur Verfügung.

Mit den drei Standorten und rund 8.000 Studierenden hat Anhalt eine der größten Fachhochschulen in den ostdeutschen Flächenländern. Mehr als 2.000 Studierende aus dem Ausland sorgen für internationales Flair. (Quelle: https://de.m.wikipedia.org/wiki/K%C3%B6then_(Anhalt); Abrufdatum 14.05.2024).

Anfang 2000 habe ich am Studienkolleg den Technik-Kurs begonnen, aber ich hatte immer Probleme mit der Physiklehrerin, Frau Zimmermann, denn ich verwendete bei den Klausuren meine eigene Methode; zwar hatte ich oft die richtige Lösung, aber manchmal machte ich auch Fehler.

Sie vereinbarte mit mir einen Termin zum Gespräch. Als ich zu dem Termin kam, beleidigte die Frau mich mit den Worten: „Sie verstehen mich nicht und hören mich nicht, Sie sind schwerhörig! Wenn ich Ihnen eine Aufgabe gebe, dann möchte ich, dass Sie die Methode, die ich Ihnen gezeigt habe, verwenden, aber das tun Sie nicht!" „Sie wissen doch, dass ich schwerhörig bin, dann lassen Sie mich doch machen, wie ich es im Unterricht verstanden habe, denn es gibt viele Möglichkeiten, eine Aufgabe zu lösen", sagte ich zu ihr. „Nein, meine Methode gefällt mir so sehr, sogar besser", erwiderte sie. Bei der nächsten Klausur kam sie zu mir, als ich die Aufgabe löste, schaute auf meinen Zettel und sagte: „Es ist die Methode aus dem Unterricht anzuwenden, wenn Sie diese Methode nicht verwenden, dann kriegen Sie eine Sechs". Daraufhin brach ich die Klausur ab und ging zur Leiterin, Frau Barbara, und beschwerte mich. Frau Barbara sagte: „Ich weiß, dass die Frau sehr kompliziert ist. Sie haben schon studiert, das heißt, Sie können die Deutsche Sprachprüfung für den Hochschulzugang ausländischer Studienbewerber (DSH) machen, um an einer Universität zu studieren. Dazu müssen Sie sich bewerben." Zuvor hatte ich einen Brief von Frau Baumann von der Ausländerbehörde erhalten, in dem sie mich aufforderte, zu ihr zu kommen. Ich ging zu diesem Termin und sie eröffnete mir, dass mein Abitur nicht echt, sondern gefälscht sei. „Wenn Sie denken, dass mein Zeugnis falsch ist, dann müssen Sie es besser prüfen. Bei der guineischen Botschaft können Sie es prüfen lassen", sagte ich zu ihr.

Die guineische Botschaft schrieb an Frau Baumann: „Dieses Zeugnis ist das reinste und älteste Zeugnis mit unseren Flaggen, die neue Form ohne Flagge wurde vor Kurzem zugelassen. Wenn Sie glauben, dass das Zeugnis falsch ist, dann ist es notwendig, den Besitzer dieses Zeugnisses zu prüfen, indem Sie ihm einfache mathematische und physikalische Aufgaben zum Lösen geben, da die Abiturienten mit diesem Zeugnis recht begabt sind." Mein Abiturzeugnis wurde geprüft und die Richtigkeit bestätigt. Ich hatte einen weiteren Termin bei Frau Baumann. Da sagte sie zu mir: „Es tut mir leid, es ist doch alles in Ordnung mit Ihrem Dokument." „Aber wie kommen Sie auf die Idee mir zu sagen, dass mein Abiturzeugnis falsch ist?", fragte ich sie. „Frau Zimmermann hat gesagt, dass sie nicht glaubt, dass Sie tatsächlich das Abitur bestanden haben", antwortete sie auf meine Frage. „Ich habe die Klausur bei ihr gemacht, Sie können einen Physiker anrufen, damit er meine Klausur ansehen kann, ob sie gut ist oder nicht", sagte ich zu ihr. „Nein, ich glaube Ihnen."

Schwierigkeiten in Köthen

Es war an einem Samstag und ich hatte mich von meinen Freunden verabschiedet, da ich nach Hannover umziehen wollte. Aber zuvor hatte ich viele Bewerbungen an verschiedene Hochschulen geschickt, auch an viele im Osten des Landes.

Ich ging in den Supermarkt EDEKA Neukauf, um Zwiebeln einzukaufen. Dabei folgten mir zwei junge Frauen, die, wie ich später erfuhr, unter der Obhut des Jugendamts in einem Köthener Heim lebten. Ich fragte sie, was sie von mir wollten. Sie sagten, sie hätten Hunger und wollten Essen von mir haben.

Darauf sagte ich „Ah okay, ich koche aber afrikanisch und sehr scharf. Wenn ihr das essen könnt, wäre das gut." Tatsächlich verspürte ich ein inneres Unbehagen, da ich nicht wusste, was sie genau von mir wollten, und ich wohnte auch nicht alleine, sondern zusammen mit zwei weiteren Studenten aus Guinea.

Die jungen Frauen kamen mit in meine Wohnung und stellten sich mir vor: Die eine hieß Melanie und die andere Eileen (Namen geändert). Melanie erzählte mir, dass sie in der achten Woche schwanger sei. „Von wem?", fragte ich. „Von einem Asylbewerber aus Sierra Leone", antwortete sie. „Wo ist der Mann?", fragte ich sie. Sie antwortete unter Tränen: „Der Mann ist im Gefängnis." „Und warum ist er im Gefängnis gelandet?", fragte ich weiter. „Wegen Drogenmissbrauchs", antwortete die junge Frau.

„Wie alt bist du denn?", fragte ich sie. „Ich bin 19 Jahre alt", sagte sie. „In diesem Alter sollte man Abitur oder eine gute Ausbildung haben. Welche Schulkenntnisse hast du?", wollte ich wissen. „Ich habe Mittelschulkenntnisse", erklärte sie mir. Ich hatte keine Ahnung vom Schulsystem Deutschlands und konnte die Information daher auch nicht einordnen.

Nachdem die jungen Frauen gegessen hatten, blieben sie noch sitzen und redeten die ganze Zeit, sie störten mich beim Lernen.

„Nun habt ihr gut gegessen, oder?", fragte ich und fügte hinzu, „Warum geht ihr nicht ins Heim? Bitte geht nach Hause, ich bin nicht hier, damit ich mich um von Eltern vernachlässigte Mädchen kümmere, ich habe anderes zu tun."

„Meine Eltern wollen mich nicht mehr haben, weil ich einen Afrikaner mit dunkelhäutiger Farbe liebe", sagte Melanie. „Das tut mir leid, aber ich kann nichts dafür, bitte geht nach Hause", forderte ich sie auf. Meine zwei Mitbewohner waren zu der Zeit nicht im Wohnheim.

Die jungen Frauen gingen weg, aber am Abend standen sie wieder vor unserer Tür und klingelten. Sallia machte die Tür auf und fragte, was sie wollten. Sie sagten, sie suchten den Gym. „Ah, er ist hier und betet gerade. Was wollen Sie von ihm?", wollte Paganna wissen. „Wir haben bei ihm gegessen."

Ich hatte viele Schwierigkeiten mit diesen Mädchen. Sie gingen nicht zu ihren Eltern, saßen die ganze Zeit in unserem Zimmer, rauchten und unterhielten sich, während sie Prominente der Zeitschrift Bravo anschauten.

Eines Tages habe ich Eileen zu ihren Eltern gebracht. Als ich vor der Tür ihrer Eltern stand, kam die Mama und öffnete die Tür. Ich grüßte die ältere Dame freundlich mit „Hallo", aber sie schaute mich nur mit grimmigem Gesicht an. Ich sagte: „Das ist Ihre Tochter, ich will sie nicht bei mir haben, da ich hier Student bin. Ich habe keine Zeit für Ihre Tochter." Die Frau meinte zu mir: „Wir wollen sie auch nicht bei uns, verschwinde bitte, ansonsten rufe ich die Polizei." Ich bin gegangen und sagte zu Eileen, dass ich sie nicht mehr bei mir sehen möchte.

Ich wollte wissen, wer Melanie geschwängert hatte, und fragte sie, ob sie mit dem Mann im Gefängnis telefonieren könnte, damit ich mich mit dem unterhalten konnte. Der Mann sagte zu mir: „Ja, sie ist meine Freundin und sie ist von mir schwanger. Bitte kümmere dich um meine Freundin, bis ich aus dem Gefängnis entlassen werde." Er wollte wissen, woher ich komme, und als er hörte, dass ich aus Guinea bin, fragte er mich, ob ich Sosso spreche. Ich meinte: „Ja klar, ich bin Sosso, also spreche ich das auch!" Da fingen wir sofort an, auf Sosso zu reden.

Ich erklärte ihm, dass seine Freundin immer zu mir sagte, ich solle mit ihr schlafen, Sex wäre gut für das Baby: „Sie sagt auch, sie sei von Peskar, einem Nigerianer, einem Studenten, schwanger ... also ich verstehe gar nichts ... Ich möchte meine Ruhe haben, um mich besser auf mein Studium konzentrieren zu können." Er aber meinte, das Baby wäre ganz bestimmt von ihm und ich soll doch bitte auf seine Freundin aufpassen.

Melanie blieb bis zum achten Schwangerschaftsmonat bei mir. Danach hat sie ihre eigene Wohnung beantragt und bekommen, worüber ich sehr erleichtert war. Dort, wo sie nun wohnte, waren sehr viele alte Leute, die am Abend öfter an ihrem Fenster standen, manche rauchten und wenn sie fremde Menschen, insbesondere schwarze Menschen sahen, riefen sie sofort die Polizei an und beschwerten sich. Es kamen daraufhin Beamte, die alle kontrollierten. Die Leute, die sie kontrollierten, waren fast alle Studenten, da die Fachhochschule Anhalt in der Nähe war. Die jungen Leute, die in diesem Wohnviertel wohnten, beschimpften öfters die Afrikaner mit den Worten: „Nigger, Nigger fort von hier." Wenn sie einen Schwarzen mit weißen Frauen sahen, sagten sie oft Dinge wie „Schmeiß den Nigger weg du Fotze!" oder „Du Arsch, schäm dich!".

Ich habe mich selbst oft gefragt, wie diese Leute erzeugt worden sind – herzlose Weiße, die, wenn sie einen Krieg führen, es bis zum Weltkrieg eskalieren lassen, statt wirklich zu deeskalieren.

Wenn sie eine Meinung haben, wird sie international; wenn sie sich äußern, tun sie dies mehr oder weniger im Namen der ganzen Welt. Was ihre Werte betrifft, so sind sie scheinbar universell. Wenn sie eine Krise haben, ist sie global. Hintergründig ist auch der Erhaltung des Machtgefälles ein wichtiger Punkt, um die eigene Wirtschaft und den eigenen hohen Lebensstandard zu halten. Afrika ist demgegenüber in den Köpfen vieler weißer Deutscher nach wie vor exotisch und wild.

Früher haben sie sich überwiegend mit Gewalt in Amerika, Kanada, Australien, Südafrika und Lateinamerika niedergelassen, heute sind wir diejenigen, die als Immigranten bezeichnet werden. Wenn sie nach Afrika kommen, sagen sie uns, dass sie im Ausland leben, und das zumeist nicht gerade schlecht. Wenn wir legal nach Deutschland kommen, werden wir oft als Nigger beschimpft, sehr oft eher nachteilig behandelt und als Nachbarn sind wir erst recht nicht gerne gesehen. Als Spitze des Eisberges sorgte der Fall Oury Jallo, der in einer Gefängniszelle verbrannt wurde für öffentliches Aufsehen. (Quelle: Der 2005 aus Guinea in einer Dessauer Polizeizelle verbrannte Oury Jalloh wurde vor seinem Tod schwer misshandelt. Dabei wurden ihm unter anderem Schädeldach, Nasenbein, Nasenscheidenwand und eine Rippe gebrochen).

Wenn sie in den Krieg ziehen, kämpfen sie für die gute Sache. Wenn wir in den jeweiligen Ländern die Besatzer angreifen, sind wir Terroristen. Wenn einer von ihnen stirbt, müssen wir seinen Namen lernen. Wenn unsere Leute zu Tausenden sterben, sind sie nur eine Zahl. Sie sind die Einzigen, die Atombomben bauen können, seltsamerweise sind es die anderen, die die tödlichen Massenvernichtungswaffen herstellen und einsetzen. Als sie an Gott glaubten, sollte die ganze Welt an diejenigen glauben, an die sie glaubten, und jetzt, da sie zunehmend weniger, oft kaum mehr an Gott glauben, regiert nur noch die wirtschaftliche Übermacht, die nach Geld und Rohstoffen giert.

Wenn einige unserer Stämme mit nacktem Oberkörper unterwegs sind, dann sind wir für sie Wilde, und wenn sie nackt sind, dann sind sie Naturisten. Als sie die Einzigen waren, die boxten, sprach man von edler Kunst. Wenn sie uns Geld leihen, um sie zu bezahlen, sprechen sie von Entwicklungshilfe. Wenn sie kommen, um uns auszuplündern, reden sie von strategischer Partnerschaft.

Warum sind unsere Zivilisation und Wissenschaft für die Europäer wild? Nun wurde diese Zivilisation und Wissenschaft schon lange geklaut und falsifiziert. Denn ich verstehe nicht, warum der Satz von Pythagoras in der Geometrie sein Satz ist, wenn es keine einzige Pyramide in Griechenland gibt bzw. gab? Diesen Satz gab es schon vor Pythagora's Geburt. Wie können die Zivilisation und Wissenschaft der Afrikaner griechisch sein, wenn die meisten bekannten Griechen bei Afrikanern studiert haben? Wie kann Ägypten lateinisches, persisches, griechisches und hittitisches Blut erhalten und so weiter?

Unsere Zivilisation und unsere Wissenschaft wurden demnach von unseren eigenen Kindern und Enkelkindern zerstört. So sagt man bei mir in Guinea.

Während der Studienzeit in Köthen bin ich krank geworden, ich litt unter Darmproblemen und musste dringend operiert werden. Melanie hat mich im Krankenhaus besucht. Sie war schon ziemlich dick und sagte zu mir, dass Peskar nicht bei ihr übernachten wollte, dass sie aber jemanden bei sich haben möchte. „Ich würde es gut finden, wenn deine Mutter zu dir kommt und sich etwas um dich kümmert", sagte ich zu ihr. Sie sagte, dass ihre Mutter sie nicht mehr sehen wollte und sie auch keinen Kontakt mehr zu ihr haben wollte. Also blieb es wieder an mir, der Frau zu helfen. Als ich das Krankenhaus verließ, hat sie mich abgeholt. Ich fragte sie, ob ihre Freundin Eileen noch bei uns wohne, worauf sie antwortete: „Eileen ist jetzt mit Paganna zusammen."

Sie sagte, sie wünsche sich das afrikanische Gericht, das ich schon einmal gekocht habe, weil sie das Essen aus Guinea so mag. Während ihrer Schwangerschaft hatte sie sehr viel geraucht. Sie hörte nicht zu, wenn man ihr sagte: „Rauchen ist nicht gut für Schwangere, das ist schädlich für das Baby." Sie ignorierte das einfach und rauchte weiter. „Puh, das ist dein Leben", sagte man zu ihr.

Es war in der Nacht von Samstag auf Sonntag um drei Uhr, als Melanie mir weinend sagte: „Ich habe Wehen, hilf mir bitte ..." „Was heißt das, ich habe Wehen?", fragte ich sie. „Also das Baby kommt", antwortete sie.

Obwohl die Wunden meiner Operation noch nicht gut verheilt waren, hob ich sie hoch und trug die Frau ins nahegelegene Krankenhaus. Meine Wunden begannen dadurch wieder zu bluten. Es war für mich ein sehr anstrengender Morgen und ich wollte wieder zurück in meine Wohnung, aber der Arzt, der in dieser Nacht Dienst hatte, sagte zu mir: „Du bist der Vater, du musst bleiben und helfen." „Nein, ich bin nicht der Vater, ich habe die junge Frau unterstützt und ernährt, weil ihre Eltern nicht in der Lage sind, ihre Tochter zu unterstützen", sagte ich zu dem Arzt. „Okay. Trotz alledem müssen Sie hierbleiben, bis das Baby zur Welt kommt, und gleichzeitig müssen Sie uns bei der Geburt helfen, indem Sie bisschen den Bauch massieren und drücken." Die Mitarbeiterinnen und Mitarbeiter füllten ein Formular aus und fragten nach meinem Ausweis. „Ich bin aber nicht der Vater von diesem Kind und auch nicht der Freund der Frau", sagte ich erneut zu den Mitarbeiterinnen und Mitarbeitern. „Okay, aber trotzdem müssen Sie uns Ihren Ausweis geben." Da gab ich ihnen meinen Ausweis.

Das Baby kam gegen fünf Uhr zur Welt. Es war für mich das erste Mal, dass ich bei der Geburt eines Kindes anwesend war. Ich weinte, als ich das erlebt habe.

In Afrika sind die Männer immer bei der Zeugung eines Kindes präsent, aber nie bei der Geburt.

Melanie hat ihre Mutter angerufen und berichtete ihr, dass sie ein Kind zur Welt gebracht hat, und die Mutter kam um 9 Uhr zu Besuch.

Die junge Frau sagte zu ihrer Mutter: „Dieser Afrikaner hat mir sehr viel geholfen." Die Mutter wandte sich dann an mich und fragte, ob ich der Vater des Kindes sei. Ich antwortete: „Nein, bin ich nicht der Vater und auch nicht der Freund Ihrer Tochter."

„Wenn du nicht der Vater bist, dann verschwinde, ich möchte dich hier nicht mehr sehen!" „Alles klar, ich gehe jetzt ins Wohnheim. Ich finde es gut, wenn man eigene Kinder gut erziehen kann. Man darf nicht nur Sex machen, weil es viel Spaß macht, Kinder zu zeugen, und danach hat man keine Ahnung oder Idee, wie man sie erziehen kann. Die Eltern müssen die Verantwortung für das Wohl ihrer Kinder übernehmen. Sie haben Ihrer Tochter nie Zärtlichkeit und Liebe gegeben", sagte ich zu der Mama von Melanie und bin gegangen.

Als die Melanie das Krankenhaus verließ, wurde ihr Freund für drei Tage aus dem Gefängnis entlassen, damit er die Freundin und das neugeborene Kind besuchen konnte. Bei Melanie haben sich dann die zwei Männer, Barial aus Sierra Leone und Peskar aus Nigeria getroffen, die beide dachten, dass das Kind von ihnen wäre. Es war ein sehr ernstes Problem zwischen den beiden und der Frau wegen des Kindes.

Peskar kümmerte sich nur um sein Studium, nicht um die Frau. Wenn man Momo sah, konnte man erkennen, dass er ein aggressiver Mann war. Er trank viel Whisky und wenn er betrunken war, wurde er noch aggressiver. Er hatte auch Peskar gedroht, falls er Melanie nochmal besuchte. Wenn man das Kind genau anschaute, konnte man erkennen, dass das Kind von Momo war, weil ihm das Kind ähnelte. Wie es danach weiterging, weiß ich nicht – ich weiß nur, dass Melanie sich letztendlich von beiden getrennt hat und später einen Mann aus Kamerun heiratete, mit dem sie weitere Kinder hatte.

Und Eileen? Wenn man sich die Geschichte dieser jungen Frau anschaut, könnte man sich fragen, welche Verantwortung die Eltern für ihre Tochter übernommen haben. Wie konnte man so das eigene Kind im Stich lassen und ignorieren? Das Schlimmste im Leben ist, wenn man zwar ein Gehirn im Kopf hat, aber trotzdem gar nichts versteht und nicht analysieren kann, wer man ist und was man tun muss, um die eigene Zukunft zu gestalten.

Für die junge Frau bestand das Leben nur aus Kettenrauchen, Alkohol und Sex. Vom richtigen Leben hatte sie keine Ahnung.

Eileen hatte einen Freund in Leipzig. Sie hat diesen Mann von ganzem Herzen geliebt, aber dieser war nicht in sie verliebt, außerdem war sie zu der Zeit noch minderjährig. Sie ging immer nach Leipzig, um diesen Mann zu besuchen, und der Mann schickte sie immer nach Hause. Sie kehrte wieder zurück nach Köthen, aber statt nach Hause zu gehen, kam sie zu uns und übernachtete bei Paganna. Ihr 18. Geburtstag wurde in unserem Zimmer gefeiert und danach sagte sie, dass sie nach Leipzig ziehen wollte. Das war für uns gut, da wir im Studentenwohnheim dann keine mehr hatten, die uns beim Lernen störte. Diese junge Frau hat immer geraucht und Musik gehört. Insbesondere hat sie unter Tränen die Kelly Family gehört, da ihre Eltern auch viele Kinder hatten und sie das letzte Kind war. Sie ging nach Leipzig und blieb für einige Zeit bei ihrem Freund, der auf dem Bau arbeitete, allerdings illegal. Zu der Zeit war in Leipzig sehr viel im Aufbau. Zum Beispiel wurde der Hauptbahnhof Leipzig errichtet. Nach einem Monat kehrte Eileen nach Köthen zurück zu Paganna.

Und kurz darauf hörte sie, dass ihr Freund von der Polizei ohne gültigen Personalausweis auf der Baustelle festgenommen wurde. Sie fuhr wieder nach Leipzig, um den Freund abzuholen, da sie in der vierten Woche von ihm schwanger war. Eileen heiratete ihn und gebar dem Mann zwei Kinder, eine Tochter und einen Sohn.

Das Problem war, dass Eileen niemals genug vom Sex hatte, sie hat fast mit allen Freunden ihres Mannes Sex gehabt. Immer, wenn der Mann ihr einen Freund vorstellte, schlief die Eileen mit ihm, bis ihr Mann es irgendwann mit eigenen Augen gesehen hat. Wie das passierte?

Die ganze Familie war für drei Wochen nach Afrika geflogen. Dort hatte Eilen fast mit allen Freunden des Mannes geschlafen.

Die beiden sind heute getrennt und Eileen ist nach Köthen in ihre Heimat zurückgekehrt.

Meiner Meinung nach ist besser, mit einer intelligenten Frau zusammen zu sein, die ein Ziel hat, als mit einem dummen Mädchen, das immer Hunger hat und dich immer um Geld für Zigaretten bittet und dich in den Ruin treibt. (Gymkoubia)

Nach einem Wochenendbesuch bei meinen Freunden in Leipzig, fuhr ich Sonntagabend nach Köthen zurück und musste in Halle Saale am Bahnhof umsteigen. Im Anschlusszug saß ich gegenüber drei Deutschen: Einer Frau und zwei Männern. Auf einem, in Sichtweite befindlichen vierer Platz, saß eine Gruppe älterer Damen, die Wein und Sekt tranken. Plötzlich stand einer der deutschen Männer abrupt auf, kam zu mir und schlug mir ins Gesicht. Daraufhin habe ich ihm, mit meinem rechten Fuß, einen Tritt an seine Backe gegeben. Die Frau die bei den Männern saß meinte: „Er ist besoffen". Und plötzlich kamen zwei Beamte, die auch im Zug waren, vermutlich um Ausländer abzufangen, die sich illegal in Deutschland aufhalten. Die Beamten hatten meinen Part der Auseinandersetzung mitbekommen und fragten mich nach meinem Ausweis. Ich zeigte meinen Studienausweis mit meinem Pass. Sie sagten, ich solle sofort mit ihnen mitkommen, aber da wurde die Gruppe der älteren Damen aktiv, die die Szene beobachtet hatten. Sie sagten zu den Beamten: „Sie dürfen diesen jungen, dunkelhäutigen Mann, wenn überhaupt, nicht allein festnehmen. Er hat sich nur gewehrt. Und sie schilderten, wie der Deutsche ohne Grund auf mich zu ist und mir ins Gesicht geschlagen hat. Die Beamten fragten mich, ob ich morgen Unterricht hätte. „Ja, ich habe morgen früh Unterricht", antwortete ich und sie haben mich gehenlassen und sagten zu den drei Deutschen: „Sie müssen bitte einen anderen Platz suchen, wenn Sie sein Aussehen stört." Daraufhin sind sie aufgestanden und gegangen. Das war sehr schlimm.

Für die DHS-Zulassungsprüfung (Deutsche Sprachprüfung für den Hochschulzugang) die als Nachweis deutscher Sprachkenntnisse erforderlich ist, wenn man in Deutschland studieren möchte, habe ich Bewerbungen an verschiedene Universitäten geschrieben, und zwar in Richtung Westdeutschland, da es für Ausländer nicht einfach ist, im Osten zu leben. Ich erhielt eine Einladung von der Universität Hannover um dort die Deutsche Sprachprüfung abzulegen. Aber leider habe ich das nicht bestanden, da der Teil des Hörverständnisses sehr groß war und ich dadurch viele Punkte abgezogen bekam. Ich hatte der Lehrerin mehrmals gesagt, dass ich nicht gut höre und ob sie lauter sprechen, oder sich näher zu mir stellen könnte, damit ich auch auf ihre Lippen schauen konnte, wenn sie sprach, aber das wurde nicht berücksichtigt. Schüler, die in Deutschland eine Lese-Rechtschreibschwäche haben, erhalten bei den Schulaufgaben mehr Zeit oder ihre Arbeiten werden anders bewertet, als die der Schüler ohne diese Schwäche. Wie das später an Fachhochschulen oder Universitäten ist, weiß ich nicht. In Bezug auf Schwerhörigkeit habe ich immer wieder zu spüren bekommen, dass darauf in den seltensten Fällen eingegangen und berücksichtigt wird. Ich jedenfalls habe in den allermeisten Fällen nur Ablehnung erfahren.

Weil ich die Sprachprüfung nicht bestanden habe, habe ich weitere Bewerbungen geschrieben.

Insgesamt war mein Leben in Köthen von finanziellen Problemen überschattet, mühsam und unerfreulich.

Mein Leben in Hannover, Niedersachsen

Hannover ist die Hauptstadt des Bundeslandes Niedersachsen. Der am Südrand des Norddeutschen Tieflandes an der Leine und der Ihme gelegene Ort wurde 1150 erstmals erwähnt und erhielt 1241 das Stadtrecht. Hannover war ab 1636 welfische Residenzstadt, ab 1692 Residenz des Kurfürstentums Braunschweig-Lüneburg und ab 1814 Hauptstadt des Königreichs Hannover. Von 1714 bis 1837 bestand die Personalunion zwischen Großbritannien und Hannover, wonach Hannovers Monarchen auch gleichzeitig die Könige Großbritanniens waren. Nach der Annexion des Königreiches Hannover durch Preußen wurde Hannover ab 1866 Provinzhauptstadt und nach Auflösung Preußens im August 1946 Hauptstadt des Landes Hannover. Seit dessen Fusion mit den Freistaaten Braunschweig, Oldenburg und Schaumburg-Lippe im November 1946 ist Hannover niedersächsische Landeshauptstadt. Seit 1875 Großstadt, zählt sie heute mit über 545.000 Einwohnern zu den 15 einwohnerreichsten Städten Deutschlands. (Aus Wikipedia).

Hannover ist Standort von 15 Hochschulen und mehreren Bibliotheken. Der Briefwechsel von Gottfried Wilhelm Leibniz und der Goldene Brief, aufbewahrt in der Gottfried-Wilhelm-Leibniz-Bibliothek, gehören zum Weltdokumentenerbe der UNESCO. Hannover ist ein bedeutender Forschungs- und Wirtschaftsstandort sowie eine überregional bedeutende Einkaufsstadt. Die Kulturszene gilt mit zahlreichen Theatern, Museen und internationalen Theater-, Musik- und Tanzfestivals als vielfältig. Hannover ist eine bedeutende Sportstadt und seit 2014 auch eine UNESCO City of Music. (Quelle: Google Wikipedia)

Anfang 2000 zog ich nach Hannover und wohnte zunächst bei Heribert, einem Freund. Meine Schwester und ihr Mann waren ebenfalls nach Hannover umgezogen, aber ich konnte nicht bei meiner Schwester wohnen, denn niemand verstand sich mit ihrem Mann. Deshalb wohnte ich erstmal bei Heribert, bis ich ein eigenes Zimmer hatte. Jedoch war es sehr schwierig für mich, ein Zimmer zu finden. Im Jahr 2000 fand in Hannover die Weltausstellung statt und ich hatte bei der Expo zwei verschiedene Arbeiten gemacht, um Geld zu verdienen, damit ich das Studium finanzieren konnte. Ich arbeitete am Einlasscomputer, also vor den Türen. Wenn ein Besucher Probleme beim Eintritt hatte, dann konnte ich ihm helfen, indem ich das Ticket mit dem Computer überprüfte. Wenn die Karte in Ordnung war, durfte ich die Person hineinlassen. Nach dieser Arbeit, also nach acht Stunden am Tag, verkaufte ich Kaffee auf der Expo. Ich musste jeden Tag (von Montag bis Sonntag) 16 Stunden und auch am Wochenende arbeiten.

Die Weltausstellung war für mich sehr faszinierend, denn ich hatte so etwas noch nicht erlebt. In der Afrikahalle waren 44 Länder aus Afrika unter einem Dach vertreten und jeden Tag fanden Tanzvorführungen der Kulturen aus den verschiedenen afrikanischen Ländern statt. Als die Guineer ihren Folkloretanz zeigten, war dieser Auftritt für viele Deutsche beeindruckend. Einige Expo-Besucher, die nur erzählt bekamen, wie eindrücklich der guineische Tanz Dundumba gewesen sei, schrieben an die Organisatoren einen Brief mit der Bitte um Wiederholung. Die Guineer tanzten also noch einmal, und zwar an einem Abend in Anwesenheit des damaligen Altbundeskanzlers Gerdhard Schröder und ich freute mich, einen deutschen Bundeskanzler mit eigenen Augen sehen zu dürfen. Um Mitternacht kam ich zurück nach Hause und mein Freund erklärte mir, dass ich sein Zimmer verlassen müsste, da es nicht erlaubt sei, dass dort zwei Personen wohnten. Neben Heribert hatte dort noch ein Verwandter von mi ein Zimmer. Aber auch er sagte zu mir, dass ich nicht bei ihm schlafen dürfte. Es waren bei den beiden zwei andere guineische Studenten, die vom Osten, also von Köthen und Halle (Salle) nach Hannover zur Arbeit gekommen waren. „Okay ... Kann jemand mein Gepäck aufbewahren, bis ich ein Zimmer finde?", fragte ich die. „Nein, wir haben keinen Platz", sagten beide und so packte ich meine Sachen ein und ging zu meiner Schwester, um mein Gepäck dort zu lassen. Die Schwester sagte: „Du kannst hier übernachten", aber ihr Mann sagte, dass er keinen Platz für mich hätte. Mein Schwager ist jemand, der kein Vertrauen zu anderen Menschen hat und sehr selbstsüchtig denkt. Meine Schwester war auch zum Studium nach Deutschland gekommen, aber ihr Mann sagte zu ihr, dass sie nicht studieren dürfte und dass sie zu Hause zu bleiben habe, um Kinder zu bekommen. Er erlaubte seiner Frau nicht, mit anderen Männern, auch nicht mit Freunden und Bekannten, zu sprechen. Wenn sie das tat, dann wurde sie von ihrem schlechten Mann geschlagen. Ich sagte ihr mehrmals, dass dieser Mann nicht zu ihr passe, denn er habe keine Erfahrung mit Frauen und wüsste erst recht nicht, wie man mit einer Frau respektvoll zusammenlebt. Tatsächlich übte er nur Druck auf seine Frau aus.

Wer kein Vertrauen zu seiner eigenen Frau hat, ist vermutlich auch nicht treu und obendrein herzlos.

Dieser Mann war arrogant, faul und unmenschlich. Er meinte, er würde nie arbeiten gehen, weil er nie für weiße Leute arbeiten wollte. Er war einfach faul, schwach und ein Betrüger. Er wollte alles auf einmal haben, aber wie er das anstellte oder anstellen wollte, wusste man nicht. Der Mann meiner Schwester ging immer in die Bierbar. Als ich ihn fragte, woher er das Geld für das ganze Bier hatte, antwortete er mit hämischem Ausdruck im Gesicht: „Rate mal, wer mir das Geld gibt? Deine Schwester, sie muss für mich arbeiten." Ich meinte: „Du könntest mal deiner Frau behilflich sein! Ihr habt kleine Kinder, sie müssen gut essen, gut erzogen werden, was für ein Vater bist du eigentlich? Du bringst deine Kinder nicht mal in die Kita und holst sie auch nicht ab. Die Frau muss alles machen, während du immer noch im Bett liegst und schläfst."

Ich verließ die Wohnung meiner Schwester und ging zu dem Park nahe der Munzeler Straße. Nach der Arbeit kam ich gerne in diesen Park und lernte die deutsche Sprache. Dort versammelten sich auch jeden Tag recht ungepflegt aussehende Männer, um Bier zu trinken. Ich lernte diese Männer kennen und sie waren immer freundlich zu mir. Als sie mich einmal beim Beten sahen, fragten sie mich, ob ich Muslim wäre und an Gott glaubte. „Ich bin gläubig, ich glaube an den allerhöchsten Gott, an den die Juden,

Christen, Muslimen und das ganze Universum glauben. An diesen Gott muss ich immer denken, der mich sieht, wenn ich aufstehe, um für ihn zu beten", antwortete ich auf ihre Frage. „In Afrika gibt es kein Trinkwasser, kein Essen, die Menschen haben immer Hunger und Deutschland hat viel Geld", sagte einer. „Jens, ich denke, die Afrikaner leben besser als die Europäer, insbesondere als die Deutschen. In Afrika hat ein armer Mann ein bis zwei Frauen und ist trotz der Armut sehr zufrieden mit seiner armen Familie. Deutschland hat Geld, ist in Ordnung, aber wohin geht das ganze Geld? Das wird von den Politikern in Krieg investiert, für Waffenaufrüstungen, für ich weiß nicht was ausgegeben. Es fließt weg, statt dass damit Armut, Ungerechtigkeit und Ungleichheit in Deutschland bekämpft werden." „Die beschäftigten Menschen müssen jeden Monat Arbeitslosengeld, Kirchensteuer usw. bezahlen und von dem Arbeitslosengeld kriegt ihr ein bisschen Geld. Hat jemand von euch Frau und Familie?", fragte ich sie. „Nein, uns wollen keine Frauen, die Frauen in Deutschland wollen perfekte Männer und wir sind Obdachlose. Was du uns gerade erzählt hast, stimmt", antworteten sie auf meine Frage.

„Wollt ihr ein bisschen die Geschichte von den Schwarzen hören?", fragte ich die Obdachlosen.

Die Welt war ursprünglich schwarz und der weiße Mann entstand erst um einiges später als Anpassung an die geringere UV-Strahlung in den Breitengraden, die besiedelt wurden. Und zunehmend begann er, ein neues System zu schaffen, ein „weißes System", das kein Mitgefühl kannte und dessen Ziel es war, die schwarzen Menschen zu versklaven. Die Gefahr ist das „weiße System", das von herzlosen, auf ihren Wohlstand und ihre Macht fokussierten weißen Männern mit blauen Augen (das Kind und der Enkel des Schwarzen Mannes (der Afrikaner), so sagt man bei uns) aufgebaut und getragen wird, um die schwarzen Menschen zu unterjochen.

Viele denken, wer Waffen hat, der hat die Macht. Aber was ist das für eine Macht? Und wenn Wissenschaft z. B. dazu eingesetzt wird, um Waffen zu entwickeln und letztendlich zu bauen, ohne Gewissen, was daraus resultieren könnte, ist der Zerfall der Seele – so meine Meinung. Wer Macht hat und sich bewusst ist, dass er im Grunde genug hat, der sollte unbedingt den schwachen Menschen helfen, und zwar so, dass sie sich langfristig selbst helfen können. Nur so entsteht meiner Meinung nach ein friedliches harmonisches Miteinander.

Tupac Shakur (bekannt als 2Pac, US-amerikanischer Rapper, 1971 – 1996) sagte einmal: „Ihr habt sehr viel Geld, um Kriege und Konflikte zu finanzieren, ihr habt kein Geld für die Unterstützung der armen Menschen." (Quelle: https://www.zitate7.de/autor/2Pac; Abrufdatum 14.05.2024). Das finde ich stimmt so.

Ein Volk, das einst eine Mauer zu Fall brachte, verharrt heute eher ratlos.

Am nächsten Tag habe ich in der Zeitung ein freies Zimmer für Studenten gesehen und rief den Vermieter an, dass ich das Zimmer haben möchte. Der gab mir einen Termin, um mich kennenzulernen und damit ich das Zimmer anschauen konnte. Es war ein neun Quadratmeter großes Zimmer. Zuvor hatte ich eine SMS von Heribert bekommen, dass Post für mich gekommen war. Also holte ich den Brief schnell ab. Bei dem Brief handelte es sich um eine Zusage von der Universität Greifswald, dass ich an einer sprachlichen Zulassungsprüfung teilnehmen konnte. Darüber habe ich mich riesig gefreut.

Ich ging zu dem Termin für das Zimmer, es war in der Nähe der Uni Hannover, und traf den Vermieter. Wir begrüßten uns sehr freundlich und er erlaubte mir zunächst, das Zimmer anzuschauen. Dann fragte er mich: „Gefällt Ihnen das Zimmer?" „Ja, ich möchte nur bis Ende August hier wohnen, da ich am 14. September 2000 eine Aufnahmeprüfung in Greifswald habe", sagte ich zu ihm. „Okay, in Ordnung", sagte er zu mir. „Wir können jetzt den Mietvertrag erstellen, haben Sie Ihren Ausweis dabei?" fragte er mich. „Natürlich habe ich meinen Pass dabei." „Geben Sie ihn mir bitte." Als er meinen Namen sah, sagte er: „Sie können hier nicht wohnen, in diesem Haus dürfen keine

Studenten mit muslimischen Namen wohnen." „Aber warum denn, ich kann nichts für meinen Namen und bin von meinen Eltern als Muslim erzogen worden, aber ich bin kein Fanatiker oder Terrorist. Sie dürfen nicht alle Menschen in einen Topf werfen", sagte ich zu ihm. „Okay, es tut mir leid, ich habe kein Zimmer für Sie", sagte er.

Nach dem gescheiterten Termin ging ich zum Spielplatz in der Nähe von dem Haus meiner Schwester und war sehr sauer und deprimiert. Dorthin kam auch eine Frau mit ihrer vierjährigen Tochter. Als ihre Tochter mit anderen Kindern spielte, saß die Frau neben mir. „Du siehst aber traurig aus. Darf ich fragen was los ist?", fragte sie mich und ich erzählte ihr, was geschehen war. Sie sagte: „Was für eine Frechheit ist das in Deutschland, das ist aber gemein! Ich hatte einen Freund aus Afrika, Ghana, das Kind ist von ihm, aber meine ganze Familie und Verwandten mochten den Mann nicht und er hat mich verlassen, weil meine Eltern ihn nicht gemocht haben. Ich weiß nicht mehr, wo er lebt", erklärte sie mir und fügte hinzu: „Du könntest bei mir übernachten, wenn du willst, ich habe genug Platz." „Obwohl du mich nicht kennst?", fragte ich sie. „Ja, ich kenne schon Afrikaner, ich war neun Monate mit einem Afrikaner zusammen", sagte sie. „Okay", sagte ich. Ich konnte bei ihr übernachten. Am nächsten Tag sagte sie zu mir: „Du hast mich schon bei unserer ersten Begegnung auf dem Spielplatz fasziniert." „Ich glaube, ich bin nicht der Typ, der für dich gemacht ist, und stehe dir nicht zu und du mir auch nicht, wie kommst du auf diese Idee? Hier ist nicht mein Ziel, denn ich möchte eine Uni finden, an der ich studieren kann, und das ist nicht in Hannover, sondern in Greifswald", antworte ich auf ihre Frage. „Na gut, aber in Deutschland können Freunde auseinander sein und sich am Wochenende besuchen, und so zusammenleben", sagte sie weiter. „Ja okay, mal sehen." Es war Wochenende und sie sagte mir, dass sie mit Freunden zum Grillen verabredet sei und ich mitkommen könnte. Und ich ging mit. Wir gingen zu ihren Freunden und sie stellte mir alle vor. Sie waren alle nett und wir haben gegrillt und viel getrunken.

Ich hatte bei der Frau zwei Nächte übernachtet und danach bin ich wieder in den Park zurückgekehrt, da ich nicht bei ihr bleiben wollte. Manchmal kam ein Araber vorbei, der öfter mit seiner deutschen Freundin im Park spazieren ging. Aber diesmal grüßte er mich und fügte hinzu: „Du bist aber jedes Mal hier im Park, was ist denn los, Bruder?" „Ich habe kein Zimmer, deswegen siehst du mich hier jedes Mal, wenn du durch den Park gehst." „Also, das ist aber ein Mist", sagte er. „Du kannst bei mir übernachten, wir sind Brüder, ich komme aus Tunesien", erwiderte er. „Ich bin nicht oft hier in Hannover, ich bin öfter bei meiner Freundin in Celle", betonte er weiter. Er wohnte ausgerechnet in dem Haus, in dem man mich abgelehnt hatte. Ich war erleichtert und ihm sehr dankbar. Dadurch konnte ich mich gut auf die Aufnahmeprüfung vorbereiten.

Mitte August wollte Heribert, der mich aus seiner Wohnung geschmissen hatte, zu Besuch nach Guinea. Er musste um sechs Uhr am hannoverschen Flughafen sein, hatte viel Gepäck und konnte dieses ganze Gepäck nicht allein zum Flughafen tragen. Seine Mitbewohner, die er beherbergte, wollten ihm nicht helfen. Er kam zu mir und weckte mich kurz vor fünf Uhr und sagte, er brauche meine Hilfe. Ich solle ihn mit seinem Gepäck zum Flughafen begleiten. „Okay, kein Problem, ich kann dir helfen", sagte ich zu ihm und ich half ihm. Am Flughafen sagte er zu mir: „Es tut mir sehr leid, dass ich dich aus meiner Wohnung geworfen habe." „Na gut, jedes Mal tut jedem etwas leid … ist okay … was passiert ist, ist passiert. Ich helfe dir, weil es meine Aufgabe ist, dir zu helfen. Du hast mich einige Tage bei dir beherbergt und wenn du mich vor die Tür setzt, weil eine Frau bei dir wohnen will, ist das in Ordnung", sagte ich zu ihm und wünschte ihm einen guten Flug nach Guinea.

Er verbrachte vier Wochen in seiner Heimat, Conakry, und als er zurückkehrte, hat er mich gesucht, um sich bei mir nochmal zu entschuldigen. Als er mich sah, sagte er zu mir: „Ich hatte gar nicht gewusst, dass du in unserer Heimat so beliebt und bekannt bist." „Wie kommst du darauf", fragte ich ihn. Er antwortete, dass er bei vielen Freunden gewesen war, und in diesen Gruppen wurde er von den Freunden gefragt, welche anderen Guineer noch in Hannover leben würden. Als er mich erwähnte, sagten fast alle Freunde, dass sie mich kennen würden. Wer mich in meiner Heimat nicht kannte, der hatte zumindest meinen Namen gehört. Offenbar äußerte man sich anerkennend über mich, was wohl auch damit zusammenhing, dass ich in meinem Quartier sehr viel zur Bildung von Jugendlichen und auch Erwachsenen beigetragen hatte. Der Heribert sagte zu mir, er habe gehört, dass ich mit kaputtem Gehör zur Schule gegangen sei und der fleißigste und beste Schüler in meiner Jahrgangsstufe war.

Mein Leben in Greifswald

Greifswald (niederdeutsch Griepswold) ist die Kreisstadt des Landkreises Vorpommern-Greifswald im Nordosten von Mecklenburg-Vorpommern. Die Universitäts- und Hansestadt liegt an dem in die Ostsee mündenden Fluss Ryck am Greifswalder Bodden zwischen den Inseln Rügen und Usedom.

In Greifswald weint man zweimal: Erstens, wenn man dort zum ersten Mal ankommt (dann denkt man: Was mache ich überhaupt in dieser winzigen Stadt?) und zweitens, wenn man die Stadt wieder verlassen muss. Greifswald ist klein und hat eine sehr familiäre Atmosphäre. Hier wirst du deine Dozierenden und Mitstudierenden nicht nur in der Universität treffen, sondern auch auf dem Markt, in der nächsten Kneipe oder am Meer. Die kulturellen Aktivitäten machen die kleine Hansestadt zu etwas ganz Besonderem.

Auch die Stadt selbst gilt als „gemütliche, kleine Studentenstadt" mit einem vielfältigen kulturellen Angebot – egal ob Studententheater, Hochschulsport, Chöre, Hochschulgruppen oder unsere zahlreichen Studentenclubs – es sollte für jeden etwas dabei sein.

Der Kreis Greifswald war ein Kreis im Bezirk Rostock in der Deutschen Demokratischen Republik (DDR). Ab dem 17. Mai 1990 bestand er als Landkreis Greifswald fort.

Stimmungsvoll, historisch, ein Genuss, wenn man alte hübsche Städte liebt. Damit sollte man dann unbedingt einen Besuch des Fischerdorfes Wieck und der Klosterruine Eldena am Greifswalder Bodden verbinden. Einmal historische Universitätsstadt, einmal malerischer Fischerort.

Salzige Brise gepaart mit Universitätsluft: Die Universitäts- und Hansestadt ist immer einen Besuch wert. Beim Flanieren durch die historische Altstadt fallen vor allem die backsteinernen Bürgerhäuser, das ochsenblutrote Rathaus, Teile der mittelalterlichen Verteidigungsanlage und die Backsteinkirchen auf.

Warum sollte man in Greifswald studieren?

Die Antwort ist, weil Greifswald exzellente Studienbedingungen hat.

Die Universität Greifswald bietet ein gutes Betreuungsverhältnis bezogen auf die Anzahl von Lehrenden zu Studierenden, engagierte und den Studierenden zugewandte Lehrende, kleine Praktikums- und Lerngruppen, innovative Lehr- und Lernformen.

Die beiden seewärtigen Stadtteile Wieck und Eldena haben sich aus früheren Fischerdörfern entwickelt und ihren kleinteiligen maritimen Charakter bewahren können.

Das 1199 gegründete ehemalige Kloster Eldena ist der Kern der späteren Stadtgründung und ein Motiv des romantischen Malers Caspar David Friedrich.

In Eldena befindet sich eine historische Bockwindmühle. Die historische Wiecker Holzklappbrücke verbindet die Nord- mit der Südseite des Flusses Ryck und ist eines der Wahrzeichen der Stadt.

Botanischer Garten und Arboretum der Universität umfassen eine Gesamtfläche von etwa neun Hektar, verteilt auf zwei verschiedene Standorte. Das Arboretum (7 ha) befindet sich in der Nähe der Universitätsbibliothek Greifswald, während der Botanische Garten (2 ha) südwestlich an die Altstadt angrenzt. Bereits 1763 gegründet, ist der Botanische Garten einer der ältesten in Deutschland und auch einer der ältesten derzeit existierenden wissenschaftlich genutzten Gärten der Welt. (Quelle: Internet Google: Wikipedia)

Am 5. September 2000 um 14:30 Uhr nahm ich einen Reisebus von Hannover in Richtung Berlin, da ich am 14. September um 8:00 Uhr an der Aufnahmeprüfung in Greifswald teilnehmen sollte. Ich hatte gehört, dass es am Studienkolleg in Greifswald viele guineische Studenten gab. Der Bus kam in der Nacht in Berlin an und ich sah keinen Zug, der nach Greifswald fuhr. Deshalb ging ich zur Reiseinformation am Schalter. Der Mitarbeiter dort sagte mir: „Sie haben noch eine Möglichkeit, denn es gibt einen Nachtzug in Richtung Stralsund und Rostock über Greifswald." Mit diesem Zug bin ich am darauffolgenden Morgen um 1:30 Uhr in Greifswald angekommen. Am Bahnhof wusste ich nicht, in welche Richtung ich gehen sollte, und fragte die Taxifahrer, wo das Studentenwohnheim sei, in dem viele Ausländer wohnten. „An der Makarenkostraße wohnen fast alle ausländischen Studenten", sagte ein Taxifahrer zu mir. „Okay, ich möchte zur Makarenkostraße", sagte ich zu dem Fahrer. Er fuhr mich dorthin und ich ging zu dem Haus, das er mir zeigte. Da las ich viele guineische Namen wie Camara, Cissé, Sylla, Diallo, Barry usw. auf dem Klingelschild und klingelte bei denen, aber niemand kam an die Sprechanlage. Bei dem Studentenwohnheim gab es eine Studentenkneipe, die „Kiste", in der Partys stattfanden. Ich ging auf die Party und bestellt etwas zu trinken. Es waren nur wenige Partybesucher da und unter den wenigen konnte ich keinen Afrikaner finden.

Um 4:00 Uhr war die Party zu Ende und alle mussten raus. So ging ich zu dem Kolpinghaus, in dem fast alle hiesigen Studenten wohnten, die Türen waren zu. Zum Glück war eine der Türen nicht richtig abgeriegelt. Ich bin hineingegangen und habe im Waschraum geschlafen. Beim Schlafen hat mich der allermächtige Gott wieder berührt, um mir meine Frau zu zeigen. Ich träumte wieder von dem Bild mit dem Mädchen am Himmel. Dieses Mal hatte sie auf dem Bild kurze Haare. Sie lächelte mich an und sagte: „Steh auf, um das Morgengebet zu machen, denn es ist fast hell und du hast schon dein Ziel erreicht." Da stand ich sofort auf, habe aber niemanden neben mir gesehen. Es war dann wohl doch nur eine Stimme in meinem Kopf gewesen. Nach dem Morgengebet ging ich mit meinem Gepäck zu einer Bushaltestelle und saß dort eine Weile.

Es kam jemand, ein Student, der mich fragte: „Was machst du hier überhaupt zu dieser Uhrzeit, oder wartest du auf den Bus?" „Nein, ich bin hier, weil ich zur Aufnahmeprüfung am 14. September für die DSH angenommen wurde. Ich bin gestern Nacht hier angekommen und ich weiß jetzt nicht, wohin ich gehen kann", antwortete ich auf seine Frage. „Ich bin Lars, komme aus der Nähe von Heidelberg und bin ebenfalls Student, ich studiere Biologie. Du kannst gerne mit zu mir kommen, um dich etwas zu erholen, ich komme gerade von einer Party im Hexenkessel." „Oh Gott sei Dank, es gibt überall nette Leute da draußen", dachte ich mir.

Ich bin mit zu ihm gegangen, er sagte er heiße Lars. Er wohnte mit Michi und Uwe in einer WG. Zu dieser Zeit bereitete Lars sich auf die Chemieprüfung vor. Er hatte die Prüfung schon einmal gemacht, aber nicht bestanden, denn er hatte Chemie am Anfang nicht verstanden. Die Prüfung und die Methode, die der Professor angewendet hatte, waren sehr schwierig für ihn. Als er Chemie lernte, habe ich mich beteiligt und mit ihm über einige Aufgaben diskutiert. Das hat ihm sehr geholfen, Chemie besser zu verstehen. Er hatte wirklich Probleme mit diesem Fach. Ich zeigte ihm eine einfache Methode, wie man Chemieaufgaben schnell lösen kann. Die Methode war ihm fremd, dennoch fand er sie recht einfach und verständlich.

Sein Mitbewohner Uwe war ein dünner, junger Mann aus Sachsen mit langen blonden Rastahaaren und blauen Augen. Nach Greifswald kam er, um ebenfalls zu studieren.

Er hatte Epilepsie und rauchte jede Stunde Haschisch oder Marihuana mit der Wasserpfeife. Er fragte, ob ich mitrauchen wolle. „Nein, ich habe keine Epilepsie und habe sowas noch nie in meinem Leben geraucht und möchte nicht mit diesen Sachen anfangen", sagte ich zu ihm. Er erklärte mir, dass diese Sachen, mit denen ich nicht anfangen wollte, besser als Medikamente wären, die ich z. B. gegen Kopfschmerzen nehmen würde. Als ich seine „Mittel" dann doch probierte, hatte ich sofort das Gefühl, dass ich nicht mehr existiere, ich bekam Mundtrockenheit und schlief kurze Zeit später ein. Am nächsten Tag sagte ich zu Uwe: „Diese Sachen sind nichts für mich und passen nicht zu mir." „Es tut mir sehr leid", entschuldigte sich Uwe bei mir.

Uwe konnte sich beim Lernen nur sehr schlecht konzentrieren. Er schimpfte sich selbst öfter und fragte sich immer wieder, warum er eine weiße Hautfarbe hat? Er sagte oft, er hätte gerne eine dunkelhäutige Farbe gehabt. Ich sagte ihm, er müsse nicht traurig sein, weil er weiß ist; alle Hautfarben der Menschen, der Tiere, sämtlicher Lebewesen, sind gut und haben eine Bedeutung.

Auf die Frage, ob er die Bedeutung von Rasta kenne, antwortete er: „Rasta bedeutet soviel wie Löwe. Das ist wie eine Religion und diese Leute essen keine Tiere."

Auf die Frage, warum er Rasta und dunkelbraune Haut mochte, antwortete er:

„Die Farbe Schwarz zeigt das Königtum Gottes, und das ist die Farbe des Universums. Beobachte mal den Himmel in der Nacht, du siehst ihn schwarz", erklärte er mir.

Er erzählte mir unter Tränen, dass er zehn Jahre lang Neonazi gewesen sei und mit seinen dummen Freunden ohne Grund die Ausländer wie Tiere gejagt, geschlagen und geschimpft hätte.

Auf die Frage, warum er jetzt nicht mehr Neonazi ist, antwortete er mir, dass einmal, als er und einer seiner Freunde vor einem Supermarkt saßen und Bier tranken, plötzlich ein Paar auf ihn zukam, eine junge deutsche Frau mit ihrem afrikanischen Freund. Er erzählte weiter: „Wir haben den Mann mit fremdenfeindlichen Worten beschimpft wie ‚Scheiß Nigger fort von hier, Ausländer raus!', doch die Frau küsste ihren Freund vor unseren Augen und sagte: ‚Er ist besser als ihr dummen Kerle.' Und der Mann sagte: ‚Beschimpfen Sie mich nicht, weil ich anders aussehe, sondern versuchen Sie, mich näher kennenzulernen.' Das hat mir irgendwie die Augen geöffnet."

Beim nächsten zufälligen Treffen mit dem Paar schaffte Uwe es, die beiden anzusprechen und zu sagen, dass er tatsächlich interessiert sei und, wie der Mann vorgeschlagen hatte, ihn gerne näher kennenlernen würde. Die zwei waren überrascht, aber im positiven Sinne. Denn es ist tatsächlich selten, dass ein langjähriger Neonazi so eine Wendung zeigt. „Gut", freute sich der Afrikaner und schüttelte Uwes Hand und sagte: „Mein Name ist Roberto und das ist meine Freundin Marta und du, wie heißt du?" Uwe nannte ihnen seinen Namen. Der Roberto und seine Freundin luden Uwe ein, am Wochenende zu ihnen zum afrikanischen Essen zu kommen. Roberto und seine Frau haben beide Rasta-Haare.

Uwe ging zu der Einladung. Es gab Fufu mit Okrasoße, Maniok und mehr. Das Essen schmeckte dem jungen Uwe sehr gut. Danach fragte Roberto Uwe, was er überhaupt so mache und wie alt er denn sei.

Uwe erklärte, er sei 18 Jahre alt und ginge in die Schule, aber die Schule mache ihm keinen Spaß und er hätte viele Probleme in Mathe, Naturwissenschaften und anderen Fächern. Marta sagte, dass Roberto in Mathe und Naturwissenschaften sehr gut sei. Generell sind viele Afrikaner sehr an Naturwissenschaften interessiert und, wenn sie eine gute Ausbildungsmöglichkeit erhalten, oftmals auch sehr begabt darin. Das Paar hat Uwe bis zum Abitur begleitet. Als er anfing, sich freundlich und höflich gegenüber Afrikanern zu verhalten, sogar zu ihnen ging und ihre Hand schüttelte, fragten seine Freunde ihn, ob er komplett den Verstand verloren hätte. „Wenn man einen gesunden Verstand hat, dann muss man niemanden wegen seiner Hautfarbe, Herkunft und Religion jagen, schimpfen oder gar ermorden", erklärte er seinen Freunden. Diese waren von ihm enttäuscht. Damit gingen die Wege auseinander. Uwe ließ seine Haare wachsen und grüßte von da an fast alle dunkelhäutigen Menschen, die er unterwegs traf.

Nach dem Abitur ging er nach Greifswald, um Biologie zu studieren. In Greifswald konnte er sich nicht auf das Studium konzentrieren, er wurde sehr faul, wurde exmatrikuliert und musste das Studentenwohnheim verlassen. Zum Glück fand er aber sehr schnell in einem Wohnviertel neben dem Studentenwohnheim eine Wohnung und fragte mich und andere, ob wir ihm beim Umzug helfen könnten. Beim Umzug waren auch seine Eltern aus Chemnitz gekommen. Als sie drei Afrikaner bei ihrem Sohn sahen, gerieten sie in Panik und sein Vater fragte: „Uwe, wer sind diese Schweine? Was machen sie bei dir? Und seit wann hast du diese Scheiß-Haare?" „Diese Afrikaner sind gute Freunde von mir, sie helfen mir umsonst beim Umzug. Und weil ihr hier keine Schweine seht, deren Fleisch ihr fast jeden Tag bratet, bitte ich euch, wieder nach Hause zurückzufahren", sagte Uwe zu seinen Eltern.

„Oh du Schatzi, sag sowas nicht zu uns, du bist unser lieber Sohn", sagte die Mutter. „Liebst du diese Leute mehr als uns?", fragte seine Mutter. „Ich liebe Menschen und dazu gehören auch Schwarze. Einer hat mir geholfen, Abi zu machen. Immer, wenn ich gesagt habe, ich gehe lernen, bin ich zu einem Afrikaner gegangen. Er hat mich in Mathe und Naturwissenschaft unterrichtet, mir Nachhilfe gegeben, während mein Vater sich bemüht, diese Leute ohne Grund zu jagen. Nein danke, ihr könnt wieder fahren", sagte Uwe. Und seine Eltern fuhren wieder nach Hause zurück.

Im Sommer legte sich Uwe in die Sonne, um sich bräunen zu lassen, trank nur Africola, rauchte sein Cannabis und hörte Musik von Bob Marley, Peter Tosh und andere Reggae-Musik.

Er machte gar nichts mehr und konnte die Miete nicht mehr bezahlen, weshalb er einen Azubi, Marlon, als Mitbewohner aufnahm. Der Marlon hatte eine hübsche Freundin in Greifswald, die er bei der Ausbildung kennengelernt hat, die Wenke.

Sie war immer bei ihrem Freund und unter der Woche lernten sie zusammen.

An den Wochenenden fuhr Marlon oft zu seinen Eltern. Wenke kam auch dann am Wochenende zu der Wohnung, wenn ihr Freund nicht da war. Sie sah dann manchmal mit Uwe fern und sie tranken zusammen Bier. Sie genossen diese Zeit und Wenke fand Uwe sehr toll, so dass sie eine Affäre mit Uwe anfing und damit ihren Freund betrug. Eines Tages hat ihr Freund das doch mitbekommen.

Irgendwann zog Uwe weg und ich habe mitbekommen, dass er viele Kinder gezeugt hat.

Der Michi war Jurastudent, er hatte viel Zeit für sich und war auch sehr nett. Von ihm weiß ich leider nicht, wie sein Weg weiterging.

Ich suchte immer nach Telefonnummern von Guineern, die in Greifswald studierten. Nach einer Woche hatte ich von einem Freund die Telefonnummer von Momo Gbélia Camara, dem Sohn meiner Cousine, bekommen und ich rief ihn an und teilte ihm mit, dass ich mich zurzeit in Greifswald aufhalte. Er fragte mich, wo ich mich befinde und ich sagte es ihm. Prompt kam Gbélia mit fast allen Guineern, die in der Nähe wohnten, zu Lars. Über dieses unverhoffte Treffen habe ich mich riesig gefreut. Wir haben uns gegrüßt und uns amüsiert. „Wo ist dein Gepäck?", fragte Gbélia. „Er bleibt ein bisschen bei mir, ich lasse ihn nicht gleich gehen, er ist sehr wichtig für mich", sagte Lars zu meinen Landsleuten. „Ja okay, aber ihr könnt kommen, um zu sehen, wo wir wohnen." Sie wohnten fast alle unter einem Dach.

Ich fand das nicht gut, dass fast alle ausländischen Studenten unter einem Dach wohnten. Lars und ich haben das als eine Mischung aus Vergessen und Diskriminierung interpretiert, denn wie können diese ausländischen Studenten so ihre Sprachkenntnisse verbessern? Wenn man in einem Land fremd ist, dann ist es gut, sich viel mit den Hiesigen zu unterhalten, um die Sprache besser zu verstehen, aber in Greifswald war das aufgrund der Wohnsituation eher schwierig.

Dass ich bei Lars und seinen Freunden wohnte, war sehr vorteilhaft für mich, denn ich versuchte dort, die Lippen von Deutsch Sprechenden zu lesen. Es war sehr schwierig, aber etwas gelang es mir schon.

Am 14. September habe ich die Aufnahmeprüfung für die DSH mit sehr gutem Erfolg bestanden. Ich sollte erstmal in die

Mittelstufe gehen und nach einem Monat in der Oberstufe wei-termachen.

Insgesamt blieb ich zwei Monate bei Lars, bevor ich mein eigenes Zimmer bekam. Aber auch nachdem ich mein Zimmer hatte, trafen wir uns immer. Lars rief seine Eltern und Freunde an und sagte, dass er einen guten Freund aus Guinea hat. Seine Freunde aus seinem Heimatort, Markus und Ben, die auch Studenten waren, wollten mich unbedingt kennenlernen. Sie kamen an einem Wochenende nach Greifswald. Markus ist ein sehr kräftiger, sportlicher, gut gebauter Mann. Wir haben gemeinsam gekocht und sind am Abend auf die Party im Hexenkessel gegangen. Ich fühlte mich allerdings recht unbehaglich, da dort viel Neonazis waren. Ein unbekannter Mann kam zu mir und sagte: „Du bist zum ersten Mal hier und scheinst ein netter Mensch zu sein. Also mein Freund, es sollten keine Ausländer herkommen, jede zweite Person hier ist ein Neonazi. Bitte geh sofort nach Hause und pass auf, dass die Neonazis dir nicht folgen." „Das macht nichts, mach dir keine Sorgen, wir haben ihn hierher mitgebracht, damit die Neonazis wissen, dass es so viele Menschen mit unterschiedlicher Hautfarbe und Herkunft gibt", sagte Markus. „Wir werden das Ganze einfach im Auge behalten. Diese Neonazis sind gemein, herzlos, dumm, kriminell, menschenverachtend und ein echter Mist für Deutschland", sagte Lars.

Wenn man die Party besuchte, dann bekam man eine Nummer. Im Hexenkessel waren die Männer die Teufel, die Frauen Hexen. Durch die Nummern wurde jeder Teufel einer Hexe zugeordnet und die sich unbekannten Personen sollten sich „jagen" und finden. Ich hatte die Nummer 38. Eine Hexe, eine hübsche Frau, hatte mich gejagt und gefunden. Mein Name wurde über Mikro gesagt, dann konnte ich mit der Frau bis zum Ende der Party tanzen und mich mit ihr unterhalten. „Du darfst nie allein hierherkommen, wenn deine Freunde nicht dabei sind. Hier ist es sehr gefährlich für Ausländer. Ich bin selbst nicht aus Greifswald, sondern aus Berlin, ich studiere hier auch", sagte sie zu mir.

Ich wurde von den Eltern von Lars zu Weihnachten eingeladen. Es war mein erster Besuch bei einer deutschen Familie. Es waren auch Verwandte da, nur der jüngere Bruder fehlte.

Es war ein Verwandter dabei, der mit einer afrikanischen Frau aus Togo verheiratet war. Ich freute mich zunächst, als ich sie sah, doch meine Anwesenheit in einer deutschen Familie hat diese Frau komplett gestört, weil ich, als das Gespräch darauf kam sagte, dass ich als gläubiger Mensch und Muslim erzogen worden sein. Das hat der Frau aus Togo nicht gefallen. Sie und ihr Mann bezeichneten mich als Lügner und sagten zu Lars, dass er sich vor den falschen Leuten hüten müsse. Es war auch ein Pfarrer aus Nigeria, mit seiner Ehefrau, einer alten amerikanischen Soldatin, anwesend. Der sagte zu der Frau aus Togo: „Du kennst diesen Mann nicht, der versteht noch nicht gut Deutsch und du bezeichnest ihn als Lügner, weil du sehr gut die deutsche Sprache verstehst und er nicht. Das ist nicht schön von dir, so etwas zu behaupten."

Die Frau aus Togo hat mich total enttäuscht. Sie hat laut mit mir auf Französisch diskutiert und wollte alles von mir wissen, so wie jemand, der mit der Polizei zusammenarbeitet. Ich habe sie gefragt: „Was willst du genau von mir hören? Meinst du, dass ich ein Verbrecher oder Drogendealer bin? Was willst du eigentlich von mir? Ich bin zum Studium gekommen, wieso kannst du das nicht verstehen, warum bist du gegen Muslime? Bitte konzentriere dich auf dein Leben mit deinem weißen Mann und lass mich in Ruhe, du bist keine Panafrikanistin, sondern eine Verräterin. Ich bin nicht hier, um Lars zu verändern oder zu manipulieren, sondern ich bin hier, um trotz kaputtem Ohr zu studieren und vielleicht einen Nobelpreis in der Physik zu kriegen, wenn es mir gelingt." Abgesehen von dieser Diskussion mit der Frau war es ein sehr schönes Weihnachten. Silvester habe ich mit Lars und seinen Freunden in Karlsruhe bei Mario verbracht.

Die Oberstufe für die DSH war sehr multikulturell. Es waren dort Afrikaner, Marokkaner, Russen, Studenten aus Stockholm, Polen, Schweden, China, Georgia und Litauen. Mit diesen verschiedenen Menschen hat es mir viel Freude und Spaß gemacht. Die Lehrerinnen organisierten für uns eine Party zum Kennenlernen, zu der jede Gruppe Essen aus ihrer Heimat mitbringen sollte. Es gab sehr leckeres Essen und gute Getränke.

In Greifswald fand jedes Jahr im Sommer ein internationales Studententreffen statt, das war sehr interessant. Es kamen viele Studenten aus fast aller Welt, sogar aus Saudi-Arabien, und es wurden verschiedene Veranstaltungen geboten, alle zeigten die Kultur aus ihrer Heimat. Ich freute mich, Menschen mit unterschiedlichsten Hautfarben und Kulturen zu begegnen und kennenzulernen. Gleichzeitig war Greifswald zumindest zur damaligen Zeit eine Stadt voller Neonazis, und als nicht Weißer musste man wachsam sein, um neben den Beschimpfungen dieser menschenverachtenden Leuten nicht auch noch geschlagen zu werden. Wenn einer nachts allein von A nach B musste, rannte er die Strecke, um so kurz wie möglich im Freien zu sein.

Ich wollte immer noch die Frau finden, von der ich häufig auf dem Bild am Himmel träumte. Eines Tages lernte ich eine Frau, die tatsächlich Caro hieß, aus Litauen kennen und war zwei Monate mit ihr zusammen. Ich hatte sie in der Stadtbibliothek kennengelernt. Sie war eine sehr hübsche, schlanke Frau mit langen, glatten Haaren. Aber sie war nicht die Richtige, die ich suchte. Zum Lernen ging ich in der Regel in die Unibibliothek (UB). Da lernte ich Helene H., eine Biologiestudentin, kennen. Die Frau hatte blonde Haare mit Locken und blaue Augen. Ich dachte, vielleicht ist sie es, und unterhielt mich deshalb öfters mit ihr in der UB, um sie näher kennenzulernen. Sie hatte aber das Gefühl, dass ich von ihr etwas will. Ich wollte sie einfach nur kennenlernen, stellte dann aber fest, dass ich weitersuchen musste. Helene ist eine enge Freundin von der Frau, die ich suchte, aber ich wusste das zunächst nicht und sie sprach immer mit dieser Frau von einem Mann, der von ihr etwas wollte.

Eines Tages kam ein Medizinstudent aus dem Sudan mit der Leiterin des DSH-Kurses, um uns vor der Gefahr, die von den Neonazis ausging, zu warnen. Er sagte zu uns: „Sie müssen bei den Partys sehr aufpassen, es gibt hier Frauen auf der Party, die

die Ausländer für die Neonazis anlocken. Wenn sie zu dir kommen, sagen sie zu dir: ‚Kommst du nach der Party zu mir nach Hause, um Spaß zu haben?‘ Und bei ihr verstecken sich zwei bis drei Neonazis, die die Ausländer, insbesondere schwarze Menschen, verprügeln, schlagen, sogar töten wollen.“ Das war bei ihm passiert, aber zum Glück wohnte die Frau im ersten Stock, so konnte er noch aus dem Fenster springen und die Polizei rufen. Die Beamten kamen und sagten aber, dass es keine Beweise für seine Behauptungen gäbe.

In Greifswald hörte ich immer: „Neben dem Kino wurde ein Afrikaner schwer geschlagen, die Leute haben nur zugeschaut, statt die Polizei zu rufen. Er lag zehn Tage im Krankenhaus.“ Oder: „In Schönwalde wurden Afrikaner beschimpft, verspottet und geschlagen.“ In der Dompassage wurde ein Sudanese schwer geschlagen, woraufhin von den Studenten eine große Demonstration gegen die Rechtsextremisten organisiert wurde, zu der zehntausend Studenten kamen. Die Studenten liefen mit dem Slogan „Nazis raus“ von der Stadtmitte bis hin zum Wohnheim der ausländischen Studenten.

Wir sollten auf eine Party kommen, da es einige Professoren und Tutoren so haben wollten. Und wir gingen hin. Die ausländischen Studenten des Studienkollegs hatten Tutoren und waren an dem Abend zusammen mit diesen gekommen. Wir Studenten aus dem DSH-Kurs hatten keine Tutoren, aber wir konnten dennoch zu der Party kommen. Da lernte ich eine Studentin kennen, Eve aus Berlin. Sie wollte am nächsten Tag, Sonntag, ins Mensakino gehen. Wir machten aus, dass ich mitkomme, und sie sagte, sie würde um 17 Uhr zu mir kommen, um mich abzuholen.

Ich wohnte zu der Zeit mit zwei Guineeren, Babadi Camara und meinem Neffen, Momo Gbélia, gegenüber dem Studentenwohnheim. Nach der Party kam ich nach Hause, aber mir wurde gesagt, dass die Wohnung vollbesetzt sei, ich solle zum Schlafen zu einem anderen Guineer gehen. Kurz vor 10 Uhr stand ich auf, um nach Hause zu gehen, denn ich wurde von Gbélia angerufen, dass mein Platz wieder frei sei. Es war ein schöner Samstag, der

21. April 2001, als Gott mich in seiner Barmherzigkeit berührte, um mir meine größte Liebe zu zeigen, damit ich sie finde. Denn als ich mich auf den Weg nach Hause machte, habe ich die Frau aus meinen Träumen getroffen. Sie kam gerade vom Spaziergang nach Hause. Als ich die Frau sah, schien es mir, als ob ich sie schon sehr lange kenne. Ich fragte sie, ob sie mir helfen könnte, meine Hausaufgaben vom DSH-Kurs zu korrigieren. Sie meinte, dass sie das gerne machen kann. Ich sagte zu ihr: „Ich war gestern auf einer Party und möchte mich nochmal etwas hinlegen, ich komme um 17 Uhr, ist das okay?" Sie sagte: „Das ist okay, ich war gestern auch auf einer Party." Und mir rutschte heraus: „Ich habe dich aber nicht gesehen." Sie schaute etwas verdutzt und meinte, dass sie auf einer WG-Party war. „Mein Name ist übrigens Gym, wie nennt man dich?" „Caro", sagte sie zu mir. Auf einmal überkamen mich starke Gefühle. Ich war sehr müde, aber das bemerkte ich gar nicht mehr. Wir verblieben mit dem Termin um 17 Uhr und verabschiedeten uns.

Um 17 Uhr bin ich zu ihr gegangen. Als sie mich sah, zweifelte sie daran, ob ich der Mann war, den sie am Morgen gesehen hatte, denn ich sah für sie diesmal anders aus. In ihrem Zimmer gab es an der Wand eine Zeichnung von Sydney Poitier. „Findest du den Schauspieler gut?", fragte ich sie. „Ja, er hat als erster schwarzer Schauspieler den Oscar bekommen", antworte Caro. Ich hatte meine Hausaufgaben vom DSH-Kurs dabei und wir sind sie durchgegangen. Auch hatte ich einige Kassetten dabei, die wir nach den Hausaufgaben ein bisschen anhörten. Sie sagte mir, dass sie abends vorhätte, ins Mensakino zu gehen, und ob ich mitwollen würde. Da erinnerte ich mich daran, dass ich den Termin mit Eve verpasst hatte. „Kommst du mit, ja oder nein?", fragte Caro. „Ja, ich komme gerne mit", antwortete ich. Ich ging mit ihr zum Mensakino und traf Eve. „Es tut mir sehr leid", entschuldigte ich mich bei Eve. „Ist in Ordnung, aber du hättest mir sagen müssen, dass du mit einer anderen ins Kino gehen möchtest", sagte sie. „Ich wollte dich nicht im Stich lassen, Verzeihung", entschuldigte ich mich weiter bei Eve und das Problem war zu Ende.

Nach einer Woche habe ich zu Caro gesagt: „Ich liebe dich über alles." „Ich liebe dich aber nicht, ich möchte nur Freundschaft mit dir, mehr nicht", sagte sie zu mir. „Ja, okay, aber du sollst wissen, dass jemand dich wirklich liebt", erwiderte ich ihr.

Caro und Helene sprachen oft von Mohamed. Allerdings waren sie sich nicht sicher, ob sie von der gleichen Person sprachen.

Um zu prüfen, ob die beiden von ein und demselben Mohamed redeten, hat Caro mich zum Mittagessen in die Mensa eingeladen. Sie waren eine Gruppe aus vielen Freundinnen. Es war klar, dass die beiden nur von mir geredet hatten. Allerdings hatte ich mit Helene nicht viel zu tun, nur Hallo und kurze Unterhaltungen.

Im Sommer hat Caro mich zu ihrem Geburtstag bei ihren Eltern eingeladen. Der Heimatort von Caro ist sehr weit von Greifswald entfernt. Caro hat eine Schwester und diese hatte zu der Zeit ebenfalls einen ausländischen Freund, er kam aus Südamerika. Sie konnten an dem Tag nicht mit uns zusammen feiern, da sie nach Berlin fahren wollten, um eine Gruppe Freunde mit ihm zu treffen.

Ich lernte die Freundinnen und Freunde von Caro kennen: Ali, Birgit und deren Schwester Lina. Die Eltern von Caro stellten mir sehr viele Fragen, als ob ich ein Verbrecher wäre. Ich wollte gerne ein Bier trinken und hatte das auch entsprechend deutlich gesagt, das war am Nachmittag. Caro sagte später zu mir: „Das war nicht gut, dass du direkt nach Bier gefragt hast, das macht man so nicht." „Du hättest mir das sagen müssen, bevor wir hierherkommen, dann hätte ich für mich selbst Bier gekauft. Aber du hast mir gesagt, dass immer Bier im Keller ist. Jetzt ist es passiert", sagte ich. Ich hatte bei diesem ersten Kontakt verstanden, dass es mit den Deutschen sehr schwierig ist. Ich bin anders, zwar gut, aber eben anders erzogen als man hier in Deutschland erzogen wird. Nach der Geburtstagsfeier hat die Mama zu ihrer Tochter gesagt: „Solch einen Freund brauchst du nicht." „Ja, okay, er ist nur ein Bekannter von mir und ich wollte, dass ihr ihn kennenlernt", sagte Caro zu ihrer Mama. „Okay, alles klar."

Die DSH-Prüfung legte ich im Juli 2001 ab. In den Ferien ging ich nach Mainz, um zu arbeiten, und Caro war zu Hause. Zuvor hatte ich mich für das Physikstudium in Greifswald beworben und erhielt auch sofort eine Zulassung.

Am 11. September 2001 wurde das World Trade Center von ungläubigen Muslimen zerstört und dieses ganze Problem wurde anscheinend bei Caro zu Hause auf meinen kleinen Kopf gesetzt und gedreht und war ein großes Thema, denn es kamen jede Stunde E-Mails von Caro zu dem, was in den USA passiert war und wie die Moslems (damit schloss sie mich mit ein) zu so etwas fähig wären. Es wurde deutlich, dass sie nicht mehr wirklich Kontakt mit mir wollte. „Ja aber ihr dürft die Muslime nicht über einen Kamm scheren. Ich glaube, die, die diese Anschläge verübt haben, sind keine Muslime, wirklich nicht, die muss man alle als Mörder bezeichnen", sagte ich zu Caro. Die Schwester von Caro schrieb mir eine E-Mail, dass ich ihre Schwester in Ruhe lassen solle. Ich dachte, vielleicht hat sie meine E-Mail-Adresse von ihrer Schwester bekommen. Ihre Vorwürfe wies ich zurück, indem ich ihr schrieb: „Hallo liebe Tina, vielen Dank für deine E-Mail. Was in Amerika passiert ist, finde ich total schlecht von diesen Mördern. Sie haben im World Trade Center bestimmt auch viele Muslime ermordet. Sie sind keine Muslime, denn wer Muslim ist, darf unschuldige Menschen nicht töten und was dort passiert, ist ein Verlust an Menschen für die Welt. ... Ich kann dafür gar nichts. Außerdem bin ich nicht mit deiner Schwester zusammen, wir sind nur einfach Freunde. Viele liebe Grüße." Ich hatte einiges geschrieben, weil mich diese Vorwürfe auch aufregten. Sie fühlte sich durch die Mail beleidigt, anstatt zu versuchen, den Inhalt des Schreibens zu verstehen.

Ich war auch beleidigt, denn viele Nicht-Muslime haben ein sehr negatives Bild von Muslimen. Das kommt höchst wahrscheinlich durch die Berichterstattung unschöner Vorfälle in den Medien und weil viele keinen Kontakt zu Muslimen haben und also keine Erfahrung haben, dass es überall auf der Welt Muslime gibt, die unterschiedliche Kulturen haben und entsprechend „Der eine Moslem" nicht existiert und nicht alle per se extremistisch sind.

Es ist auch schade, dass viele Christen nicht wissen, dass Jesus, seine Mutter, Maria und die Jünger keine so hellhäutigen und europäisch aussehenden Menschen mit idealisierten feinen Gesichtszügen waren, wie sie zumeist dargestellt werden, sondern schwarze Menschen, also Menschen mit dunklerem Teint.

Kurz vor dem Ende der Sommerferien wollten Caro und ich uns in Mainz treffen, da sie mit ihren Eltern in die Nähe bei Bekannten eingeladen waren. Sie traf mich an der Universität Mainz und verbrachte mit mir zwei Stunden. Dort habe ich die Bekannten von der Familie Müller, Siglinde und Franz, kennengelernt. Das Paar, insbesondere Siglinde, war supernett zu mir. Nach diesem Treffen kehrte ich nach Greifswald zurück. In Greifswald waren fast keine Guineer mehr, denn sie hatten Greifswald nach dem Abschluss des Studienkollegs verlassen und die meisten gingen nach Nordrhein-Westfallen, um dort zu studieren und vielleicht zu arbeiten, denn es ist sehr schwierig für Ausländer in Greifswald neben dem Studium Arbeit zu finden.

Ich war allein in der WG und das war für mich sehr riskant, weil ich im Wohnviertel der Neonazis lebte und die WG im Erdgeschoss war. Ich begann mit dem Studium im Oktober. Im ersten Semester waren wir insgesamt zwölf Studenten. Bei den Vorlesungen wollte niemand neben mir sitzen oder sich mit mir unterhalten. Jeden Montag hatten wir physikalisches Praktikum. Vor dem Beginn des Praktikums fragte Herr Dr. Bodenmüller, ein Dozent, meine Kollegen: „Wer kann mit Herrn Ba zusammen Versuche machen und protokollieren?" Niemand hat sich gemeldet, dass er oder sie mit mir Versuche machen möchte. Den ersten Versuch habe ich nicht protokolliert, da ich zu der Zeit keine Computerkenntnisse hatte. „Die Protokolle müssen erstmal auf den Tisch", sagte Herr Bodenmüller und fragte mich nach meinem Protokoll. „Ich habe es nicht", sagte ich. „Wenn Sie Versuche machen, dann müssen Sie auswerten und danach berichten", und er beschimpfte mich und weckte dadurch meinen Ehrgeiz. Diesen Dozenten werde ich nie vergessen. Anfangs habe ich meine Berichte mit der Hand geschrieben und ausgewertet. Das war zwar gut, aber der Dozent meinte zu mir: „Es ist besser, wenn Sie die Versuche mit dem Computer erarbeiten." „Ich habe aber keine Kenntnisse über Computer", sagte ich zu ihm. „Dann müssen Sie das sofort lernen, bei uns gibt es ein Rechenzentrum. Gehen Sie dorthin und fragen Sie die Mitarbeiter, vielleicht können die Ihnen helfen", erwiderte Herr Bodenmüller.

Nach dem Versuch ging ich zum Rechenzentrum und traf eine nette Studentin, die dort arbeitete. Sie zeigte mir die Funktionsweise von Microsoft Word, vom Microsoft-Formel-Editor 3 und danach von Microsoft Excel und sagte zu mir: „Es ist besser, wenn Sie einen eigenen Rechner oder Laptop haben. Im Rechenzentrum hier kann man alte Computer ausleihen." Ich bin zu Frau Kron ins akademische Auslandsamt gegangen, um einen alten Computer auszuleihen. Dadurch konnte ich die anderen Protokolle mit dem Rechner auswerten und die Berichte schreiben. Herr Bodenmüller war zufrieden. Ich machte meine Hausaufgaben allein, weil ich keinen Kontakt zu meinen Kollegen in meinem Semester hatte, und die Aufgaben haben mir sehr viel Spaß gemacht.

Das Verhältnis zwischen mir und Caro war wieder in Ordnung. Sie wohnte nur zwei Minuten von mir entfernt. An einem Samstag verbrachten wir einen gemütlichen Fernsehabend und schauten zwei Filme. Danach wollte ich zurück nach Hause. Vom Straßenrand aus bemerkte ich, dass fünf Personen von meinem Wohnheim weggingen. Als ich zuhause ankam, sah ich direkt, dass die Wohnungstür aufgebrochen war. Beim Betreten erfasste ich das ganze Ausmaß. Die anderen Türen waren aus den Angeln gerissen und die komplette Wohnung war verwüstet. Sie hatten meinen Kleiderschrank leer gemacht und meine ganzen Bücher, auch die aus der Unibibliothek ausgeliehenen, mitgenommen. Mein Bett war in vier Teile geteilt, ebenso waren in den anderen Zimmern die Matratzen aus den Betten gezerrt und hingeworfen worden. Fernseher waren umgeschmissen und kaputt. In der Küche war ebenfalls alles zerstört. Die Spüle vorgerissen und umgeworfen, Stühle, Tisch, alles lag herum oder war verschoben. Ich kannte alle diese Leute, da sie alle in der Nähe wohnten. Ich vermutete, dass sie mich ermordet hätten, aber zum Glück hatten sie mich nicht in der Wohnung angetroffen. Immer wenn sie mich sahen, grüßten sie mich mit dem Hitlergruß, indem sie ihre Hände hochhoben. Ich kehrte zu Caro zurück, um die Polizei zu alarmieren, und nach einer Stunde kamen auch endlich zwei Beamte. Sie haben gesehen, dass meine Wohnung aufgebrochen worden war, aber sie haben sich weder etwas aufgeschrieben noch Fotos von der Verwüstung gemacht, auch keinerlei weitere Untersuchung angestrebt. Einer der Polizisten fragte Caro, ob es nicht möglich wäre, dass ein Freund in die Wohnung wollte, der keinen Schlüssel hatte.??? Wenn man eine solche Aussage von einem Staatsbeamten hört, dessen Job es wäre, für Recht und Ordnung einzutreten, kombiniert mit dem nicht vorhandenen Aktionismus, den die beiden Polizisten vor Ort zeigten, weiß man, woran man ist. Am nächsten Morgen um 10 Uhr wollte ich die Bücher wiederhaben und ich schnappte mir einen der Täter. Ich sagte: „Ihr könnt alles von meinen Sachen nehmen, aber ich brauche die Bücher zurück." Und wir gingen zu seinem Wohnblock der nur um die Ecke zu meinem lag. Es haben mich viele Studenten unterstützt, auch ein Freund von mir aus Guinea war dabei. Die Bewohner in diesem Wohnblock aber sagten: „Wir sind noch nicht so weit, dass ein Ausländer nach Deutschland kommt, und unsere Kinder bedroht." „Diese Zeit war schon seit 1933 in Deutschland, Adolf Hitler war ein Österreicher, ist er nicht hierhergekommen, um die Diktatur einzurichten?" fragte ich sie. Sebastian sagte: „Ich kann dir die Bücher zurückgeben. Lass mich los und ich frage meine Freunde, ob wir die Bücher zurückgeben können." Die Studenten sagten zu ihm: „Wenn du ihm die Bücher nicht zurückgibst, rufen wir sofort die Polizei." Er ging, kam nicht mehr zurück und wir riefen um halb elf die Polizei an. Das Szenario war so, dass Sebastian im Wohnblock verschwunden war, aber nicht mehr herauskam und einige Bewohner sich aus den Fenstern lehnten und uns von dort aus verbal attackierten. Die mich unterstützenden Studenten standen mit mir vor dem Block auf der Straße und warteten. Aber erst um 15 Uhr kamen zwei Beamte und wir erklärten das ganze Problem. Während der ganzen Zeit pöbelten die Leute an den Fenstern. „Okay, wir gehen jetzt zu Sebastian, um die Bücher zurückzuholen", sagten die Beamten. Sie gingen zu Sebastian, kamen nach einigen Minuten zurück und sagten: „Sebastian hat keine Bücher von Ihnen. Wenn Sie ihn nochmal festhalten, ist das eine Verletzung des Gesetzes." Ich habe mich gefragt, ob es in Deutschland überhaupt Gerechtigkeit, Sicherheit und Menschengleichbehandlung gibt, denn es war offensichtlich, dass die Beamten, ebenso wie die in der Nacht gerufenen, nicht helfen wollten.

Am nächsten Montag bin ich mit Caro zum akademischen Auslandsamt zu Frau Kron gegangen, damit ich wegen der gestohlenen Bücher, die ich aus der Uni-Bibliothek ausgeliehen hatte, keinen Ärger bekomme. Zuvor hatten wir Fotos von der Wohnung gemacht und entwickelt. Frau Kron rief die Polizei an und gab die Aktennummer durch, die wir von den Polizisten in der Nacht erhalten hatten. Als der Polizist am Telefon die Akte herausgesucht hatte, las er vor: „Es konnte kein gewaltsames Eindringen festgestellt werden." Ich hatte Frau Kron die Fotos von der komplett verwüsteten Wohnung, den aus den Angeln getretenen Zimmertüren und dem zersplitterten Rahmen der Eingangstüre gezeigt.

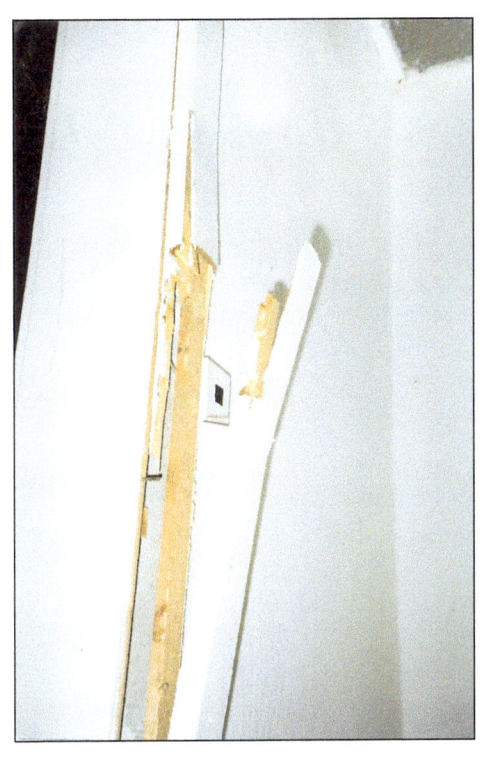

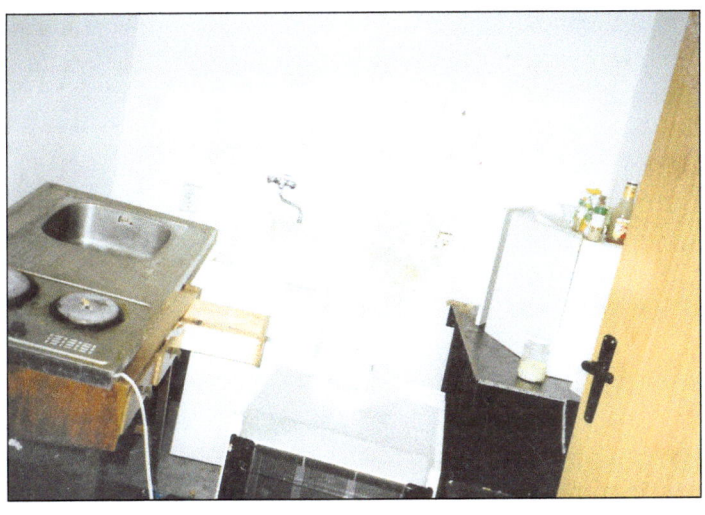

Es war unfassbar und machte erneut deutlich, dass keinerlei Interesse bestand, den Fall ordentlich zu bearbeiten. Die fünf Neonazis haben wir dann noch angezeigt.

Dieser junge Deutsche hatte später mehrmals versucht, mich mit einem Messer in den Bauch zu stechen und ich musste mich vehement verteidigen. Hätte ich nicht jahrelang Kampfsport trainiert, wäre das nicht gut für mich ausgegangen. Ich konnte keine Polizei rufen, denn die Polizei hätte den Jungen und seine Kumpels unterstützt. Es blieb mir nur übrig, diesem menschenverachtenden Jungen zu demonstrieren, dass er mir nichts anhaben kann.

Der Uni-Bibliothek habe ich gemeldet, dass die ausgeliehenen Bücher geklaut worden waren. Auch das musste erneut von

Frau Kron bestätigt werden, sonst wäre mir nicht geglaubt worden.

Nach einiger Zeit erhielt ich einen Brief von der Staatsanwaltschaft Stralsund, in dem stand: „Dem von Ihnen Beschuldigten und dessen Kollegen werden Tätlichkeiten von weitaus größerer Tragweite zur Last gelegt als die von Ihnen genannten. Daher wird Ihre Klage als geringfügig abgelehnt." Ich fragte mich, was überhaupt die Aufgabe der Staatsanwaltschaft in Deutschland ist. Ich bin davon ausgegangen, dass sie Beschädigten Recht verschafft. Offenbar gibt es über das Rechtsverständnis Abstufungen und Willkürlichkeit. Hätte man gegen diese Leute nicht ermitteln können? Warum konnte der Staatsanwalt nicht helfen, dass ich die Bücher aus der Bibliothek zurückbekam? Wie kann es denn sein, dass geringfügige Taten weggelassen werden? Das müsste sich doch eher aufsummieren? Gerade im Fall dieses jungen Mannes?

Ich konnte nicht mehr in meiner Wohnung übernachten, da das Bett kaputt war und ich ununterbrochen in Angst lebte. Deshalb übernachtete ich bei Caro. Außerdem konnte ich mich nicht mehr gut auf mein Studium konzentrieren. Hinzu kamen Schwierigkeiten mit Caros Eltern. Ihre Mutter sagte zu ihr: „Ich werde diesen Mann nie akzeptieren, er liebt dich nicht, er will nur eine unbegrenzte Aufenthaltsgenehmigung, um weiter in Deutschland zu leben." Und sie bezeichnete mich als „verantwortungslosen jungen Mann". Einmal kamen die Eltern von Caro nach Greifswald zu Besuch und wollten bei dieser Gelegenheit auch einen Ausflug nach Usedom machen. Der Vater, Karl, lud mich zu diesem Ausflug ein und nahm mich kurz beiseite. Er sagte zu mir: „Du darfst unsere Tochter nicht ausnutzen." „Ich nutze eure Tochter nicht aus, ich liebe sie über alles, könnt ihr das überhaupt verstehen?", fragte ich ihn und fügte hinzu: „Was gibt es überhaupt in Deutschland außer Hass, null Toleranz und Ungerechtigkeit gegenüber Menschen anderer Herkunft?" In Greifswald gab es zu dieser Zeit nur wenige Jobs für Studenten und auch diese wurden so schlecht bezahlt, dass man damit nicht überleben konnte. Und wie ich mittlerweile immer wieder feststellen musste, ist es insgesamt fast unmöglich für Schwarze, in Deutschland einen Job oder eine qualifizierte Arbeit zu bekommen, wenn es sich nicht um Tätigkeiten im Reinigungsbereich handelte oder um Tätigkeiten, die eine körperliche Belastbarkeit und gute Fitness voraussetzten. Das Thema Geld spielte/spielt für dunkelhäutige Studenten dann zwangsläufig eine permanente Rolle.

Ich kann es nur immer wieder sagen: Wer andere Menschen aufgrund deren Hautfarbe, Herkunft oder Religion jagt, beschimpft oder schlägt, ist ein elender Mensch.

Als Caro und ich ihren Bruder besuchen wollten, mussten wir in Bad Kleinen umsteigen und 40 Minuten warten. Dort gibt es oberhalb des Bahnhof einen Kiosk, wo ich einen kleinen Kaffee trinken wollte. Als wir dahinkamen, lief ein junger Mann davon und kam mit vielen Kumpels zurück, es waren alles Rechte. Sie sagten: „Wir schlagen den Schwarzen und beschimpfen ihn." Meine Freundin hat sich vor mich gestellt und zu den Neonazis gesagt: „Lassen Sie ihn in Ruhe, bitte!" und der Kioskbesitzer sagte: „Niemand darf meine Gäste anfassen!" und rief die Polizei. Die Beamten kamen und begleiteten uns zum Bahnhof. Während wir noch zehn Minuten auf den Zug warteten, kreisten die Nazis uns ein. Sie schrien fremdenfeindliche Wörter und „Ausländer raus!". Das war einer der schrecklichsten Tage meines Lebens in Deutschland.

Das Gleiche passierte mir und einem Freund in Neudietendorf bei Erfurt in Thüringen, als wir zu einem Ferienjob nach Stuttgart fuhren.

Die Nazis in diesem kleinen Dorf waren noch aggressiver als die in Bad Kleinen bei Rostock. Diese sagten Dinge wie: „Wir werden die Schwarzen häuten, bis sie weiß werden, diese Schweine".

Nach dem Besuch, als wir wieder auf dem Rückweg waren, hatte der Zug so viel Verspätung, dass wir erst sehr spät in Greifswald am Bahnhof ankamen. Es standen zwei Polizisten dort, die zunächst die Leute vor mir passieren ließen. Mich grinsten sie breit an und forderten mich auf: „Papiere, bitte!" Sie wussten genau, dass wir dadurch den letzten Bus verpassen und zu Fuß nochmal gut eine Stunde durch die Kälte brauchen würden, um zum Wohnheim zu kommen.

Fatou Diome, die senegalesische Schriftstellerin, sagte in einer ihrer Reden: „Ich bin nicht dumm, ich weiß, dass Afrika ausgebeutet wird. Aber dann will ich den Preis für meinen Rohstoff verhandeln. Erzählen Sie mir von dem Kakao, den wir in Afrika haben. Warum essen die Kinder in Berlin mehr Schokolade als die Kinder in der Elfenbeinküste? Dabei habe ich in Deutschland noch nie einen Kakaobaum gesehen. Das sind konkrete Probleme. Nur wenn Sie mir von der Sklaverei und der Kolonialisierung erzählen. Es besteht keine Gefahr, dass alle zustimmen. Dann wird man für einen großen Helden der schwarzen Sache gehalten. Alles Heuchler! Ich bin die große Schwester! Und Afrika ist die große Schwester all dieser Kontinente dort! Warum lässt sich Afrika von allen herablassend anschauen? Aber die ganze Zeit, in der wir diesen Opferstatus mit uns herumschleppen, erlaubt es allen, auf Sie herabzuschauen. Um sich zu entwickeln, braucht Afrika einen Anflug von Stolz. Wenn Sie zu jemandem gehen und er Sie nicht will, dann gehen Sie wieder nach Hause. Zeigen Sie ihm, dass Sie es schaffen können. Wenn ich in Straßburg Toiletten fegen und Fliesen putzen müsste, wäre ich nach Dakar gegangen, um Hirsekrapfen zu verkaufen, die sehr gut schmecken. Ich bin kein Opfer, ich bin frei geboren und fordere meine Rechte ein. Mit erhobenem Kopf, aber mit einem breiten Lächeln. Unsere Welt, unsere Zeit, ist eine Zeit der Begegnung! Das alles muss gelockert werden (die Migrationsgesetze, damit jeder in den Genuss von Artikel 13 der Allgemeinen Erklärung der Menschenrechte kommen kann), aber das ist nicht der Fall. Es gibt nur die Europäer, die davon profitieren, und die reichen Länder. Wenn du einen bestimmten Pass hast, kannst du 170 Länder ohne Visum besuchen, aber wenn du aus Afrika (Senegal oder Guinea) kommst, gibt es kaum 30 Länder, in die du ohne Visum reisen kannst."

„Das Prinzip der Diplomatie ist die Gegenseitigkeit. Wenn ich an der Tür klingele, um in Ihr Zimmer zu kommen, müssen Sie lernen, wie man klingelt, um in andere Häuser zu kommen.

Afrika ist wie eine Mühle, jeder kann die Tür öffnen und hineinspringen wie in einen Swimmingpool, aber umgekehrt ist es nicht möglich."

Afrika kann nicht wie ein geschlossener Zoo bleiben, in den die Menschen kommen, um die Afrikaner anzuschauen und wieder zu gehen, und in dem die Afrikaner nicht in der Lage sind, sich zu bewegen (frei über Landesgrenzen hinweg, wie Europäer). (Quelle: Fatou Diome, Youtube Videos von Gesprächsrunden bei TV5 Monde, francetvpluzz (Le Nouvel Obs), etc.; Abrufdatum 14.05.2024)

2003, also im vierten Semester, hatte ich mit Schwierigkeiten mein Vordiplom abgelegt. Ich war durch die ablehnende Haltung der Eltern von meiner heutigen Frau, also meiner damaligen Freundin, sehr belastet und meine Schwester in Hannover sagte zu mir: „Es gibt viele Frauen auf der Welt. Wenn die Beziehung zwischen dir und deiner Freundin so ist, dann lass sie gehen, du kannst vielleicht eine andere finden, die zu dir passt und deren Eltern dich akzeptieren." „Nein, ich lasse sie nicht gehen, ich liebe diese Frau mehr als alles in der Welt. Wenn du die Stimme meines Herzens hören würdest, dann hättest du mir diesen Satz nicht sagen müssen", sagte ich zu meiner Schwester. „Okay, es tut mir leid, viel Glück mit deiner Freundin", sagte sie zu mir.

Meine Freundin Caro und ich waren an einem Abend bei Helene zum Erzählen und Trinken eingeladen. Es waren noch viele andere Freundinnen und Freunde da. Helene plante, für ein ERASMUS-Auslandsjahr nach Norwegen zu gehen.

Mir kam der Gedanke, dass Helene nicht nur wegen des Studiums und der Landschaft nach Norwegen wollte, sondern auch, um einen Freund zu finden. Bislang hatte sie keinen, vermutlich weil es nicht einfach war, mit ihr zusammen zu sein. Dann hörte ich, dass Caro auch nach Norwegen wollte.

Als ich mitbekam, dass Helene und Caro ein Auslandsjahr in Norwegen machen wollten, fragte ich sie: „Warum willst du nach Norwegen?" „Ich will dort Verhaltensbiologie studieren und Norwegen ist gut dafür", sagte Caro zu mir. „Ich denke, es wäre bestimmt besser, wenn du Mikrobiologie studierst, da bist du zwischen Medizinern und Biologie", sagte ich zu ihr. „Nein, das mache ich nicht, denn das ist sehr schwer für mich." „Alles ist schwer, ich studiere Physik als Schwerhöriger, du hörst gut, warum hast du Angst vor dem Studium der Mikrobiologie?", fragte ich sie weiter. „Ich habe keine Angst. Du magst Physik, ich mag aber keine Mikrobiologie. Ich bin nicht mit dir zusammen, damit du mir sagst, was ich machen soll, ich muss für mich selbst entscheiden", sagte Caro. „Schon klar", sagte ich, „ich unterdrücke niemanden, Liebe ist für mich auch Gedankenaustausch, Gott hat uns vielleicht zusammengeschlossen, damit wir Gedanken austauschen können. Wo kannst du arbeiten, wenn du Verhaltensbiologie studierst? Denn man studiert, um eine bessere Zukunft zu haben oder zu gestalten, und irgendwann muss man auf eigenen Beinen stehen. Man muss sich fragen, wie viel Gehalt werde ich bekommen, um meine Miete, Nebenkosten und Lebensunterhalt zu bezahlen", sagte ich weiter zu Caro.

Aber sie verstand mich nicht und lernte mit Helene Norwegisch an der Volkshochschule in Greifswald. Bevor sie nach Norwegen fuhr, hat sie in einem anderen Studentenwohnheim für mich ein Zimmer gefunden, denn wo ich bislang wohnte waren zu viele Neonazis und der Wohnblock war mittlerweile voller Schaben. Das Zimmer war von ihrer ehemaligen Mitbewohnerin. Diese wollte mit ihrem Freund in einem anderen Wohnviertel zusammen in eine Wohnung ziehen und sie hatte mir ihr Zimmer weit weg von der Makarenkostraße, aber auch in einem Studentenwohnheim, angeboten. Mit Hilfe meiner Freundin und ihrer ehemaligen Mitbewohnerin war die für die Wohnheime zuständige Zimmervermittlerin einverstanden, dass ich dort einziehe.

Ich hatte das Vordiplom vor meiner Freundin abgelegt und ihr in Physik geholfen, damit sie auch die Physikprüfung bestand, die neben Mathematik ein wichtiger Teil ihres Vordiploms war. Wer die zwei Fächer nicht bestand, wurde für die weiteren Vordiplomprüfungen nicht zugelassen und in Physik war sie bereits einmal durchgefallen. Danach bekam ich in der Angewandten Physik bei Frau Kellner eine kleine Arbeit als Hilfswissenschaftler.

Bevor Caro nach Norwegen ging, hatte sie einiges von ihrem ersparten Geld auf mein Konto überwiesen mit dem Verwendungszweck: „Bitte sparen", weil ich mein Visum verlängern musste. Die Bank schickte Caros Kontoauszüge nach Hause zu den Eltern, die Mutter hat den Brief aufgemacht und gesehen, dass ihre Tochter Geld auf mein Konto überwiesen hatte.

Caros Mutter übte auf mich und auf ihre Tochter massiv Druck aus, was uns beide unglaublich belastete. Ich verlor dadurch komplett meine Lernfähigkeit, die Caro auch. Ich brach meinen Job als Hilfswissenschaftler und das Studium ab, um das Geld zurückzubezahlen. Caro meinte: „Geh wieder studieren, ich habe dir das Geld überwiesen, damit du gut studieren kannst und keine finanziellen Probleme beim Studium hast." Ich bin trotzdem arbeiten gegangen. Nach sechs Monaten brach auch Caro ihr Studium in Norwegen ab und kam nach Deutschland zurück. Sie kam zuerst zu mir nach Greifswald und übernachtete bei mir. Es waren Ferien und am nächsten Samstag haben wir ihre ganzen Sachen mit dem Wochenendticket zu ihren Eltern gebracht. Wir kamen kurz vor 23 Uhr an. Sie wurde dort von ihren Eltern abgeholt. Zu mir sagte die Mama: „Wir haben keinen Platz für dich", und ich musste wieder zurück nach Greifswald. Aber zu dieser Uhrzeit gab es keine Verbindung mehr, so blieb ich erstmal am Bahnhof und rief einen Freund von mir an, der zumindest nicht allzu weit weg in einer größeren Stadt wohnte. Ich sagte ihm, dass ich um Mitternacht kommen möchte. „Ja, du kannst kommen, wo befindest du dich gerade?" Ich bin zu Darius gefahren und statt zu schlafen, haben meine Freunde mich zu einer Hip-Hop-Party eingeladen. Ich verbrachte die ganzen Ferien dort bei meinem Freund, weil ich arbeiten wollte und es in Greifswald für Afrikaner zu schwer war, eine Arbeitsstelle zu finden.

Am Ende der Ferien kam Caro auch kurz zu Besuch zu mir und meinem Freund. Sie hatte einen Studienplatz an einer Uni in Niedersachsen bekommen.

Im Sommer 2004 führte Caro dort ihr Studium fort und wohnte in einem Studentenwohnheim. In diesem Wohnheim wohnten zumeist ausländische Studenten unter einem Dach. Wir besuchten uns fast jede zweite Woche und in den Ferien ging ich zum Arbeiten dort hin. In der Stadt wo sie studierte, wohnten auch einige Guineer, wovon die meisten Fulbe waren und Asylbewerber.

Eines Tages schrieb Caro mir eine E-Mail, in der stand: „Lieber Mohamed, meine Liebe zu dir ist sehr gering geworden, ich möchte nicht mehr weitergehen, ich kann mich mit diesem ganzen Druck nicht auf mein Studium konzentrieren. Ich möchte mit dir Schluss machen, damit ich durchatmen kann. Viele liebe Grüße. Caro." Ich kam sehr traurig von den Vorlesungen zurück und Dorthe, eine Mitbewohnerin, sagte zu mir: „Du siehst aber sehr traurig aus, hast du die Klausur nicht bestanden?" Ich erklärte ihr das Problem mit meiner Verlobten: „Sie hat mit mir Schluss gemacht, weil sie von ihren Eltern keine Zustimmung bekommt und durch die ganze Situation sehr belastet ist." „Du kannst zu Caro fahren, um das zu klären", erwiderte Dorthe. „Ich habe aber kein Geld, um zu ihr zu fahren", sagte ich zu ihr. „Ich kann dir welches leihen", sagte Dorthe zu mir. Am Freitag lieh sie mir das Geld und ich fuhr, um mit meiner Caro reden zu können.

Als ich dort ankam, habe ich Caro beim Schminken in ihrem Zimmer getroffen. „Hallo, guten Abend, wie geht es dir", grüßte ich sie. „Mir geht es nicht gut und ich habe keine Zeit für dich, ich gehe mit Freunden auf den Bio-Ball", antwortete sie. Der Bio-Ball war eine festliche Tanzveranstaltung der Biologinnen und Biologen. „Na gut, ich habe deine E-Mail gelesen, ist das ernst gemeint?", fragte ich sie. „Ja, das war ernst gemeint." „Okay. Ich nehme deine Entscheidung an, wir machen Schluss und wenn dir irgendwann einfällt, dass du einen guten und humorvollen Freund hattest, vielleicht kommst du dann zu mir wieder zurück. Aber es darf nicht zu lange dauern, denn sollte ich mein Herz tatsächlich einer anderen Frau geben, dann ist das definitiv, das weißt du hundertprozentig", sagte ich zu ihr und fügte hinzu: „Darf ich heute Nacht bei dir übernachten und morgen früh nach Greifswald fahren?" „Ja, ich kann dir meinen Schlüssel geben", antwortete sie. Sie reichte mir ihren Schlüssel und sagte: „Bis nachher."

Der Appetit war mir gründlich vergangen und ich hatte keine Lust mehr, etwas zu essen.

Neben dem Studentenwohnheim befand sich eine Kneipe für englische Soldaten, die in der Nähe stationiert waren. Ich ging dorthin und lernte zwei englische Soldatinnen kennen. Mit denen habe ich mich unterhalten, getanzt, Billard und Dart gespielt. Eine der Soldatinnen sagte zu mir: „Ich glaube nicht, dass die Frau dich liebt, sie ist doch erwachsen und für ihr Leben selbst verantwortlich. Ein Deutscher oder eine Deutsche kann nett sein, aber im Inneren des Herzens ist er oder sie deutsch." „Ich möchte gar nichts mehr davon hören, wechseln wir bitte das Thema", sagte ich. Um 2 Uhr kam Caro nach Hause zurück und traf mich draußen beim Rauchen mit den Soldatinnen. Sie wollte ihren Schlüssel wiederhaben. Ich gab ihr den Schlüssel und blieb noch bis 3:30 Uhr mit den Soldatinnen ins Gespräch vertieft.

Als ich zum Schlafen kam, war Caro noch nicht eingeschlafen. „Hallo, hast du jemand kennengelernt?", fragte ich sie. „Nein" antwortete sie auf meine Frage. „Ich denke, du schaffst das irgendwann", sagte ich zu ihr.

Am nächsten Morgen wollte ich um kurz nach 10 Uhr nach Greifswald zurückfahren. Caro begleitete mich zum Bahnhof. Ich verabschiedete mich bei ihr mit den Worten: „Ich danke dir so sehr für die schöne Zeit, die ich mit dir verbracht habe. Es ist sehr schön, mit dir zusammenzuleben. Ich wollte weiter mit dir zusammen sein, aber das Leben ist manchmal sehr ungerecht. Jetzt ist alles aus zwischen uns. Doch du hast mir sehr viel geholfen und mich unterstützt. Ohne dich hätte ich das Studium bis hierher nicht geschafft. Du wirst für immer in meinem Herzen bleiben." Ich stieg weinend in den Zug, ohne ihr einen letzten Kuss zu geben. Und mit leerem Herz kam ich am späten Nachmittag in Greifswald an.

Das Studium machte mir keinen Spaß mehr, ich hatte meine Ausdauer und Konzentration völlig verloren und stellte mir die folgende Frage, die ich mir dann auch gleich selbst beantwortete: „Ist der Mensch überhaupt intelligent? Vielleicht, aber es gibt einige Dinge, die ihn daran hindern, noch intelligenter zu werden, nämlich Liebe, Geld, Politik, Belastung, Rassismus, Regionalismus, Fanatismus und vieles mehr. All das hindert die Menschen daran, intelligenter zu sein."

Ich hatte zu unserem allerhöchsten Gott gesagt: „Wenn du weißt, dass es sich um diese Frau handelt, die Du mir immer in meinem Traum zeigtest, handele bitte und bring sie mir schnell wieder zurück. Aber wenn sie nicht die Richtige ist, dann nimm sie weg von mir und bringe mir bitte die Richtige, oh Du allerhöchster Gott." Der mächtige Gott hat mich in seiner unendlichen Barmherzigkeit wieder berührt, um mir zu zeigen, dass es sich wohl um dieselbe Frau handelte: Ich ging schlafen und träumte wieder von dieser Frau am Himmel.

Am nächsten Morgen ging ich zu den Vorlesungen und nach dem Mittagessen, als ich meine E-Mails anschaute, sah ich eine E-Mail von Caro: „Hallo Mohamed! Wie geht es dir? Ich habe dir den Ring wieder geschickt, hast du ihn gesehen? Viele liebe Grüße". Ich hatte den Brief erhalten, aber ohne Ring, denn der Briefumschlag war von jemandem geöffnet worden. Ich ging zur Post, um nach dem Ring zu fragen, aber er war weg. Caro und ich haben in der kommenden Zeit oft miteinander geschrieben und telefoniert.

Am 29. Dezember 2004 schrieb Caro eine SMS, dass sie gerne mit mir Silvester verbringen würde, und ich sagte zu. Ich sollte sie am nächsten Tag, also am 30. Dezember, am Bahnhof abholen. Ich feierte mit ihr und meinen Mitbewohnern ein fröhliches Silvester – und machte Caro einen Heiratsantrag. Sie nahm den Antrag an und ab diesem Moment waren wir wieder zusammen. Als sie zu ihrer Mama sagte, dass sie wieder mit mir zusammen sei und wir heiraten wollten, waren die Eltern komplett schockiert. Caros Vater hat daraufhin lange mit mir telefoniert und mir gesagt: „Wir können diese Eheschließung zwischen dir und unserer Tochter jetzt nicht akzeptieren, denn ihr beide studiert noch und habt kein Einkommen. In Deutschland sollten unserer Meinung nach Eheschließungen nur dann erfolgen, wenn man Geld verdient. Der Mann muss die Familie versorgen können, aber du hast kein Geld und keinen Beruf. Mohamed, du bist in meinen Augen als Ehemann meiner Tochter nicht akzeptabel. In Deutschland muss man nicht unbedingt heiraten, man kann mit der Lebenspartnerin oder dem Lebenspartner auch einfach ohne Eheschließung zusammenleben." „Ja, aber ich komme nicht aus Deutschland und habe meine eigene Kultur, die ich wegen der deutschen Kultur nicht vergessen darf. Die Eheschließung kommt aus Liebe zustande und der Mann, der sich nicht trauen lässt, liebt seine Partnerin nicht wirklich", sagte ich zu Karl, dem Vater meiner Verlobten. „Außerdem: Wenn die Afrikaner sagen würden, dass sie keine Frau heiraten können, weil sie kein Geld haben, gäbe es keine Ehen in Afrika. Aber ihr seid herzlich willkommen zu unserer Hochzeit", fügte ich hinzu.

Caro und ich wollten heiraten und gingen zum Standesamt in Greifswald. Dort wurde mir gesagt: „Wenn Sie hier eine deutsche Frau heiraten wollen, dann muss Ihr Vater schriftlich erklären, und von einem Anwalt unterschreiben lassen, dass Sie in der Lage sind, eine deutsche Frau zu heiraten. Diese Erklärung muss in Deutsch übersetzt und amtlich beglaubigt werden. Außerdem brauchen Sie eine Ledigkeitsbescheinigung, ebenfalls übersetzt und amtlich beglaubigt, sowie eine Kopie des Familienbuches vom Vater der Frau." „Wieso soll mein Vater für mich bürgen, damit ich heiraten darf, ich bin doch erwachsen und für mein eigenes Leben verantwortlich! Und warum brauchen Sie ein Schreiben, dass ich noch nicht verheiratet bin?", fragte ich die Frau im Standesamt in Greifswald. Die Antwort war: „Guinea ist ein Überprüfungsland, deshalb."

Ich hatte meine Familie informiert und mein Vater schickte mir die entsprechenden Dokumente, die wir übersetzen und beglaubigen lassen mussten. Wir haben alle Dokumente auch beim Standesamt eingereicht, wo meine Freundin studierte und auch dort sagte die Frau auf dem Amt: „Sie müssen 500 € bezahlen, denn diese Dokumente müssen zur Überprüfung an die deutsche Botschaft nach Guinea geschickt werden, weil Guinea ein Überprüfungsland ist." Weil es in Deutschland so teuer war, haben wir uns im Internet übers Heiraten in Dänemark informiert und Kontakt mit der Sønderborg-Kommune aufgenommen: Tatsächlich bekamen wir von dieser dänischen Kommune einen Termin für die Eheschließung am 6. Oktober 2005 um 15:30 Uhr.

Zunächst fuhren wir nach Kiel zu meinem Freund Foromo, um dort ein Auto für zwei Tage zu mieten. Aber Horst, ein 60-jähriger Mann und guter Bekannter von Foromo, bot uns an, uns nach Dänemark zur Hochzeit zu bringen. Horst hatte eine junge Frau, Sirégono aus Guinea, geheiratet. Dadurch hat Foromo die zwei kennengelert. Horst sollte neben Foromo unser zweiter Trauzeuge sein. Am 6. Oktober haben wir uns auf den Weg nach Sønderborg gemacht.

Wir starteten schon einiges zu spät, da die Frau von Horst so lange telefoniert hatte, wie er uns erzählte. Wir dachten, dass sie so lange für die Vorbereitungen gebraucht hätte, weil sie angeboten und gesagt hatte, sie richtet Essen, damit wir feiern könnten, wenn wir zurück wären. Aber das hat sie nie wirklich vorgehabt. Im Auto beleidigte Sirégono mich, indem sie sagte: „Aha, dein Penis ist jetzt leistungsfähig, denn wenn er nicht leistungsfähig ist, kommt man nicht zu der Ehe. Ich denke, ihr habt einen Talisman benutzt." Dann machte sie weiter und schimpfte auf Sosso über ihren Mann. Der verstand kein Wort und wurde zunehmend ärgerlich, weil er (zu Recht) das Gefühl hatte, zu Unrecht angegriffen zu werden. Er sagte ihr, sie solle Deutsch sprechen, damit er versteht, was sie sagt, und auch etwas dazu sagen kann. Der Streit schaukelte sich so hoch, dass Horst das Auto stoppte. Foromo sagte zu Sirégono: „Was du gerade machst, ist Terror und unerwünscht! Die beiden wollen sich trauen lassen, warum willst du das nicht?" „Ich will nicht, dass die weißen Frauen unsere hübschen Männer nehmen. Ich werde das nicht erlauben", sagte sie und griff Foromo an. Als dieser sie schlagen wollte, hielt ich ihn auf und sagte, dass er sie nicht schlagen dürfe. Zu Sirégono gewandt sagte ich: „Du bist mit einem weißen Mann verheiratet und wir sind nicht dagegen, weil du diesen Mann als Lebenspartner gewählt hast." Aber sie verstand gar nichts, ging an den Straßenrand und versuchte, vorbeifahrende Autos anzuhalten. Meine Freundin saß noch im Auto und versuchte Horst und dessen zweijährigen Sohn zu beruhigen. Sirégono ging zurück zu unserem Auto und sagte zu Caro: „Du, steig mal aus dem Auto, es ist das Auto meines Mannes." Die dänischen Autofahrer, die Sirégono angehalten hatte, alarmierten die Polizei. Wir wurden von der Polizei kontrolliert, es war alles in Ordnung und die dänischen Polizisten waren im Gegensatz zu einigen deutschen Polizisten sehr nett und haben das Standesamt angerufen, dass wir kommen werden, aber den Termin nicht mehr einhalten könnten. Die Beamten sagten zu Horst, dass er mit seiner Familie wieder nach Kiel zurückfahren müsse. Für uns bestellten sie ein Taxi, damit wir zum Standesamt fahren konnten. Wir kamen dort mit über einer Stunde Verspätung an, aber wir konnten uns dennoch trauen lassen. Zurück nach Kiel fuhren wir mit dem Zug.

Als wir mit Sekt und dem Brunch, den Caro gemacht hatte, bei Foromo feierten, stand zu später Stunde Horst vor unserer Tür. Er war völlig aufgelöst, denn der Streit mit seiner Frau hatte noch zu einer haarsträubenden Eskalation geführt. Er erzählte uns, dass seine Frau am Auto, welches eigentlich schon verkauft war und in Kürze den Besitzer wechseln sollte, die hintere Scheibe eingeschlagen hatte. Denn kurz vor der dänisch-deutschen Grenze bat er sie, den Sohn anzuschnallen, weil der im Auto umherkrabbelte. Weil sie ihn total ignorierte und gar nichts machte, hielt er an, um es selbst zu machen. Da sei sie ausgerastet, habe die Scheibe eingeschlagen, ihn wieder beschimpft und irgendwann habe sie von seinem Autoschlüssel den Wohnungsschlüssel abgemacht. Ob sie das beim ersten Streit mit uns in Dänemark oder beim Streit mit ihm an der Grenze getan hatte, wusste er nicht. Jedenfalls kam bei diesem zweiten Streit wieder die Polizei, diesmal die deutsche. Die Frau wurde zusammen mit dem Kind von den Polizisten mitgenommen, Horst durfte nach Hause fahren. Aber weil er keinen Wohnungsschlüssel hatte, kam er nicht hinein und auch nicht an seine Herzmedikamente. Er war sehr enttäuscht und verletzt. Wer braucht solch eine Frau als Lebenspartnerin?

Zu unserer Hochzeit gratulierten uns Caros Cousin und ihre Cousine. Das war sehr nett und wir freuten uns sehr darüber.

Das Wohnheim in dem meine Freundin wohnte war aus Containern zusammengebaut und bestand aus dem Erdgeschoss und dem ersten Stock. Es lag in der Nähe der englischen Soldatenwohnungen und des Friedhofs. Auf jedem Flur war Platz für 15 Studenten, die sich eine Küche teilten. Duschen und Toiletten von Frauen und Männern waren getrennt.

Nach unserer Hochzeit besuchte ich wieder einmal meine Frau an einem Wochenende. Wir wollten afrikanisches Essen zubereiten. Ich ging auf die Suche nach einem afrikanischen Shop in die Stadt. Da traf ich einen Afrikaner aus Burkina Faso und fragte ihn nach einem afrikanischen Geschäft. Er wollte wissen, aus welcher Nation ich sei, und ich sagte ihm, dass ich aus Guinea bin. Er erklärte mir, dass es einen guineischen Shop gebe, wo man fast alles aus Guinea kaufen könne. „Komm hier lang, ich zeige dir den Laden", sagte er zu mir und ich folgte ihm. Ich freute mich sehr darauf, Landsleute zu treffen. In dem guineischen Geschäft begrüßte ich die Leute in meiner Sprache, aber niemand grüßte zurück. Ich sagte: „Ich freue mich sehr, in diesem Geschäft zu sein und euch zu treffen. Ich weiß, dass ihr alle Fulbe seid, aber wir sind alle aus Guinea, dieser ethnische Krieg, den wir in Guinea haben, ist wirklich ein Fehler von allen Guineern. Bitte versuchen wir hier, eine einheitliche Nation Guinea zu erschaffen, indem wir uns die Hände geben. Es gibt in Guinea keine Sosso, keine Fulbe, keine Toma, keine Maninka und so weiter, wir sind alle Guineer, diesen ethnischen Krieg müssen wir hier bitte begraben. In Afrika sind die Afrikaner nett, aber wenn sie nach Europa kommen, ändern sich viele, das ist nicht schön. Ich dachte, dass ich hier Brüder treffe." „Es tut uns sehr leid," sagte einer zu mir. „Mein Spitzname ist Free, ich bin gemischt, denn mein Vater ist Sosso und meine Mutter ist Fulbe. Das Verhalten von uns war sehr schlecht. Der Ort hier ist für alle Afrikaner, herzlich willkommen", sagte Free und die anderen entschuldigten sich bei mir. Zu dieser Zeit machte meine Ehefrau einen Salsa-Kurs, weil ich gerne Salsa und Samba tanze. Am Abend beim Essen erzählte sie mir, dass ihr Tanzpartner Inder ist und so klein, dass es schwierig sei, mit ihm gut Salsa zu lernen. „Nicht jeder kann groß sein, außerdem kann man auch mit kleinen Menschen Salsa lernen", meinte ich zu ihr. Sie erzählte mir auch, dass der Afrikaner, der neben ihr wohne, immer bei ihr telefonieren wolle, obwohl er auch ein Telefon habe, aber er gebe vor, dass es kaputt sei und er wolle nicht den kleinen Telefonraum im Wohnheim nutzen. „Ich weiß, was er will, aber darauf gehe ich nicht ein", sagte sie mir. Der Afrikaner hatte Caro auch schon gefragt, ob sie einen afrikanischen Film bei ihm anschauen, oder mit ihm schwimmen gehen möchte. Sie erzählte mir: „Wenn er bei mir telefoniert, spricht er auf Englisch mit seiner Frau oder Freundin und versichert ihr, dass sie sich keine Sorgen machen soll, er sei ihr treu. Dann fragt er sie noch, wie es seinem Sohn geht. Die Frau schimpft nur am Telefon. Danach ruft er andere Frauen an und flirtet ins Telefon, wie schön die gemeinsame Zeit war." Caro berichtete, dass der Afrikaner sie nach solchen Telefonaten fragt, ob sie verstanden habe, was er zu seiner Freundin gesagt hat. „Nein, ich verstehe kein Englisch", antwortet Caro dann. Ich habe diesen Afrikaner, ein Kameruner, zusammen mit seinem netten, ebenfalls kamerunischen, Kollegen kennengelernt. Der sagte zu mir: „Pass auf, mein Kumpel will was von deiner Frau." „Na, was soll ich tun, sie ist frei, sie kann machen, was sie will. Wenn sie mich liebt, dann bleibt sie bei mir, und wenn nicht, dann kann sie einen anderen wählen. Außerdem ist sie nicht meine Sklavin. Er kann versuchen, was er will. Aber ich kenne meine Frau sehr gut und mein Vertrauen zu ihr ist sehr groß", antwortete ich ihm. Er erwiderte: „Du weißt aber, dass sich die weißen Frauen sehr schnell ändern, indem sie sich mit anderen, die in der Nähe sind, liieren. Und ich habe hundertprozentig kein Vertrauen zu weißen Frauen." „Ich glaube nicht, dass alle weiße Frauen, insbesondere deutsche Frauen, die versuchen, eine akademische Laufbahn einzuschlagen, so sind. Ich denke, du meinst die Partyfrauen, die, wenn sie besoffen sind, mit vielen ins Bett gehen", sagte ich zu ihm. Nun hat der kamerunische Zimmernachbar mehrmals versucht, mit meiner Frau ins Bett zu gehen. Aber erfolglos.

Als im Wohnheim ein Zimmer frei wurde, zog ein neuer Mitbewohner aus Osteuropa ein, Jerkin, er studierte Lehramt.

Jerkin hatte wohl auch sehr großes Interesse an meiner Frau. So war zumindest mein Eindruck. Denn ich erhielt, insbesondere am Wochenende, oft E-Mails von ihr: „Hallo mein Süßer, wie geht es dir in Greifswald? Heute gehe ich mit Jerkin und den anderen ins Schwimmbad oder wir gehen mit Jerkin Erdbeeren pflücken." „Okay, alles klar, ich wünsche euch viel Spaß", antwortete ich dann auf die E-Mail.

Auch wenn ich am Wochenende bei meiner Frau zu Besuch war, kam Jerkin einmal zum Zimmer und sagte: „Hallo Caro, Entschuldigung für die Störung, ich brauche mal deine Hilfe." „Ja, ich komme gleich zu dir, aber nur kurz, mein Mann ist da", sagte Caro zu Jerkin und ging mit ihm hinüber in sein Zimmer.

An einem dieser Wochenenden hat Juan, ein sehr netter mexikanischer Informatikstudent, mich in sein Zimmer zum Tequilatrinken eingeladen. Er sagte zu mir: „Ich denke, du bist sehr geduldig, der Jerkin versucht um jeden Preis deine Frau zu klauen, aber du bist gar nicht eifersüchtig und bleibst einfach cool. An deiner Stelle würde ich etwas sagen." „Aber Juan, was kann ich tun, das Leben von Caro ist zum Großteil in der Hand von Gott, ein kleiner Teil ist in ihrer Hand. Wenn sie weiß, dass ich ihr Mann bin, dann bleibt sie bei mir, und wenn nicht, dann kann sie ihre Meinung ändern, das ist doch kein Problem. Ich liebe sie über alles und möchte mit ihr mein Leben verbringen. Der Mensch kann sofort seine Meinung ändern, ich schaue mal, wie sie reagiert", sagte ich zu Juan. „Das ist gut", erwiderte er und danach gingen wir in die Studentenkneipe im Wohnheim, um Kicker und Dart zu spielen.

Am nächsten Abend saß ich mit meiner Frau in der Küche zusammen, um Abendessen zu machen. Wir wollten mit Gau, einer chinesischen Studentin, zusammen essen. Plötzlich kam Jerkin wütend in die Küche und griff mich mit den Worten an: „Hast du Probleme mit mir?" „Ich habe kein Problem mit dir, warum sollte ich? Ich habe nichts mit dir zu tun. Was willst du überhaupt von mir? Wenn es wegen meiner Frau ist, es ist meine und nicht deine." Caro sagte zu Jerkin: „Bitte lass meinen Mann in Ruhe, er hat kein Problem mit dir."

Er hat es natürlich nicht geschafft, Caro zu bekommen. Das Verhalten dieses Mannes war für mich lächerlich, einfach unverschämt. Es war ihm völlig egal, ob er zwei Seelen, die sich lieben, voneinander trennen würde. Weil es aber bei dem vergeblichen Versuch geblieben war, das Herz meiner Frau zu gewinnen und wohl auch wegen anderer Sachen, zog er um. Es waren Sommerferien und sein Bruder kam, um ihn nach Hause zu fahren. Jerkin verabschiedete sich von allen außer mir und sein Bruder schaute mich sehr grimmig an. „Oh mein Gott, was habe ich überhaupt mit diesem Mann gemacht?", fragte ich mich. Jerkin war am Anfang sehr nett zu mir gewesen, wir hatten gemeinsam gegrillt, Tee getrunken und viel erzählt. Es war schade, dass sich das ins Gegenteil gedreht hatte.

Danach kamen ein palästinensischer und ein libanesischer Student ins Wohnheim, die beide total gemein und unhöflich waren. Der palästinensische Student bezeichnete alle weißen Frauen als Schlampen und Ungläubige. Er hatte gehört, dass die Caro einen Mann aus Afrika hat. Als ich wieder einmal im Wohnheim zu Besuch war, traf ich den Palästinenser in der Küche und grüßte ihn freundlich. Nachdem er wieder aus der Gemeinschaftsküche raus gegangen war sagte Marx aus Weißrussland zu mir: „Den brauchst du nicht grüßen, der hat keinen Respekt vor anderen, außerdem ist er unmenschlich, raucht nur mit den anderen Arabern Wasserpfeife und wenn wir alle ins Bett gehen, dann kommt er in die Küche und nimmt die Sachen von uns und isst einfach, als ob alles hier ihm gehört." „Ihr könnt im Studentenwerk Bescheid sagen", sagte ich zu ihm. Der Palästinenser und seine Freunde trafen mich und meine Frau am Abend im Nachtasyl, er meinte zu mir: „Ist diese Schlampe deine Frau?" „Wie kommst du auf diese Idee und woher kennst du überhaupt meine Frau?", fragte ich ihn. „Ich kenne sie nicht, aber alle weißen Frauen, insbesondere deutsche Frauen, sind doch Schlampen, jeder weiß das", sagte er zu mir. Ich wollte mit diesem negativen Mann nicht weiterreden.

Am Ende des Wochenendes bin ich wieder nach Greifswald zurückgefahren und eine Woche später schrieb Caro mir, dass es in Osnabrück viel geschneit habe und der Palästinenser Malik aufgrund dessen zu ihr gesagt hat: „Es ist sehr schön, wenn es schneit, das ist romantisch." „Vielleicht hat er andere Absichten", habe ich im Scherz zu Caro gesagt.

In den Sommerferien bekam ich über eine Zeitarbeitsfirma einen Job in der Stadt in der meine Frau studierte, während meine Frau in einer anderen Firma Schicht arbeitete. In den Wochen meines Aufenthaltes dort, beleidigte mich der Palästinenser bei jeder Gelegenheit.

In einer Nacht habe ich in der Küche auf ihn gewartet, weil er immer, wenn die anderen schliefen, in die Küche ging, um sich das Essen der anderen aus dem Kühlschrank zu holen. Um Mitternacht kam er in die Küche und öffnete unter anderem den Schrank meiner Frau. Ich sagte zu ihm: „Bitte, du darfst diesen Schrank nicht anfassen, da der zu einer gehört, die du immer als Schlampe bezeichnest." „He, hau ab! Wenn du etwas sagst, mache ich dich sofort fertig", sagte er zu mir. „Solltest du mich fertig machen können, dann begehe ich sofort Selbstmord", antwortete ich sarkastisch. Als ich einige Minuten später auf der Couch in der Küche vor dem Fernseher saß, schlich er sich mit einer Flasche Bier von hinten an mich heran und wollte mir die Flasche auf den Kopf schlagen. Zum Glück hatte ich ihn rechtzeitig in der Glasscheibe der Küchentür gesehen und hielt seine Hände fest. Dank meines Kampfsporttrainings gelang es mir, ihn gekonnt abzuwehren. Die Küchentür war geschlossen, so dass niemand ohne Schlüssel hereinkommen konnte. Malik nahm einen Stuhl, um mich damit zu schlagen, was ihm aber nicht gelang. Ich schlug ihn auf Gesicht und Nacken, traf ihn zielgenau an besonders empfindlichen Stellen, bis Caro hörte, dass etwas in der Küche nicht stimmt. Als sie uns durch die Glastür miteinander kämpfen sah, versuchte sie in die Küche hineinzukommen, aber die Tür war geschlossen und ich hatte ihren Schlüssel. Sie lief zu dem Kameruner und sagte ihm, dass er bitte schnell zu Hilfe kommen soll. Der kam, ohne zu zögern, zu Hilfe und die beiden beendeten die handfeste Auseinandersetzung.

Am nächsten Morgen, kurz vor 10 Uhr, kamen alle Araber, die in dem Wohnheim wohnten, zu meiner Frau. Sie klopften an die Zimmertür und Caro öffnete. „Ist der Amine da?", fragten sie Caro. „Ja, er ist da", antwortete sie und ich ging zur Tür. „Was ist denn los?", fragte ich die Araber. „Du hast unseren Freund schwer geschlagen", sagten die Marokkaner zu mir. „Und, wollt ihr mich an seiner Stelle jetzt zurückschlagen? Ihr sagt, dass ihr Afrikaner seid, und ihr wisst genau, dass euer Freund nicht höflich ist. Du bestehst zum Beispiel nur aus Fleisch und hast keine Kraft, geht einfach wieder weg", sagte ich zu dem, der vor mir in der offenen Tür stand. Eine marokkanische Studentin sagte zu den Arabern: „Das ist ein Afrikaner. Wenn man ihn so sieht, kann man kaum glauben, dass er eine erstaunliche Kraft besitzt. Diese Leute essen Fufu und haben mehr Kraft als ihr. Er macht euch fertig, wenn ihr euch wegen Malik an ihm rächen wollt. Malik ist unhöflich und er hat keinen Respekt vor anderen. Es gefällt mir, dass dieser Mann ihn geschlagen hat. Die arabischen Männer reden nur und sind dabei sehr schwach, sie besitzen in Wahrheit keine Kraft." Daraufhin haben Malik und seine libanesischen Kollegen Messer in ihren Taschen versteckt, auch unter dem Sofa und im großen Blumentopf vor der Studentenkneipe, um mich damit verletzen zu können. Aber die Marokkanerin warnte mich und sagte, dass ich nicht schlafen sollte, sondern aufpassen müsste. Ich gab also meinen guineischen Freunden Bescheid, sie gingen mit mir zu den Arabern und erklärten ihnen: „Wenn ihr ihm weh tut, dann müsst ihr die Stadt verlassen, ansonsten werden uns alle Araber von einer sehr ungemütlichen Seite kennenlernen."

Die Streitigkeiten hat auch der Hausmeister des Wohnheimes mitbekommen und da es noch sehr viele weitere Beschwerden von Mitbewohnern und den Reinigungsdamen über Malik und seine Kollegen gab, wurden Maßnahmen ergriffen.

In derselben Woche erhielten viele der Araber, auch Malik, einen Brief vom Studentenwerk, dass sie das Wohnheim innerhalb von drei Tagen zu verlassen haben.

Ich wollte mein Studium in Greifswald trotz finanzieller Probleme um jeden Preis schaffen, denn ein Studium abzubrechen ist einer der größten Fehler der Welt. Wenn man etwas anfängt, und vor allem schon so weit gekommen ist wie ich, dann muss man bis zum Ende gehen. Und endlich, ab dem ünften Semester hatte ich sehr gute Kontakte zu meinen deutschen Kollegen. Bei einem Kommilitonen haben wir gemeinsam die Hausaufgaben für Theoretische Physik 1 und 2 gemacht. Ich schrieb die Nachklausur für Theoretische Physik 1 mit einem „Tadellos" und hatte gleichzeitig einen Hiwi-Job bei Professorin Kellner. Ich verdiente aber nur 145 € pro Monat und dieser Lohn reichte nicht mal annähernd, um irgendwas an Lebenshaltungskosten zu bezahlen. Nach dem Elektronik-Praktikum für Physiker nahm ich Semesterurlaub, um Geld zu verdienen, denn in Greifswald fand man neben dem Studium kaum einen bezahlten Nebenjob. Für Afrikaner ging diese Möglichkeit praktisch gegen null. Beim Praktikum hatte ich einen sehr netten Kollegen und die Arbeit mit ihm lief sehr gut. Als ich nach Stuttgart zur Arbeit ging, hat er mich mehrmals angerufen und mir mitgeteilt, dass die Frau Kellner mich bei der Arbeitsgruppe bräuchte. Ich habe zu ihm gesagt: „Vielleicht kann ich im nächsten Semester die Arbeit bei Frau Kellner aufnehmen, aber im Moment habe ich viele finanzielle Probleme und was ich im Monat bei Frau Kellner bekomme, ist so wenig, das reicht kaum zum Essen." Mein

Kommilitone ging nach Kanada, um dort ein Auslandssemester zu machen.

Ich hatte einen Ferienjob bei DPD in Ludwigsburg bekommen, wohnte aber in Stuttgart bei einem Freund in der Stadtmitte. Da traf ich beim Essen in einem asiatischen Imbiss einen Freund aus Greifswald. Der hatte die Stadt direkt nach der Bekanntgabe der Prüfungsergebnisse verlassen, nachdem er einmal einen Demonstrationszug der dortigen Neonazis erlebt hatte.

Er fragte mich, ob ich noch in Greifswald wohne. „Ja", antwortete ich. „Warum denn?", fragte er mich. „Weil ich das Leben und das Studium dort gut finde, außerdem ist das Meer nicht weit. Ich möchte das Meer sehen, das bringt mir Glück." Er sagte: „Na gut, aber man muss nicht immer in einer Stadt wohnen, in der die Persönlichkeit verletzt wird. In der man gejagt wird, Angst haben muss und keine Ruhe hat." Und er fügte hinzu: „Wenn die Neonazis dich ermorden, dann bist du selbst schuld. Ich werde keinen einzigen Cent zahlen, um deine Leiche nach Guinea zu schicken."

In den Semesterferien kam auch Caro nach Stuttgart, um dort zu arbeiten. Wir gingen zum Arbeitsamt und hofften auf Jobangebote. Der Arbeitsvermittler zeigte dann auf einzelne Wartende und meinte: „Du, du und du, ich habe was für euch." Das war dann Glückssache, wen der Vermittler wählte, bzw. er suchte je nach Art der Arbeit Männer oder Frauen aus. Studenten wurden noch vor den anscheinend Langzeitarbeitslosen genommen. Diese sah ich jedes Mal wieder dort sitzen, wenn bei mir der Job nach ein paar Tagen zu Ende war. Einmal meinte einer der Vermittler zu einem Arbeitsuchenden scherzhaft: „Du verschlingst hier gleich alles, wenn du so gähnst." Und der Angesprochene erwiderte: „Arbeitslosigkeit macht müde." Was in dieser Aussage eigentlich noch alles drin lag und mitschwang, machte traurig. Caro hatte das Glück, drei Wochen am Stück bei einer Firma arbeiten zu können und wurde sehr gut bezahlt. Anschließend konnte sie noch für zwei Tage in einem Hotel, das in der Fertigstellung war, die Zimmer saugen. Sie erzählte mir, dass sie die verantwortliche Frau angerufen habe, um Ort und

Zeit des Beginns zu erfragen. Da meinte die Frau zu ihr, dass der Stundenlohn fünf Euro betrage. Caro meinte, dass ihr acht Euro zugesagt worden seien. Die Frau am anderen Ende der Leitung meinte: „Ach ja, stimmt, fünf Euro waren die Chinesen." Ich weiß nicht, was sie gesagt hätte, hätte die Frau von der Elfenbeinküste angerufen, mit der zusammen Caro den Job erhalten hatte. Gleiche Arbeit, gleiches Geld? Caro gab mir einen Teil ihres Verdienstes. Ich war erleichtert. Nach dem Arbeiten in Stuttgart kehrte ich nach Greifswald zurück, um weiter zu studieren. In jenem Semester hatte ich Atom- und Molekülphysik bei Frau Professor Kellner. Das physikalische Praktikum für Fortgeschrittene und Theoretische Physik, also Quantenmechanik und Statistische Physik, hatte ich bei Herrn Professor Holger. Die Wiederholung der Klausur für Atom- und Molekülphysik bei Frau Kellner haben alle bestanden, nur ich nicht, sagte sie mir. Ich wollte nun meine Klausur einsehen und fragte Frau Kellner, ob es möglich wäre, dass ich meine Klausur anschauen kann, um zu sehen, was ich falsch gemacht habe. „Nein, es ist offensichtlich, dass Sie die Klausur abgeschrieben haben, deshalb haben Sie nicht bestanden. Außerdem dürfen Sie die Klausur nicht anschauen, das macht man nicht in Deutschland", sagte sie zu mir. „Ich muss unbedingt sehen, was ich geschrieben habe", erklärte ich ihr. „Okay, ausnahmsweise", sagte sie und ich ging zu ihr, um einen nachträglichen Blick in die Prüfungsunterlagen zu werfen. „Die Aufgaben der Klausur sind sehr gut gerechnet. Wenn Sie der Meinung sind, dass ich die Klausur nicht zufriedenstellend gemacht habe oder gar glauben, dass ich abgeschrieben habe, dann gehen wir zu einem anderen Professor, der sich die Klausur unvoreingenommen anschauen soll", sagte ich zu ihr. „Nein, das können Sie nicht tun", erwiderte sie. Ich ging trotzdem zu PDH Salewski und fragte ihn, ob er bitte meine Klausur bei Frau Kellner anschauen und beurteilen könne. Herr Jakubski ging also zu Frau Kellner, kontrollierte die Klausur und kam mit einem Schein zu mir, eben dem Schein, der belegte, dass ich den Teil der Physik bestanden hatte, und er meinte: „Sie haben die Klausur sehr gut gemacht. Mit Frau Kellner hat man viele

Probleme." Ich war sehr glücklich und dankbar, dass er meine Klausur für mich angeschaut und gegenkorrigiert hatte.

Ich hatte die Klausur für die Theoretische und Statistische Physik im Winter. Dies war die letzte Klausur für mich, mit deren Bestehen alle Scheine vollzählig wären und die Voraussetzungen erfüllt, um die Abschlussprüfung zu machen. Es war an diesem Tag sehr kalt in Greifswald, minus 17 Grad, und ich konnte mich kaum draußen aufhalten, geschweige denn den Weg zur Hochschule laufen. Ich sagte zu einem Mitbewohner aus der Ukraine: „Ich habe gleich Klausur, aber es ist unerträglich kalt für mich." Der Ukrainer gab mir 5 Gramm hochprozentigen Wodka, damit es mir warm wird, und ich ging halb betrunken zur Klausur. Ich war leider nicht gut bei der Klausur und niemand in meinem Semester hat die Klausur bestanden, weil Professor Holger immer schwere Prüfungsaufgaben gibt. Er maß die Prüfungsaufgaben an seinem Wissen und nicht am Wissen der Studenten. Es war vor den Winterferien und ich wollte unbedingt nach der Prüfung in Osnabrück bei einem Unternehmen der Pharmaindustrie arbeiten. Ein Mitarbeiter von Professor Holger, Herr Hermann, beleidigte mich mit den Worten: „Sie haben die Klausur nicht gut gemacht. Ich glaube, Sie haben die Sprache nicht verstanden, bitte besuchen Sie nochmals einen Kurs, um die Sprache zu lernen." „Ich bin aber nicht der Einzige, der diese Klausur nicht bestanden hat, meine Kollegen haben auch alle nicht bestanden, obwohl es ihre Muttersprache ist, also warum sagen Sie sowas zu mir?", fragte ich ihn.

Die Nachklausur mussten wir in den Ferien schreiben, aber ich konnte nicht teilnehmen, denn ich ging zur Arbeit nach Osnabrück. Meine deutschen Studienkollegen haben die Nachklausur bei Professor Holger auch diesmal nicht bestanden, weil sie wieder sehr schwer war.

Nach den Ferien ging ich zu Herrn Hermann, dem Mitarbeiter von Professor Holger, und bat ihn um eine Chance, die Klausur nachschreiben zu dürfen, da ich diesen Schein für die Diplomprüfung unbedingt benötigte. Er gab mir einen Termin bei Herrn Holger und dieser wiederum stimmte zu unter folgender

Voraussetzung: „Sie können die Klausur nachschreiben, aber um zu bestehen, müssen Sie 60 % der Aufgaben schaffen und die Klausur in nur 60 Minuten schreiben." „Ja, ich bin einverstanden", sagte ich zu ihm, was blieb mir auch anderes übrig? „Wenn Sie zur Klausur kommen, nehmen Sie keinen Kugelschreiber, keinen Taschenrechner, kein Handy und keinen Zettel mit", betonte Herr Holger. „Alles klar, ich habe verstanden", sagte ich.

Ich kam zu dem Termin und Herr Hermann gab mir die Klausur. Sie war unglaublich schwer, fast schon gemein. Professor Holger und Herr Hermann überwachten mich, ich schrieb die Klausur in nur 45 Minuten. Dann gab ich die Blätter ab und hatte das Gefühl, die Aufgaben gut bearbeitet zu haben. Als ich nach der Prüfung auf dem Flur wartete, kam auch Professor Holger kurz nach draußen und fragte mich: „Sind Sie schon fertig mit der Klausur?" „Ja, ich bin fertig, ich besitze doch eine höhere Leistungsfähigkeit im Rechnen. Aber können Sie mich nicht doch mit 50 % bestehen lassen?", fragte ich ihn. „Nein, wenn Sie das nochmal wagen, zu fragen, dann werde ich Ihre Klausur gleich zerreißen", antwortete er verärgert. „Okay, 60 %, in Ordnung", lenkte ich ein. „Wenn ich mit der Korrektur und der Auswertung Ihrer Note fertig bin, melde ich mich über E-Mail", erwiderte er.

Für die Zulassung zur Diplomprüfung brauchte ich diesen letzten Schein dringend, denn die Anmeldungsfrist stand vor der Tür. Der Professor hatte sich immer noch nicht bei mir gemeldet und – die Anmeldefrist verstrich. Ich traf Herrn Hermann vor der Haupteingangstür des Instituts und er meinte zu mir: „Es hat geklappt, Sie haben die schweren Aufgaben tatsächlich in 45 Minuten hundertprozentig korrekt ausgerechnet. Kommen Sie mit, ich gebe Ihnen den Schein." „Die Anmeldefrist ist schon vorbei, was soll ich jetzt mit diesemSchein?", fragte ich mich. Herr Hermann gab mir den Schein, aber ohne meine Klausur. „Ich denke, ich benötige auch mein Prüfungsdokument", sagte ich zu ihm. „Nein, die Klausur bleibt bei mir im Archiv", sagte er zu mir. „Also, könnten Sie bitte eine Kopie für mich erstellen?", fragte ich ihn. „Nein, ich erstelle Ihnen keine Kopie", gab er kurz zur Antwort. „Ich verstehe die Menschen in Deutschland nicht, auf diesem Dokument befindet sich meine Schrift, Sie müssen es mir geben." „Nein, die Klausur ist letztendlich unwichtig, der Schein ist wichtig und den haben Sie jetzt", erklärte er. Meine Klausur habe ich tatsächlich nie zu sehen bekommen.

Irgendwann gegen Ende des Studiums habe ich mitbekommen, dass die bei der Physik beschäftigten Mitarbeiter immer wetteten, wenn ich eine Prüfung hatte. Die Mehrheit sagte immer „er besteht nicht" und die anderen wetteten, dass ich die Prüfung bestehen würde. Diese Leute haben ihre meisten Wetten gewonnen.

Weil die Anmeldefrist vorbei war, musste ich noch ein Semester bis zur nächsten Anmeldemöglichkeit warten. So hörte ich mir die Vorlesungen in der Plasmaphysik an, da ich bei der Angewandten Physik keine weitere Beschäftigung hatte. Das kommende Semester war für meine deutschen Kollegen gut, denn sie alle hatten nach der zweimaligen Wiederholung die Klausur für die Theoretische Physik bei Herrn Professor Holger bestanden.

Beim nächsten Anmeldetermin zur Diplomprüfung bin ich sofort zum Prüfungsamt zu Frau Sahne gegangen und sollte die Namen der Prüfer bekanntgeben. Doch die Prüfer, bei denen ich eigentlich Theoretische Physik machen wollte, haben mich nicht angenommen. Also hatte ich keine Wahl mehr, ich musste die Prüfung bei Herrn Fuchs machen, bei dem die meisten Studenten durchfallen. Ich erhielt einen Termin bei ihm und ich kam pünktlich. Da mussten die Mitarbeiter des Instituts wieder diskutieren: „Er besteht" sagten jene, die mich sehr gut kannten, und „Er besteht nicht" sagten die anderen, die kein Vertrauen zu mir hatten. Trotz der schweren Fragen habe ich die Prüfung mit einer guten Drei bestanden. Der Assistent war Herr Björn. „Und, wie ist die Prüfung mit ihm gelaufen?", fragten ihn die Mitarbeiter des Instituts. „Er hat die Prüfung gut gemacht, eine gute Drei, unsere deutschen Studenten fallen dort durch, aber er nicht", antwortete ihnen Herr Björn zufrieden.

Nach der bestandenen Diplomprüfung lief ich von einem Professor zum anderen, um ein Thema für die Diplomarbeit zu bekommen, aber keiner wollte mich haben, und ich bin zu Herrn

Professor Dr. Dreher, bei dem ich mein Großpraktikum gemacht hatte, gegangen und hatte einen Themenvorschlag dabei. Aber das wurde offenbar nicht so gerne gesehen.

Herr Dreher sagte zu mir: „Sie haben das Recht, hier ein Thema zu bekommen. Die Kollegen müssen Ihnen aber nicht sofort Themen geben, vor allem, wenn derzeit keine da sind. Sie können auch in den Firmen Ihre Arbeit schreiben oder bei der Theoretischen Physik, Sie sind sehr gut in der Theoretischen Physik, das sagt hier jeder." „Ja, aber wegen der nur sehr geringen finanziellen Unterstützung möchte ich hier meine Diplomarbeit schreiben, da mein Zimmer sehr günstig ist und ich weiß nicht, wie es bei einer Firma mit Wohnungen aussieht. Die Wohnungen in den Großstädten sind nicht billig und an Afrikaner will eh kaum jemand vermieten", sagte ich zu Herrn Dreher.

Daraufhin gab er mir ein Thema: „FTIR-spektroskopische Untersuchungen von molekularen Niedertemperaturplasmen" und sagte zu mir: „Niemand hat dieses Thema hier bekommen." Ich sollte wählen zwischen optischer Spektroskopie (das wollte ich haben) oder optischer Ellipsometrie. Beides wäre nicht sehr umfangreich, sagte Herr Dreher zu mir.

Ich fing Ende 2006 mit meiner Diplomarbeit bei Herrn Dreher unter der Betreuung von Dr. Stefan an. Das Thema für die Diplomarbeit hat mir nicht sonderlich gefallen, aber ich wollte endlich mit meinem Studium fertig werden, um ins Berufsleben einsteigen zu können.

Um meine Miete zu bezahlen, unterstützte mich meine Frau. Um Geld für Essen zu bekommen, ging ich jede Woche auf Studentenpartys, gab dort Getränkeflaschen an der Theke zurück und erhielt dafür das Pfandgeld. Aber das führte irgendwann zu Problemen mit den Partyorganisatoren, so dass ich aufhören musste, über Pfandflaschen zu Geld zu kommen.

Anfang 2007, also gegen Ende ihrer Diplomarbeit, wurde Caro schwanger.

Sie erhielt einen Hiwi-Job in der Arbeitsgruppe, in der sie ihre Diplomarbeit geschrieben hatte und wo sie bis zum Mutterschutz arbeiten konnte. Anschließend zog sie zu ihren Eltern, die auch extra für ihre Tochter und das Baby ein Zimmer frisch hergerichtet und auch schon einen Kinderwagen und ein Kinderbett besorgt hatten.

Als Caro bei ihren Eltern war, kamen Diskussionen auf, wie das Kind heißen sollte. Die Eltern waren gegen einen afrikanischen Namen – er sollte nicht so fremd klingen, damit das Kind später keine Probleme hätte. Ich wünschte mir ein Mädchen, aber obwohl Caro regelmäßig zu den Kontrolluntersuchungen ging und dort auch versucht wurde, nach dem Geschlecht des Kindes zu sehen, war erst kurz vor der Geburt klar, was es wird. Ein Mädchen! Gott hatte meinen Wunsch erfüllt.

Ein Mädchen, das ich nach meiner sehr früh verstorbenen Mutter, die ich als kleines Kind mit eigenen Augen nicht oft gesehen hatte, nennen wollte. Der Name stammt aus Sierra Leone aus der Sprache Menin und bedeutet übersetzt „glückliche Frau".

An einem Septembertag saß ich im Labor und machte gerade die letzten Experimente für meine Diplomarbeit. Als ich kurz ins Internet ging, sah ich, dass gerade eine E-Mail mit Fotos von Tina, der Schwester meiner Frau, gekommen war. Darin die Nachricht: „Deine Tochter hat heute um 15:30 Uhr das Licht der Welt erblickt." Ich freute mich riesig, hatte Tränen in den Augen und für den Rest des Nachmittags liefen meine Experimente sehr gut. Dieser Tag war ein besonderer Tag, es war der 7. Ramadan. Nach dem Labor erzählte ich meinem Betreuer Stefan, dass ich heute Vater geworden bin. Die ganze Arbeitsgruppe hat mir gratuliert. Nach der Arbeit rief ich sofort meine Frau an und gratulierte ihr, sie lag ja noch im Krankenhaus.

Eine zu der Zeit sehr gute Freundin meiner Frau, die in Berlin studierte, hat mich mit ihrer Kollegin und Mitbewohnerin bis relativ in die Nähe meiner Frau gefahren, da die Mitbewohnerin dort wohnte und sie eh auf dem Weg dorthin waren. Sie hat mir Geld geschenkt, damit ich den Rest der Strecke mit dem Zug zu meiner Frau fahren konnte, und Tina holte mich vom Bahnhof mit dem Auto ab. Im Auto fragte sie mich, ob ich mich freute. „Natürlich freue ich mich, mein erstes Kind in den Händen zu halten."

Ich kam gegen 21 Uhr an, das Kind schlief. Ich nahm es in meine Arme und sagte: „Oh allerhöchster Gott, gepriesen seist Du, der mir trotz der Schwerhörigkeit die Möglichkeit zum Studieren gegeben hat und eine sehr gute Frau, von der ich ein Kind habe. Ich danke Dir, Du allmächtiger Erschaffer der Welt." Der Name meiner Tochter gefiel der Mutter meiner Frau zunächst nicht, der Schwiegervater gratulierte mir und fragte nach der Bedeutung dieses Namens. Ich blieb über das Wochenende und kehrte danach nach Greifswald zurück. Meine Diplomverteidigung habe ich am 22. Juli 2008 gemacht, es lief nicht gut, aber ich freute mich trotz alledem, mit dem Studium fertig zu sein. Der Beste in Schule und Universität bleibt nicht immer der Beste im Verlauf seines weiteren Lebens. Wichtig ist, was man grundsätzlich gelernt und verstanden hat.

Nach der Diplomverteidigung zog ich zu meiner Frau und ihren Eltern. Caro hat bereits kurz nach der Geburt angefangen, nach ausgeschriebenen Stellen zu suchen und sich zu bewerben. Nach einem halben Jahr des Bewerbungenschreibens hatte Caro erste Vorstellungsgespräche und wurde letztendlich in einer Arbeitsgruppe angenommen. Ab da war ich hauptsächlich damit beschäftigt, mich um das Kind zu kümmern, und wenn unser Mädchen schlief, habe ich versucht, meine Bewerbungen zu schreiben.

Meine Frau wohnte zunächst bei einer ehemaligen Schulfreundin in der WG und zog später in ein Studentenwohnheim. Sie arbeitete und suchte gleichzeitig eine Wohnung für die Familie. Es war stressig für sie, denn sie wusste, sie musste auch bald aus dem Wohnheim raus und daher unbedingt zeitnah eine Wohnung finden. Aber das war, wie überall, schwierig, auch weil sie den Vermietern sagen musste, dass sie ein Kind und einen schwarzen Mann hat. Bei den privaten Wohnungsangeboten hatte sie kein Glück, dafür funktionierte es dann über eine Wohnungsbaugenossenschaft, bei der sie angefragt und sich angemeldet hatte.

Als ich zu den Eltern meiner Frau kam, sagte der Schwiegervater zu mir: „Herzlich willkommen bei uns, ich freue mich, dass du da bist. Du bist ein Familienmitglied von uns, hier kannst du alles nehmen, wie Wasser oder Säfte und andere Sachen, ohne zu fragen. Aber wir sind nicht für das Kind zuständig." „Danke. Ich denke, das Kind ist für uns alle ein Segen, denn ohne dich und deine Frau gäbe es keine Caro und ohne mich und Caro gäbe es dieses Kind nicht", sagte ich zu meinem Schwiegervater Karl.

Bei den Eltern meiner Frau war es für mich nicht einfach, weil ich einen komplett anderen Lebensstil und Rhythmus hatte als sie. Es fiel daher beiden Seiten schwer, sich aneinander zu gewöhnen, und ich fühlte mich dort nie wohl. Der Vater war zwar nett, aber immer, wenn ich mit jemandem telefonierte, wollte er wissen, wer das war. Manchmal hatte ich den Eindruck, er ruft die Nummer erneut an. Vermutlich hatte er kein Vertrauen zu mir. Weil ich schlecht hörte, hat er mir geholfen, ein externes Hörgerät zu bekommen. Aber das Gerät nutzte mir nicht viel, weil ich seit der Kindheit schwerhörig bin, und, wie sich später bei umfassenden Untersuchungen herausstellte, das Problem im Bereich des Innenohres lag. Wenn meine Tochter im Bett weinte, hörte ich sie nicht. Dann sagten die Eltern meiner Frau zu mir: „Deine Tochter ist wach und weint, geh sie holen. Wir sind dafür nicht zuständig."

Eines Tages hat die Schwiegermutter gesagt, dass wir ein Familiengespräch führen sollten. Ich war einverstanden. Bei diesem Gespräch wurde mir gesagt: „Wir wollen nicht mehr, dass du unsere Sachen wie Säfte, v. a. Bier usw. nimmst. Wenn du etwas haben möchtest, dann frag uns und wir geben dir das. Außerdem musst du unseren Lebensstil zumindest grob annehmen." „Okay, ich denke, es ist auch kein Problem, wenn ich die Sachen, die ich oft brauche, für mich kaufe", antwortete ich. „Das ist okay, du kannst für dich selbst besorgen, was du willst", sagten sie als Antwort.

Ich fragte Karl, ob es möglich wäre, dass er mir den Führerschein finanzieren könnte, und er hat es mir zugesagt. Dafür bin ich ihm bis heute sehr dankbar.

Susanne und ihr Mann, gute Bekannte der Familie, überraschten mich oft, indem sie mir Taschengeld gaben, das war sehr nett. Davon kaufte ich dann die Sachen, die ich für mich oft haben wollte, so wie das im Familiengespräch ausgemacht worden war. Irgendwann hat Karl dann zu mir gesagt: „Das Gespräch war von uns nicht so ernst gemeint." „Doch, es war ernst gemeint, ich kann mir Bier oder Wein für abends selbst kaufen, das passt, ist in Ordnung."

Meine Frau kam jedes Wochenende, um uns zu besuchen, und fuhr Sonntagabends wieder nach Würzburg zurück. Einmal, als Caro kam, wollte sie ihre kleine Tochter in den Arm nehmen, aber die drehte ihr den Rücken zu und trippelte ein paar Schritte weg. Meine Frau meinte: „Soll ich wieder gehen, magst du die Mama nicht sehen?" Da drehte sich die Kleine um und kam weinend zurück. Für sie war es auch nicht leicht.

Susanne und ihr Mann boten mir Geld, um nach Afrika zu fliegen und meine Familie zu sehen. Beim Essen zusammen mit meinen Schwiegereltern hatte ich dann erwähnt, dass ich nach Afrika fliegen möchte, um meine Verwandtschaft zu besuchen. „Wie kannst du nach Afrika fliegen? Du hast kein Geld und unsere Tochter muss dir sicher kein Geld dafür geben, du solltest die Caro nicht belasten!", sagte die Mama meiner Frau mit aufgebrachtem Gesichtsausdruck. „Dieses Geld wird nicht von eurer Tochter kommen, sondern von netten Menschen draußen, die mir helfen wollen", antwortete ich meiner Schwiegermutter und fügte hinzu: „Wenn ich etwas sagen will, dann solltet ihr warten, bis ich fertig bin. Ich mag zwar arm in eurer Wahrnehmung sein, aber ich fühle mich nicht so, denn ich habe einen klugen Kopf. Daher weiß ich genau, dass es euch stört, wenn eure Tochter etwas für mich macht."

Ich bin jemand, der jeden Tag um 18:45 Uhr die Nachrichten auf RTL schauen möchte. Bei meinen Schwiegereltern habe ich den Fernseher auch zu dieser Zeit angemacht, um die Nachrichten zu sehen. „Wir wollen nicht, dass du bei uns fernschaust, insbesondere nicht mit dem Kind. Das Kind kann sich später nicht mehr auf etwas anderes, wie zum Beispiel auf Lernen, konzentrieren, wenn sie erstmal fernsehsüchtig ist", sagte die Schwiegermutter zu mir. Karl fügte hinzu: „Das ist unser Fern-

seher, du darfst nicht mehr schauen. Wenn deine Frau irgendwann eine Wohnung hat, dann kannst du dort machen, was du
willst." „Okay, alles klar, entschuldigt bitte, ich habe verstanden. Ich werde das nicht mehr machen."

Die Schwester, Tina, hatte einen Mann aus Südamerika. Ihr
Mann wurde von Caros Eltern total vergöttert. Er war Fußball-
fan und schaute am Samstag immer die Sportschau. Wenn er
mit seiner Frau zu Besuch kam, wurde der Fernseher von Karl
pünktlich um 18 Uhr angemacht. Alle waren ihm sehr zugetan.
Ich fragte mich, was das sollte. Ich fand den Mann, Fernando,
manchmal überheblich, er meinte zu mir: „Ich möchte nicht oft
herkommen, solange du hier bist." „Warum?", fragte ich ihn. „Es
gibt keine gute Atmosphäre zwischen dir und den Eltern deiner
Frau", antwortete er. „Schön, sei froh, dass du vergöttert wirst.
An dir finden sie alles besser als an mir. Und weil du hell und
katholisch bist und gut hörst findest du mit Sicherheit auch viel
leichter eine Arbeit als ich." Meine Tochter kam in seine Richtung
gekrabbelt, vermutlich mit der Absicht, sich an ihm hochzuzie-
hen, aber der Mann zog seine Füße weg und stand auf. „Was ist
denn mit dir los, hast du was gegen das Kind?", fragte ich ihn.
„Ich mag keine Kinder und ich will keinen Kindergeruch", sagte
er zu mir. „Was? Du hast aber eine gesunde Frau, die bestimmt
Kinder haben möchte", erwiderte ich. „Nein, meine Frau kriegt
keine Kinder, wir haben uns geeinigt, dass wir keine Kinder haben wollen", erklärte er mir. Ich habe später seine Frau gefragt:
„Wusstest du vorher, dass dieser Mann keine Kinder mag?"
„Nein, das wusste ich nicht, ich will diese Frage nicht hören."

Wenn ich mit meiner Tochter spazieren ging, fragte die Mutter von Caro mich: „Jetzt gehst du zu dem Termin von der Frau?"
„Von welcher Frau?", fragte ich sie. „Die Frau", sagte sie zu mir.
Ich wusste nicht, wie ich das einordnen sollte. Hatte ich falsch
gehört oder suchte sie Argumente, um mich von ihrer Tochter
zu trennen, oder was war das? So ging ich einfach spazieren.

Meine Tochter ist heute 16 Jahre alt und liebt ihre Oma über
alles. In den Ferien möchte sie immer auch einige Tage bei der
Oma verbringen. Schade, dass das Verhältnis zwischen mir und

meiner Schwiegermutter nicht so gut ist. Aber über das gute Verhältnis zwischen meinen Töchtern, inzwischen sind es zwei und den Großeltern freue ich mich sehr.

Die Verwandtschaft meiner Frau

Caro hat, neben ihrer Schwester, noch einen großen Bruder, Matthias, und vier Tanten.

Den Bruder hatte ich im Mai 2003 in Hamburg kennengelernt, denn seine Schwester wollte mich ihm vorstellen. Als wir bei ihm waren, hat er an diesem Tag ein leckeres Essen gemacht: Spargel mit Kartoffeln und Spinat. An diesem Tag habe ich zum ersten Mal Spargel gegessen. Nach dem Essen gingen wir am Strand spazieren. In Deutschland sehe ich oft, dass sich Verliebte auch öffentlich küssen, oder knutschen oder beim Spaziergang Händchen halten. Als wir spazieren gingen, habe ich meine Freundin nicht an der Hand gehalten und sie auch den ganzen Besuch über bei ihrem Bruder nicht geküsst, denn in meiner Kultur ist das eine Respektsbezeugung der Person gegenüber, die einen eingeladen hat. Wie ich später erfahren hatte, wurde der mir anerzogene Respekt von Caros Bruder so interpretiert, dass ich meine Freundin nicht lieben würde. Eine Unterhaltung mit ihm war für mich auch schwierig, eigentlich kaum möglich, denn in erster Linie schaute er seine Schwester an und sprach mit ihr. Noch dazu sprach er sehr leise. Ich hörte davon kaum etwas bis gar nichts mehr. Nach dem Kaffee sind wir wieder nach Greifswald gefahren.

Die beiden Schwestern hatten zu dieser Zeit Freunde gehabt, der Bruder zu der Zeit noch nicht, obwohl er älter ist als seine beiden Schwestern. An einem Weihnachten hatten wir gemeinsam die Eltern besucht. Dort fühlte ich mich isoliert und ignoriert, denn die Eltern unterhielten sich nur mit dem Freund der Schwester meiner Frau. Wenn Matthias zu Besuch zu seinen Eltern kam, kam auch oft ein guter Freund, mit dem er studiert hat. Der war sehr nett und redete ein bisschen mit mir.

Die Eltern meiner Frau feierten Silvester oft bei Freunden.

Wir wollten mit Matthias und der Schwester meiner Frau und ihrem Freund Fernando in dem Elternhaus meiner Frau feiern.

Fernando hatte eine Gastfamilie in Deutschland, die ihm geholfen hatte, in Deutschland sein Maschinenbaustudium fortzusetzen. Diese Familie hatte einen Sohn, der eine Bekannte von Fernando geheiratet hatte, und die beiden waren auch dabei. Wir haben Salsa, Hip-Hop usw. getanzt. Der große Bruder konnte nur zuschauen, denn mit seinen Schwestern tanzen wollte er nicht und er hatte keine Freundin in seinem Alter, was mir leidtat.

Insgesamt war es aber ein sehr lustiges Silvester und wir haben alle sehr viel Spaß gehabt. Am nächsten Tag hat meine Frau gesagt, dass ihr Mann sehr gut kochen würde, und sie fragte, ob sie mit mir ein afrikanisches Gericht zubereiten solle. „Nein, ich hätte gerne südamerikanisches Essen", sagte der große Bruder, weil die auch vorgeschlagen hatten, dass sie kochen könnten. Caro sagte: „Okay, alles klar, wir freuen uns auf das Essen aus Südamerika."

Was sie kochen wollten, hat aber leider nicht ganz geklappt, schade.

Im Laufe der Zeit haben wir mitbekommen, dass sich der große Bruder in eine Frau verliebt hatte und alle Familienmitglieder freuten sich darauf diese Frau kennenzulernen.

Der große Bruder hatte viele Ansprüche, wie seine zukünftige Frau aussehen sollte: Sie sollte perfekt sein, groß, schlank, sie sollte sehr gut tanzen können und sportlich sein, möglichst dunkle/schwarze Haare haben, intelligent sein und auf eigenen Beinen stehen.

Das nächste Silvester wollten wir wieder zusammen feiern, diesmal mit Matthiass neuer Freundin. Mit ihr bin ich für Weihnachten von Hamburg zu den Schwiegereltern mitgefahren, da Matthias zu der Zeit im Ausland arbeitete und von dort nach Hause kam.

Matthiass Freundin hatte ich schon kennengelernt, denn als die Beziehung zwischen beiden enger wurde, hatte er uns (seine Schwester und mich) bei einem Besuch in ein Restaurant eingeladen, damit wir seine Freundin näher kennenlernen konnten. Sie erfüllte fast alle seine Ansprüche, denn die Frau war beinahe so groß wie er, sie stand auf eigenen Beinen, nur leider hatte sie blonde statt schwarzer Haare.

Vor dem Kennenlernen hatte Matthias schon zu seiner Freundin gesagt, dass er mich nicht allzu gut fände, aber dass Caro selbst wissen müsste, ob ich der Richtige für sie wäre.

Als seine Freundin mich sah, fing sie sofort an mit mir zu reden. Sie fand mich toll und freute sich, mich kennenzulernen. Der Schwager wollte mir anscheinend demonstrieren, wie man seiner Meinung nach eine Frau richtig liebt, denn er küsste seine Freundin fast pausenlos.

Das erinnerte mich an ein Sprichwort meines Volks, das lautet: „Wenn der Honig in den Sand fällt, dann muss der Sand mitgegessen werden, denn der Honig schmeckt."

Die Beziehung zwischen den beiden dauerte jedoch nicht lange, denn eines Tages hörte ich, dass sie getrennt sind. Es gab von beiden Seiten wohl Vorstellungen und Erwartungen, die nicht erfüllt wurden.

Nach längerer Zeit und mit etwas Unterstützung hat Matthias wieder eine Frau kennengelernt, die vielleicht seine Ansprüche erfüllen konnte, denn die Frau war sehr hübsch, groß, hatte schwarze Haare und alles, was sich Matthias wünschte.

Und erneut war die Freude und Spannung groß, sie kennenzulernen.

Es war wieder Weihnachten und bei dieser Gelegenheit haben wir die neue Freundin von Matthias kennengelernt. Für mich ein sehr perfektes und manchmal etwas überhebliches Paar. Mit ihr hat er inzwischen eine Familie gegründet und meine Töchter besuchen ihren Onkel sehr gerne in den Ferien.

Ich finde es gut, wenn Frauen und Männer Ehepartner nach ihren Vorstellungen suchen, finden und sich dann in Ruhe kennenlernen können. Von den arrangierten Ehen halte ich nichts. Auch nicht davon, wenn ein Mann mehrere Frauen heiratet. Ich habe gesehen, dass das oft zu Neid, Missgunst und Bevorzugung bzw. Benachteiligung der Kinder führt, besonders dann, wenn deren leibliche Mutter verstorben ist.

Oft fanden auch größere Familientreffen statt, zu Geburtstagen oder wenn geheiratet wurde. Dann kamen auch die drei bis vier Tanten von Caro mit ihren Familien. Es war immer sehr schön, sie zu treffen. Der Mann der Patentante meiner Frau schenkte meinen Töchtern oft Fußbälle, das fand ich sehr nett von ihm. Mit dem Sohn der beiden und seiner Familie treffen wir uns auch hin und wieder mal am Wochenende. Er ist derjenige, mit dem ich mein Wissen besprechen kann. Wir reden öfter über den neuen Stand der Wissenschaft, insbesondere Physik, Elektrotechnik usw. Dieser Mann ist für mich unabdingbar. Er ist 2,03 Meter groß und sehr kräftig. Wenn seine Cousine, meine Frau, um Hilfe im Garten bittet, kommt er gerne mit seiner Familie zu uns, um uns zu helfen. Von ihnen übernehmen wir auch die zu klein gewordene Kleidung ihrer beiden Kinder, was supernett ist.

Bei einem der Treffen hatte ich mich länger mit der Tochter einer anderen Tante unterhalten. Sie hatte, vermutlich auch von sehr viel Stress herrührend, entzündliche Darmprobleme und war bereits operiert worden. Ich empfahl ihr, Baobab-Pulver zu nehmen. Seitdem sie dieses Pulver nimmt, ihre Ernährung umgestellt hat und besser auf sich achtet, sind auch ihr Darm und ihre Gesundheit besser geworden.

Zu Baobab-Pulver: Das reine Baobab-Pulver ist reich an wertvollen Vitaminen, Mineralien und Ballaststoffen. In ganz Afrika kommen die Früchte in der traditionellen Heilkunde vielfältig zur Anwendung. Zum Beispiel werden sie gegen Fieber, Magen-Darm-Infektion, Diabetes, Pocken oder Masern verwendet. Der Baobab-Baum wird in Afrika auch als Apothekenbaum bezeichnet. Bei regelmäßigem Verzehr unterstützt das Pulver den Erhalt einer gesunden Darmflora. Das Fruchtpulver hat einen fruchtig-herben, leicht süßsäuerlichen Geschmack und ist frei von Laktose, Gluten und Soja. Es enthält natürlichen Fruchtzucker. (Quelle: https://de.m.wikipedia.org/wiki/Baobab-Frucht; Abrufdatum 14.05.2024)

Gegessen wird das Pulver in Smoothies, Säften, Müsli, mit Jogurt, Quark, selbstgemachten Cremes oder selbstgemachtem Eis.

Die Frauen, die sich Kinder wünschen, aber Probleme haben, schwanger zu werden, sollten unbedingt dieses Pulver zu sich nehmen, indem sie selbstgemachten Ingwersaft gemischt mit Ananassaft, Maracujasaft, Zitronensaft, Nelken, Tamarindenwasser, Pfeffer und auch Kurkuma trinken.

Die Zubereitung dieser wunderbaren Mischung basiert auf den Rezepten der alten Sosso aus Conakry, Guinea. Diese verwendeten den reinen Saft des Ingwers, gemischt mit anderen Fruchtsäften wie Ananassaft als heilendes und verjüngendes Getränk. Eine abwechslungsreiche Ernährung und ein gesunder Lebensstil sind ebenfalls von Bedeutung.

Bei den Familienfeiern sind auch immer die dritte Tante meiner Frau, ihr Mann und ihre beiden Söhne mit dabei. Wir können uns gut unterhalten. Manchmal laden sie meine beiden Töchter in den Sommerferien zu sich ein, was die gerne annehmen. Sie machen dann Unternehmungen, bei denen oft auch die Tante dabei ist, die schon immer im gleichen Ort wohnt.

Einmal war auch die vierte Tante meiner Frau mit ihrem Mann gekommen. Die beiden waren bei großen Feiern eher selten dabei, höchstwahrscheinlich deshalb, weil für sie zu viele nervige Kinder anwesend waren. Zu einer Feier habe ich afrikanische Kleidung angezogen, eine Hose und ein Hemd, die aus dem gleichen Stoff angefertigt worden waren. Ich wusste nicht, dass das ein Stein des Anstoßes war. Aber plötzlich kam der Mann der Tante zu mir und packte sehr fest an meine Hose. Ich fragte mich, was das sollte. Wollte er die Hose zerreißen oder den Stoff prüfen? Was wollte er von mir?

Eines Tages habe ich eine E-Mail von meiner Schwester erhalten, die mit ihrer Familie in Conakry lebt. Sie schrieb, dass mein Vater sehr schlimm an Diabetes erkrankt sei, und fügte hinzu: „Ich würde ihn gerne nach Europa schicken und wenn du jemanden hast, der ihn einladen kann, ich habe Geld dafür, bitte hilf mir eine Einladung für ihn zu finden, hier gibt es keine Medikamente." Ich schrieb ihr zurück, dass ich meinen Schwiegervater fragen könnte, ob er meinen Vater einladen würde, denn der Schwiegervater sei nett. Ich selbst konnte meinen Vater nicht einladen, da Caros Einkommen zu niedrig war und ich selbst gar keines hatte. Deshalb sprach ich mit Karl über die Erkrankung meines Vaters und fragte ihn, ob er ihn einladen könnte, und wenn es um Geld ginge, dann würde meine Schwester für die Unkosten aufkommen. Mein Schwiegervater meinte, er möchte erst einmal mit seiner Frau darüber sprechen. Letztendlich sagten sie mir, dass sie das nicht machen könnten. Vermutlich wussten sie nicht, wie man sich in einem solchen Fall verhält, und hatten Bedenken, weil mein Vater krank war. Und anscheinend hielten sie meine Erklärungen und Versicherungen für unglaubwürdig, es war zum Verzweifeln, meine eine Schwester aus Guinea hätte doch alles bezahlt und meine andere Schwester in Frankreich hätte sich gekümmert. Meine Schwester in Frankreich konnte unseren Vater leider auch nicht einladen, weil zu der Zeit Einladungen aus Frankreich nicht bewilligt wurden. Es bedurfte nur dieser Einladung aus Deutschland, einem Stück Papier. Ich habe so sehr geweint und mich gefragt, warum nur sind sie dagegen?

Als ich mitbekam, dass mein Vater im Sterbebett lag und er mich gerne sehen und sprechen wollte, bevor er starb, buchte ich sofort ein Flugticket. Weil aber von Frankfurt aus nur alle zwei Tage ein Flug nach Conakry ging, konnte ich erst am übernächsten Tag fliegen. Leider verstarb mein Vater, noch bevor ich die Reise nach Guinea antreten konnte. Ich flog trotzdem, um meine Familie, die ich seit zehn Jahren nicht mehr gesehen hatte, zu besuchen. Obwohl ich meinem Vater in seinen letzten Stunden nicht mehr beistehen konnte, tat es gut, meine Familie in Guinea wieder um mich zu haben. Von meinem Vater sah ich nur noch sein Grab.

Eine ganze Zeit lang nach dem Tod meines Vaters fragte Karl mich immer noch nach meinen Eltern, wie es ihnen ginge, obwohl er doch wusste, dass meine Eltern gestorben waren. Ich sagte zu ihm: „Ich möchte nicht, dass du mich nach meinen Eltern fragst, du weiß doch, dass sie schon gestorben sind! Wieso fragst du mich immer noch?? Es tut mir weh, dass du mich immer wieder fragst."

„Entschuldigung", sagte er und fügte hinzu: „Wir haben die Geschwister von Fernando aus Südamerika eingeladen. Ich lerne gerade Spanisch, damit ich mich mit denen unterhalten kann, wenn sie in Deutschland sind." „Oh, das ist aber eine sehr schöne Sache", sagte ich zu ihm und fragte ihn, wie sich seine Spanischkenntnisse entwickelten. „Das fällt mir sehr schwer", antwortete er auf meine Frage. „Ich konnte deinen Vater deshalb nicht einladen, c'est la vie", sagte er zu mir.

Mein Leben in Würzburg

Würzburg ist eine Stadt im deutschen Bundesland Bayern. Es ist für seine Gebäude im Barock- und Rokokostil bekannt, besonders für die Würzburger Residenz aus dem 18. Jahrhundert, mit prächtigen Räumen, einem großen Fresko des venezianischen Künstlers Tiepolo und einem reich verzierten Treppenhaus. Mit seinen zahlreichen Weinstuben, Weinkellern und Weingütern sowie dem charakteristischen Bocksbeutel ist Würzburg das Herz der Weinregion Franken. Würzburg vereint Kultur, Kulinarik und eine wunderschöne Natur. Die Studentenstadt liegt inmitten von Weinbergen. Nach gutem Wein musst du hier definitiv nicht lange suchen. Am besten verbindest du deinen Besuch in Würzburg auch direkt mit einer Tour zu einem der umliegenden Weingüter.

Heinz Willner leitet den Bestandteil „Virt" von dem keltischen Männernamen Virtus mit der Bedeutung Tugend, Mannhaftigkeit, Tüchtigkeit her. Dies könnte heißen, dass auf dem Marienberg ein keltischer Landesherr ansässig war und der Burg ihren Namen gab. Würzburg wäre dann mit „Burg des Landesherrn" zu übersetzen.

Schon früh wurde das Gebiet für Hinrichtungen genutzt, weshalb sich im Laufe der Zeit die Bezeichnung Galgenberg etablierte. Der Richtplatz befand sich im Bereich Rottendorfer Straße/Zweierweg.

Nicht zu groß und nicht zu klein: Mit rund 128.000 Einwohnern ist Würzburg zwar eine Großstadt – dennoch ist alles fußläufig erreichbar. Zudem ist sie eine der jüngsten Städte Deutschlands, mehr als 30.000 Studierende im Alter zwischen 18 und 30 leben hier.

Die Stadt Würzburg hat ein ganz einmaliges Flair. In Sachen Vielseitigkeit macht der Studentenstadt niemand etwas vor. Würzburg ist nicht nur bei Einheimischen beliebt, sondern auch bei Touristinnen und Touristen.

Stell dir die gemütlichste Studentenstadt vor – mit tollen Cafés und hippen Läden! Dann denk dir imposante Bauwerke und Sehenswürdigkeiten dazu: Eine prunkvolle Residenz und eine mittelalterliche Festung. Nicht zu vergessen natürlich eine spektakuläre Lage inmitten von Weinbergen. (Quelle – Google)

Zum Glück hatte meine Frau, dort wo sie ihre Promotion machte, endlich eine Wohnung erhalten. Die Wohnung hatte drei Zimmer, also Wohnzimmer, Schlafzimmer, ein kleines Kinderzimmer, eine kleine Küche und ein schmales Bad.

Wir sind im April 2009 umgezogen und ich war total erleichtert, das Haus der Schwiegereltern verlassen zu können, auch wenn ich ihnen sehr dankbar war, dass sie uns aufgenommen hatten. Ich freute mich einfach, die „eigenen" vier Wände zu haben.

Allerdings durfte ich schnell feststellen, dass ich mich in einer Stadt befand, die kein guter Ort zum Leben für Schwarze ist, denn ich konnte kaum spazieren gehen. Wenn ich die Straßen entlang ging, bin ich oft von Polizisten angehalten worden. „Hallo, sprechen Sie Deutsch?", fragen die Polizisten mich. „Ja, ich kann Deutsch", antworte ich. „Polizeikontrolle, haben Sie Ihren Personalausweis?" „Ja, ich habe ihn." „Haben Sie schon Marihuana oder Haschisch genommen bzw. verkauft?", stellten die Beamten die Fragen. „Sehe ich aus wie jemand, der Drogen konsumiert? Außerdem: Wenn jemand Drogen konsumiert, ändert sich seine Gestalt, das kann man sofort erkennen, sind Sie noch nicht lange dabei?", frage ich die Beamten. „Das muss Sie nicht interessieren, wer wir sind, wir kennen Sie noch nicht", sagten die Polizisten. „Also wenn Sie mich kennenlernen möchten, dann müssen Sie die Behörden anrufen, vielleicht erfahren Sie was über mich." „Wir wollen Sie untersuchen, ob Sie keine Drogen dabeihaben." Sie kontrollierten meine Jacke und tasteten mich überall ab. Aber sie fanden nichts von dem, was sie suchten. Als sie weggingen, kamen kurze Zeit später zwei andere Polizisten. „Hallo, Polizeikontrolle." „Also, das ist echt eine Diskriminierung, Sie kontrollieren mich, weil ich ein Dunkelhäutiger bin", sagte ich zu den Polizisten. „Das ist uns egal", sagten sie zu mir. „Lernen Sie in Ihrer Ausbildung, dass alle Farbigen Drogen verkaufen und oder Konsumenten sind?", fragte ich die Polizisten, während sie meinen Ausweis kontrollierten. „Ja, auch", antworteten sie auf meine Frage. „So viel dazu", dachte ich mir.

Einmal hatte ich die Kleidung aus meinem Land an, meine Frau und ich waren in der Stadt bei Aldi einkaufen. Beim Rausgehen liefen wir an jungen Männern vorbei, die dort unter einem Gerüst saßen und Bier tranken. Einer meinte: „Kein Wunder, dass die Afrikaner keine Arbeit haben, die laufen in Schlafanzügen rum." Meine Frau meinte: „Kein Wunder, dass die keine Arbeit haben, denn sie hocken hier und trinken Bier." Der letzte in der Reihe hat auf die Aussage meiner Frau hin gemeint: „Stimmt.". Offenbar fand er die Bemerkung seines Kumpels auch unangebracht.

Tina, die Schwester meiner Frau, kam ab und zu mit ihrem Mann zu Besuch, aber wenn die beiden da waren, blieb der Mann im Auto oder er ging alleine spazieren, weil er meine Tochter als kleines Kind nicht sehen oder berühren wollte. Ich habe ihm eine E-Mail geschrieben: „Hallo lieber Fernando, es ist schmerzhaft, dass du die Kinder nicht magst, demnächst bleib lieber zu Hause, statt zu uns zu kommen, das wäre für dich schöner."

Fernando hat sich beleidigt gefühlt und seine Frau hat ihn unterstützt darin, dass die Mail eine Beleidigung sei. Der Mann wollte unbedingt zu mir kommen, um klarzumachen, warum er keine Kinder mochte. Ich vereinbarte mit ihm einen Termin, damit wir uns unterhalten konnten. Die beiden kamen an einem Sonntag zu uns.

Als sie bei uns waren, sagte er zu mir: „Ich möchte mich gerne mit dir draußen unterhalten." Wir gingen nach draußen und liefen in Richtung Wald. „Warum hast du dich durch meine E-Mail beleidigt gefühlt? Ich wollte dich nicht beleidigen. Wenn es dich stört, meine Tochter zu sehen, dann bleib bitte zu Hause. Das ist aber keine Belastung, das Kind weiß schon, dass du nicht an ihr interessiert bist. Ich denke, das hat sie begriffen", sagte ich zu ihm. „Also, du musst meine Entscheidung akzeptieren, ich mag keine Kinder. Erst wenn die Kinder erwachsen sind, dann ist das okay", sagte er zu mir. „Bist du als Erwachsener zur Welt gekommen?", fragte ich ihn. „Nein", antwortete er. „Und was ist das überhaupt, dass du Kinder hasst, woher kommt das?", fragte ich weiter. Er antwortete, dass er den Geruch von Kindern nicht mögen würde. „Also ich denke, deine Frau hat den Wunsch, ein Kind zur Welt zu bringen, weil ihre Schwester schon ein Kind hat und ihr beide auch Arbeit habt. Denk mal nach, du darfst die Zukunft einer jungen Frau nicht zerstören, das ist nicht gut", sagte ich weiter. Aber er blieb dabei, dass sie keine Kinder wollen. Bis heute verstehe ich seine Einstellung, gerade gegenüber kleinen Kindern, nicht.

Es wird niemand „erwachsen" geboren, alle fangen klein an und brauchen Hilfe, Fürsorge, Liebe und Schutz. Später, wenn man dann auf eigenen Beinen steht, darf und sollte man sich diesen Schutz auch selbst angedeihen lassen. Damit meine ich eine Lebensweise mit ausreichend Bewegung und guter, gesunder Ernährung. Denn ich bekam und bekomme viele Nachrichten, dass Leute erkranken und nicht selten daran sterben. Sei es an den Folgen von Krebs, Herz-Kreislauf Problemen oder Stoffwechselerkrankungen.

Ali Mansour Kayali sagte bei einem seiner Vorträge: „Allah, Gott der Allmächtige, wünscht diese Krankheit nicht für uns, die sogenannte Krebskrankheit, bei der wir sogar Angst haben, ihren Namen auszusprechen, und wir sagen, dass er von dieser Krankheit betroffen war und dass Gott ihn von dieser Krankheit heilen möge.

Wenn das heilige Buch, der Koran, bei uns existiert, haben wir keine Probleme und keine Krankheiten.

Allah sagt: „Wir haben euch den Koran nicht offenbart, damit ihr unglücklich seid. Der allmächtige Gott hat jedem Menschen eine Drüse in den Schädel gelegt."

Es ist die Zirbeldrüse: Das Gewicht von 180 mg entspricht dem einer Kichererbse. Die Zirbeldrüse ist mit dem Nucleus suprachiasmaticus verbunden und wird vom Sehnerv beeinflusst. Jeden Tag und zur späten Tageszeit gibt es direkt nach Sonnenuntergang noch minimales Restlicht. Das Wort des Allmächtigen wurde nach dem Abendgebet offenbart. Die Vorbereitung durch die Zirbeldrüse bewirkt, dass eine medizinische Substanz ausgeschüttet wird, die den Ärzten als Melatonin bekannt ist.

Ein kostenloser Impfstoff von Gott, bei uns platziert, löst eine Sekretion von Melatonin aus, welches durch den gesamten Körper (im Blut) zirkuliert, die Oxidation der Zellen verhindert sowie (Krebs-) Krankheiten beseitigt. Die Zirbeldrüse funktioniert jedoch nur im Dunkeln und nicht, wenn sie nach dem Abendgebet dem Licht ausgesetzt ist. Die Zirbeldrüse gibt den Befehl über den Nucleus suprachiasmaticus. Wenn ich nach dem Abendgebet dem Licht ausgesetzt bin, signalisiert die Zirbeldrüse, dass die Nacht noch nicht gekommen ist, und ich hindere mich daran, dieses kostenlose Medikament zu nehmen.

Der allmächtige Gott sagt: „Ein Beweis für sie ist die Nacht, und wir schälen den Tag ab, und sie sind in der Finsternis, und wir haben den Tag beobachtet. Gott sei mit ihr, o Nacht.“

Die Menschheit hat viele Fehler gemacht, denn sie hat durch die Elektrifizierung die Nacht heller erleuchtet als den Tag. (Vortrag des syrischen Islamforschers Dr. Ali Mansour Kayali zum Koran und der Zirbeldrüse. Quelle: Tik Tok, @lina diab 2023-10-12, Abrufdatum: 14.05.2024)

Unsere Eltern und Großeltern waren abends nur dem schwachen Licht und insgesamt weniger Elektrosmog ausgesetzt. Auch war die Ernährung noch nicht mit Zucker und Fertigprodukten durchsetzt. Die inzwischen relativ häufig gewordenen Krebserkrankungen wurden bei ihnen selten registriert.

Um Krebs vorzubeugen, achten Sie auf folgende fünf Punkte

1. Vermeiden Sie Zucker, denn Krebszellen benötigen mehr Energie für ihren Stoffwechsel als die nicht entarteten Zellen.
2. Vermeiden Sie rotes Fleisch. Im Koran stehen die Nahrungsmittel, die wir essen sollten, um gesund zu bleiben: Gemüse, Vogelfleisch, Obst. Und in Früchten ist natürlicher Zucker, der uns Energie gibt.
3. Essen Sie Öle wie Olivenöl, Leinöl, Kokosöl und Hanföl.
4. Versorgen Sie Ihren Körper mit mehr Sauerstoff, indem Sie Sport treiben und schnell gehen.
5. Verbessern Sie Ihren psychischen Zustand. Machen Sie genug Ruhepausen.

(Quelle Facebook, Billawar LINKS: Dr. Gupta says… 20.04.2019; Abrufdatum 14.05.2024)

Das zuletzt aufgezählte, nämlich seinen psychischen Zustand zu verbessern, kann sich schwierig gestalten, wenn ein Vorhaben von anderen abhängig ist und alles nicht so läuft, wie man sich das vorgestellt hat. Gemeint ist der Arbeitssuchende, mit der Hoffnung auf einen Job, auf der einen, und die Arbeitgeber auf der anderen Seite.

Wir haben für unsere Tochter einen Platz in der Krippe gesucht und gefunden, damit ich mir auch eine Beschäftigung suchen konnte. Unsere Tochter ging in die Krippe und ich schrieb mehr als 180 Bewerbungen. Dies blieb ohne Erfolg. Später hat meine Frau sehr viele weitere Bewerbungen in meinem Namen geschrieben und versucht, das Bewerbungsfoto aufzuhellen, in der Hoffnung, dass das helfen würde. Aber auch das nützte nichts. Die meisten Bewerbungen kamen bumerangmäßig, postwendend wieder zurück. Sie wurden also direkt aussortiert. Sehr oft stand dann im Ablehnungsbrief: „Sehr geehrte Frau ..." Was sollte das? Die Leute sahen anscheinend nicht mal zwei Sekunden in meine Bewerbungsunterlagen hinein, in die ich viel Zeit investiert hatte. Ich hatte mich auch beim Arbeitsamt als arbeitssuchend gemeldet, aber viele der Stellenvorschläge vom Arbeitsamt waren für mich als Berufseinsteiger ungeeignet. Wer würde z. B. einen Berufseinsteiger nehmen, um einen ganzen Physikbereich in leitender Position aufzubauen? Ich denke, die Vorschläge wurden mir wohl deshalb geschickt, weil das Wort Physik darin vorkam und der Mitarbeiter vom Amt selbst nachweisen musste, dass er „aktiv" gewesen war. Bei den sehr wenigen, die passten, kamen auch wieder Ablehnungen auf meine Bewerbungsschreiben.

Ich fand dann einen 400-Euro-Job bei einer Zeitarbeitsfirma und arbeitete nur morgens in einer Druckerei, aber das hat dem Arbeitgeber nicht gefallen, weil man dort drei Schichten arbeiten sollte. „Ich habe eine Tochter, die jeden Tag um halb vier abgeholt werden muss", sagte ich dem Arbeitgeber. Ich arbeitete mehr, fast jeden Tag, aber ich bekam nie 400 Euro ausgezahlt. Ich fragte den Chef, warum ich nicht die kompletten 400 Euro auf mein Konto bekäme. „Sie müssen doch Kirchensteuer, Versicherung usw. zahlen", sagte er zu mir. „Von 400 Euro, wie soll man das alles noch zusätzlich bezahlen?", fragte ich ihn. Er schlug auf den Tisch mit den Worten: „Sie nerven mich!" „Was bedeutet das, wenn Sie sofort auf den Tisch schlagen?! Meinen

Sie, ich bekomme vor Ihnen Angst, außerdem bringt dieses Verhalten gar nichts, ich kann auch auf den Tisch schlagen, aber es bringt gar nichts, man muss die eigenen Mitarbeiter motivieren, statt sie zu demotivieren", sagte ich zu ihm und fügte hinzu: „Wenn es bei Ihnen so ist, dann möchte ich lieber nicht mehr hier arbeiten."

Zwei Tage später rief mich der Chef an: „Sie müssen morgen um 6 Uhr arbeiten." „Ja, okay, wenn Sie mich richtig bezahlen, dann kann ich arbeiten, aber wenn nicht, dann nicht." Ich ging einen Monat lang arbeiten, aber es war so, wie es immer war, ich habe wieder, trotz einem Monat Arbeit, keine 400 Euro bekommen. „Wohin ist das Geld gegangen?", fragte ich den Chef. „Herr Ba, wir sind doch wieder Freunde, vielleicht bekommen Sie nächsten Monat 400 Euro", sagte er zu mir. „Also ich möchte nicht bei Ihnen arbeiten, ich habe eine Tochter, sie muss versorgt und unterstützt werden, und außerdem kann man mit Kindern und 378 Euro nicht überleben."

Ich habe mich bei anderen Zeitarbeitsfirmen beworben, aber wenn sie meine Unterlagen erhielten, dann bekam ich eine Antwort mit den Worten: „Aufgrund Ihrer Überqualifikation können wir Ihnen leider keine Stelle anbieten. Wir bedauern, Ihnen keine günstigere Mitteilung machen zu können, und wünschen Ihnen für Ihre berufliche Zukunft alles Gute und viel Erfolg. Mit freundlichen Grüßen."

Aber bei den unzähligen Stellen auf die ich mich beworben hatte und die einen Hochschulabschluss voraussetzten, wurde ich ebenso abgelehnt. An einem Tag habe ich die Bewerbung in der Post aufgegeben, am nächsten Tag lag sie, wie schon gesagt, wieder abgelehnt in meinem Briefkasten. Das Gleiche bei den zahlreichen Onlinebewerbungen. Es kam zu keinem einzigen Vorstellungsgespräch. Ich hatte mich die ganze Zeit so bemüht, es bis hierhin zu schaffen, trotz der Schwerhörigkeit, und trotz der finanziellen und privaten Probleme. Ich wollte etwas erreichen, hatte Ziele, wollte meiner Frau ein guter Mann sein und meinen Teil zum Lebensunterhalt beitragen. Auch für die Kinder, damit wir ihnen etwas bieten konnten. Nicht zuletzt auch für die

Schwiegereltern, um ihnen zeigen, dass ich etwas leisten konnte. Aber ich rannte nur weiter gegen eine unsichtbare Barriere.

Da meine Hörbehinderung bezogen auf den ganzen Körper 30 % ausmachte, hatte ich eine „Gleichstellung für den Arbeitsmarkt" beantragt und erhalten, um bessere Chancen zu haben, eine Arbeit zu finden. Aber weil die Arbeitsstellen in Deutschland komplett für Menschen ausgelegt sind, die einwandfrei miteinander kommunizieren können, und sich niemand die Mühe machen wollte, andere Wege zu gehen, war diese Gleichstellung nur ein weiteres Papier. Ich stufte es so ein, dass die Arbeitgeber mich wegen meiner Schwerhörigkeit und Herkunft nicht einstellen wollten.

Also ging ich zum HNO-Arzt zur Untersuchung meiner Ohren. Es wurde mir dort gesagt, dass ich sehr lange nicht mehr gut gehört hatte, also als Kind, und dass das Problem im Innenohr liegt. Deshalb könnte ich auch mit herkömmlichen, externen Hörgeräten nicht gut hören. „Es gibt nur eine Möglichkeit für Sie, um ein bisschen besser zu hören, und das ist ein sogenanntes Cochlea-Implantat (CI)", sagte der Oberarzt. Nach mehrmaligen Besuchen bei Ärzten habe ich einen Termin für die Operation erhalten, der Termin war am 24. Januar 2011 um 6 Uhr.

Also wurde ich an diesem Tag von dem Oberarzt PDH Ralf Kowalski operiert und es wurde ein Cochlea-Implantat eingesetzt. Das Hören hat sich dadurch etwas verbessert. Aber nachdem das Implantat eingesetzt war, ist eine sehr schmerzhafte dicke Beule, eine fiese Narbenwucherung, am Hinterohr entstanden. Mit frischem Cochlea-Implantat muss man zur Gewöhnung an das Gerät die Sprache trainieren, immer wieder Sachen anhören und dadurch üben. Das hatte ich aber nicht ausführlich gemacht, denn ich hatte die Möglichkeit, eine Weiterbildung in der Mikrosystemtechnik zu absolvieren.

Der Arzt sagte zu mir: „Ich kann die Narbenwucherung nochmal operieren lassen. Es sieht bei Ihnen nicht so gut aus und mit dieser Narbe können Sie den Sprachprozessor nicht mehr tragen." „Ja, okay, Sie können mich operieren, wenn ich mit der Weiterbildung fertig bin", sagte ich zu ihm.

Der Arzt ist ein sehr netter Mensch, sein Sohn und meine Tochter gingen in den gleichen Kindergarten und meine Tochter war das Patenkindergartenkind seines Sohnes.

Am 12. März 2012 begann ich mit der Weiterbildung zusammen mit 17 weiteren Teilnehmern bei Professor Thomas Piantoni und seinen Mitarbeitern.

Da es sich um Mikrosystemtechnik handelte, dachte ich, wir würden hauptsächlich diese Technik lernen, aber das war nicht ganz der Fall. Die Weiterbildung beinhaltete eine zehnmonatige Lernphase und ein dreimonatiges Industriepraktikum, sollte also 13 Monate dauern. Obwohl alle Teilnehmer bereits Akademiker waren, mussten wir wie bei einem Regelstudium von vorne anfangen, indem wir Chemie, Physik und auch wieder Deutsch hatten. Es waren Doktoren aus Russland, Marokko und Kasachstan, die genauso gut waren wie Prof. Piantoni selbst. Wir hatten jeden Tag achtstündige Vorlesungen und ein Praktikum im Reinraum für die Herstellung der Mikrokomponenten. Die Anwesenheit wurde durch tägliche Leistung der Unterschrift bei den Vorlesungen erfasst.

In der zehnmonatigen Lernphase mussten wir insgesamt 21 Prüfungen schreiben, für die man kaum Vorbereitungszeit hatte.

Ich wohnte mit einem Iraner und einem Türken zusammen, was ich total gut fand. Das war so wie eine Art multikulturelles Training. Mit dem Türken zusammenzuwohnen war sehr interessant, aber es war sehr schwer, mit dem Iraner zusammenzuwohnen. Während dieser Weiterbildung habe ich nie gut geschlafen, weil mich die Narbenwucherung stark belastete. Durch die Schmerzen konnte ich nicht gut schlafen und durch den Schlafmangel und die eh kaputten Ohren war es auch sehr schwer, den Wecker zu hören. Deshalb kam ich auch ab und zu deutlich zu spät, aber auch wenn ich nur zwei Minuten Verspätung hatte, schimpfte mich Herr Prof. Dr. Piantoni. Der Professor und seine wissenschaftlichen Mitarbeiter haben ihre Stellung ausgenutzt. Das war für mich viel zu viel und es erschien mir eingebildet. Ich wusste, dass ich selbst uninteressant war, nur meine Unterschrift war interessant. Was für ein System war das?

Wenn man dem Betreuer eine Frage stellte, sagte er: „Das müssen Sie können! Haben Sie wirklich Physik studiert, dann müssen Sie das können." Ich fragte mich, was dieser Mann in zehn Jahren gemacht oder gelernt hatte. Ich fragte die regulären Studenten nach dem Verhalten des Herrn Betreuers ihnen gegenüber und sie meinten, den müsste man vergessen, er würde nicht erklären, sondern nur sagen, sie müssten das können.

Ich hatte mich bei dem Professor beschwert, aber er glaubte seinem Mitarbeiter, dem Betreuer, mehr als mir. Meine Frau war hochschwanger und ich wollte sie am Wochenende besuchen. Genau in der Nacht nach meiner Abreise kam meine zweite Tochter in meiner Abwesenheit zur Welt. Ich berichtete den Kollegen und Organisatoren die schöne Nachricht, aber die Frau Kindermann ignorierte das. Als ich wieder zu Hause war, habe ich ihr eine E-Mail geschrieben, dass ich ihr Verhalten beim Bericht von der Geburt meiner Tochter nicht gut fand. Als ich später bei einer Vorlesung anwesend war, kam sie mit einem Geschenk für meine Tochter zu mir. „Danke schön", sagte ich zu ihr. Denn die Geburt meiner Tochter ist für mich etwas Besonderes, ich verstand diese Leute nicht. Statt meine Frau besuchen zu können, musste ich am Ort der Weiterbildung bleiben und später kam Herr Prof. Piantoni mit einem Brief zu mir. Er gab mir den Brief und fragte mich: „Wissen Sie, was das ist?" „Nein." „Das ist eine Abmahnung." Ich öffnete den Brief. Es stand darin in ganz bürokratischem Deutsch, dass ich, trotz dass es mir bereits erklärt worden sei, unentschuldigte Fehlstunden hätte und sie schon nachsichtig mit mir gewesen wären. Aber bei weiteren Fehlstunden würde es zu einer erneuten Abmahnung kommen und damit zum Ausschluss von der Weiterbildung. „Mit dieser Abmahnung kann ich nicht übereinstimmen", sagte ich zu Prof. Piantoni. Mein Mitbewohner und Kollege, sagte: „Diese Abmahnung hat uns völlig überrascht." „Ja, mich auch", denn als es mir schlecht ging, hatte ich den Dozenten informiert. Daraufhin sagte er mir, ich solle Herrn Dietz Bescheid sagen, und dieser erklärte mir: „Sie dürfen nicht nach Hause gehen, sondern müssen hierbleiben." Das war bei mir mehrmals passiert. „Gott sei Dank, dass es Ihnen allen gut geht", dachte ich mir. Jeden Morgen schmerzte mein rechtes Ohr, ich nahm fast jeden Abend Schlaftabletten, um schlafen zu können, obwohl ich keine Tabletten nehmen wollte. Die Organisatoren hatten meiner Meinung nach den menschlichen Faktor, ob es einem Teilnehmer gut ging oder nicht, nicht genügend mit eingerechnet. Natürlich verstehe ich, dass in der Kürze der Zeit möglichst viel Wissen vermittelt werden sollte, aber Menschen sind immer noch keine Maschinen. Weniger wäre vermutlich mehr gewesen. Wie viel würde bei einem hängenbleiben, was man wirklich hätte in den Arbeitsmarkt einbringen können? Am sinnvollsten waren die praktischen Übungen. Am Ende der Weiterbildung hatte ich mit drei anderen Teilnehmern ein Thema zu untersuchen und der Betreuer hat sich mir gegenüber sehr schlecht verhalten, weil ich ihn gebeten hatte, er sollte lauter sprechen, damit ich den Stoff verstehen konnte. Er sagte zu mir: „Herr Ba, Sie sind unverschämt." Er dachte anscheinend, ich bitte ihn darum, um ihn zu ärgern. Der Betreuer behandelte uns ungleich und wir verstanden uns in der Gruppe nicht, sodass wir die Untersuchung nicht gut durchführen konnten. Ich hatte den Eindruck, der Betreuer wollte nicht, dass ich die Prüfungen bestand, und wenn ich doch eine bestand, gefiel ihm das nicht. Darf ein Betreuer so sein?

Nach der Weiterbildung habe ich mich bei Herrn Piantoni schriftlich bedankt, aber auch nochmal das Verhalten des Betreuers angesprochen. Herr Piantoni schrieb mir, dass er seinen Mitarbeiter kennen würde, er sei schon viele Jahre bei ihm tätig und es habe noch nie einen Grund zur Klage gegeben. Vielmehr hätte es interne Streitigkeiten in der Gruppe, in der ich war, gegeben und deshalb sei es auch entsprechend schwer für den Betreuer gewesen, uns zu betreuen. Die Projektarbeiten sind als Gruppenarbeiten ausgelegt und müssten als Gruppe gelöst werden. Das sei das Anforderungsziel. Erschwerend käme hinzu, dass Teilnehmer zu spät kamen oder sich manchmal unerlaubt aus dem Labor entfernten. Ich wies seine E-Mail zurück und antwortete ihm, dass ich durchaus glaube, dass er den Betreuer als erfahrenen Dozenten kennen würde. Aber in

Bezug auf unsere Gruppe war er nicht engagiert, insbesondere nicht mit mir im Rahmen dieses Projektes. Es war mir wichtig, in der E-Mail an Prof. Piantoni einiges klarzustellen. Ich wollte Bezug nehmen auf die Rahmenbedingungen der Weiterbildung, die Konsequenzen daraus für meine persönliche Situation und insbesondere lag mir am Herzen, das Verhalten des Betreuers aus meiner Wahrnehmung zu schildern:

„Ich hatte das Gefühl, dass er ein Problem mit sich und anderen Menschen hatte und dass er mit uns nicht umgehen wollte oder konnte und auch keine Lust hatte, uns zu betreuen. Und an manchen Tagen empfand ich die Situation als so verfahren und frustrierend, dass ich gegangen bin. Sie, als sein Vorgesetzter sagen, dass es über ihn bis jetzt keine Klagen gegeben habe, aber von vielen (deutschen) Studenten hörte ich, dass sie mit der Betreuung durch Ihren Mitarbeiter nicht zufrieden waren. Aber sie würden sich nicht darüber beklagen, weil man dann die A-Karte hätte, wie die Studenten mir sagten. Ich war bzw. bin nicht gegen die Person des Betreuers. Ich habe ihn wirklich gemocht und arbeitete gerne mit ihm im Reinraum. Wir haben uns sogar über private Schwierigkeiten unterhalten.

Wir hatten Probleme im Team, ja. Es war sehr frustrierend. Was kann man machen, wenn sich zwei querstellen und man dann als Einzelner gar keine Möglichkeit mehr hat? Deshalb habe ich meinen Teil auch erst drei Wochen später abgegeben, weil ich eh keine Hoffnung hatte, dass eine einzelne Leistung aus der Gruppenarbeit anerkannt werden würde.

Auch wenn ich zu spät zum Unterricht kam, war ich nie der Einzige, der zu spät kam. Im Rahmen dieser Weiterbildung kamen auch einige Dozenten und Professoren zu spät, einige hatten sogar den Schlüssel des Raumes vergessen und wir mussten einige Stunden warten. Die ständige Änderung des Studienplans sorgte ebenso dafür, dass es bei mir, wie bei den anderen auch, zu Verspätungen kam.

Und wie gesagt, das mit dem Ohr und den Schmerzen machte es nicht besser. Ich war bei jeder Veranstaltung ziemlich kaputt. Und wenn ich nachts doch endlich eingeschlafen bin war es Glückssache, ob ich am nächsten Morgen überhaupt das Handy höre, auch wenn es auf maximale Lautstärke eingestellt ist und direkt neben dem Ohr liegt. Trotzdem bin ich nicht oft zu spät gekommen! Und die Schmerzen konnten meine Kraft und mein Durchhaltevermögen nicht verringern. Wenn Sie dieselben Probleme hätten oder an meiner Stelle wären, hätten Sie das wirklich geschafft?

Sie kamen einmal zu mir mit einer Abmahnung, und ich musste feststellen, dass Sie von mir Falsches gehört hatten. Es gab wohl innerhalb dieser Weiterbildung rechte Leute, die Ihnen immer Unwahres über andere Teilnehmer berichteten. Es war wie im Kindergarten, diese wollten sich bei Ihnen einschmeicheln und ich fragte mich, ob diese wirklich Erwachsene sind.

Die Universität und Sie sollten die Weiterbildungsmaßnahmen in optimierter Form weiterhin anbieten, geben Sie sie nicht auf. Aber bitte behandeln Sie die Leute gleich und berücksichtigen Sie auch etwas die Bedürfnisse und Probleme der Teilnehmer, nur so ist eine umfassende Vorbereitung auf den Arbeitsmarkt möglich. Versuchen Sie, Ihre Mitarbeiter zu motivieren. Es kann nicht sein, dass immer nur die Aussagen der deutschen Dozenten als richtig angenommen und die der ausländischen Studenten als falsch abgetan werden und unberücksichtigt bleiben!

Die Weiterbildung habe ich nicht wirklich geschafft, für mich war sie zu überladen. Meines Wissens hat kaum einer der Teilnehmer damit tatsächlich die „Qualifizierung für den Arbeitsmarkt" in dem Bereich geschafft. Bezüglich meiner Bewerbungen danach war es wie sonst auch immer. Obwohl ich passende Stellenbeschreibungen auswählte und mein Anschreiben genau darauf bezog – immer nur Absagen, Absagen, Absagen. Ich ließ meinen ersten, muslimisch klingenden, Namen aus meinem Pass streichen und schaffte die Einbürgerung. Aber auch das half nicht bei der Arbeitssuche. Alles umsonst."

Die Konflikte

Eigentlich weiß ich: Ohne Politik gibt es keine Macht, ohne Macht gibt es keine Regelung in einem Staat und ohne Gesetze ist es nicht möglich, die Demokratie einzuführen. Aber es gibt auch in Deutschland Situationen, wo nichts richtig zu greifen scheint. So mein Eindruck.

Im September 2010 lernte ich einen Jungen namens Famoudou aus Guinea kennen. Das Kennenlernen ereignete sich, als ich mit dem Bus fuhr und dieser plötzlich stark abbremste. Ich wäre fast hingefallen, da hielt mich der Junge fest, ich bedankte mich bei ihm und fragte: „Woher bist du?" „Ich bin aus Guinea und ich komme nach Deutschland zum Studium", antwortete er auf meine Frage. „Tatsächlich?", erwiderte ich. „Ja". „Ich bin auch aus Guinea", sagte ich zu ihm. „Oh, schön! Mein Name ist Famoudou", stellte er sich vor. „Ich heiße Amine", sagte ich und fügte hinzu: „Ich wohne hier in der Nähe und wo wohnst du?" „Ich auch", sagte er, nannte mir die Straße und fügte hinzu, „ich wohne bei meinem Onkel, aber er ist nicht oft hier, er wohnt in der Nähe bei der Mama seiner Ex-Frau. Er kommt jeden Samstag. Zurzeit mache ich den Deutschkurs A1 und A2 an der Volkshochschule, aber manchmal habe ich Schwierigkeiten, da mein Onkel nicht regelmäßig die Kosten des Unterrichts bezahlt. Wenn er dann mal wieder nicht da war, dann habe ich auch Schwierigkeiten, Essen zu kaufen."

„Was macht dein Onkel in Deutschland?", fragte ich. Er erklärte mir, dass sein Onkel in Deutschland Medizin studiert habe, aber momentan keine Arbeit findet, da er in die Frührente gegangen sei. „Ah, ich habe auch Physik in Deutschland studiert, aber nach dem Studium blieb die Arbeitssuche erfolglos. Wenn du Hunger hast, dann kannst du gerne zu mir kommen, meine Tür ist für dich jederzeit geöffnet, ich lebe mit meiner kleinen Familie hier", sagte ich zu ihm.

Ich freundete mich mit diesem Jungen an. Zuerst musste er wissen, welche Voraussetzungen es gab, um sich an einer Hochschule in Deutschland zu bewerben. Wir trafen uns fast jeden Tag und unterhielten uns viel. Eines Tages erzählte er mir, dass sein Vater an Krebs gestorben sei, und er seine Mutter noch nie gesehen habe. Er war der Sohn eines guineischen Vaters und einer russischen Mutter. Sein Vater hatte ihm erzählt, warum er bei ihm aufgewachsen war und nicht bei seiner Mutter in Russland. Es war nur zu seinem Besten. Da Famoudou den Namen seiner leiblichen Mutter kannte, sind wir in den sozialen Medien, auf Facebook und Instagram, einfach überall, auf die Suche nach ihr gegangen. Zum Glück konnte er seine Mutter relativ schnell über Facebook finden. Beide waren überglücklich. Seitdem ist er in Kontakt mit ihr.

Als ich eines Tages zu Famoudou zu Besuch kam, lernte ich auch seinen Onkel kennen. Wir unterhielten uns und der Onkel erzählte, dass er einen Teil meiner Familie kennen würde, da er mit meinem Bruder zusammen in die Schule gegangen sei. Ich bemerkte, dass der Onkel sehr viel sprach und seine Wörter nicht recht glaubwürdig erschienen. Er ließ die anderen nicht ausreden und später hat Famoudou mir erzählt, dass er seinen Onkel nicht normal fand. Seine Frau hatte sich von ihm scheiden lassen, weil er offensichtlich nie die Wahrheit sagte. Zum Beispiel hatte der Onkel einst 200.000 D-Mark von seinem Schwiegervater bekommen, also von dem Vater seiner damaligen Frau, um ein Krankenhaus in Guinea zu bauen. Aber er baute weder ein Krankenhaus noch eine Klinik, sondern hat weitere Frauen in Guinea geheiratet, ohne dass seine deutsche Frau davon wusste. Der Mann war einfach ein großer Lügner und Gauner.

In Duisburg erfuhr ich, dass der Onkel ein 17-jähriges Mädchen in Guinea geheiratet hatte. Er traf sie an einer Kreuzung, als sie morgens in die Schule gehen wollte und auf ein Taxi wartete. Herr K. hielt mit seinem PKW an der Strassenecke und fragte das Mädchen, wohin sie fahren wolle. „In die Schule", sagte sie. „Okay, steig ein, ich bin Doktor K., ich bin in Deutschland Chefarzt in einem großen Krankenhaus." „Ich freue mich, dich kennenzulernen", sagte sie. Er heiratete dieses minderjährige Mädchen, sie gebar ihm zwei weitere Kinder. Herr K. kehrte nach Deutschland zurück und er vergaß komplett die Frau und ihre Kinder in Conakry. Die Frau starb 1992.

Es war an einem Wochenende, als ich Famoudou wieder einmal besuchte. Auch sein Onkel war anwesend und er sagte zu mir: „Ich habe mitbekommen, dass du trotz deines Physikstudiums bis jetzt keine Arbeit hast. Ich habe auch damals Medizin studiert, aber ich konnte nicht so viel arbeiten, wie es sein sollte." „Und was machst du jetzt?", fragte ich. „Ich mache Business, ich kaufe hier Autos, Reifen, Süßstoff und vieles mehr und schicke das nach Guinea. Das wird dort verkauft. Wenn du willst, kannst du mit mir dieses Business machen." „Du weißt doch, dass ich kein Einkommen habe, das heißt, ich kann kein Business mit dir anfangen", sagte ich zu ihm. „Wenn du in mein Business einsteigen möchtest, dann kannst du mir einfach 400 Euro leihen und wenn ich die Sachen in Guinea verkauft habe, werde ich dir jeden Monat 35 Euro zurückzahlen", sagte er. „Ich denke, das kannst du mit der Bank machen", sagte ich. „Nein, mit der Bank ist es nicht so angenehm, da muss man viele Zinsen zahlen", erklärte er. „Okay, ich kann mit meiner Frau reden, aber bitte, du musst mir das Geld wirklich zurückzahlen." „Ah, das ist kein Problem, ich werde dich nicht enttäuschen, glaub mir", sagte er. „Okay." Nach einer Woche gab ich die Zusage, dass ich ihm die 400 Euro ausleihen könnte. Er sagte: „Vielen Dank! Die ersten 70 Euro überweise ich bald und dann jeden Monat 40 Euro, bis 400 Euro beglichen sind." „Alles klar." „Aber du gibst mir das Geld in die Hand", sagte er. „Nein, ich kann das Geld auf dein Konto überweisen und wenn du das Geld auf deinem Konto hast, dann machst du eine Kopie deines Kontoauszuges für mich. Die Kopie gibst du mir mit deiner Unterschrift, was bedeutet, dass du es zurückzahlst." Im August 2011 überwies ich ihm das Geld. Wenig später meldete er sich bei mir. Er habe meine Überweisung erhalten und eine Kopie von seinem Kontoauszug für mich gemacht.

Mit der Kopie des Kontoauszuges hatte ich die Unterschrift von Herrn K. als Sicherheit. Und tatsächlich überwies er die ersten vereinbarten 70 Euro auf mein Konto. Nach dieser Überweisung jedoch hat er bis heute das Geld nicht zurückgezahlt. Er betrügt alle, die Familie, Landsleute, alle, er ist ein gewissenloser Gauner. Aber seinem Karma wird er nicht entkommen, es wird ihn einholen.

Ich habe ihm gesagt, er solle das Geld zurückzahlen, und wir vereinbarten ein Treffen. Aber bei jedem neuen Termin versetzte er mich. Er kam einfach nicht.

Diese dreiste Respektlosigkeit regte mich so auf, dass ich zu einem Anwalt ging und ihm mein Problem erklärte. Der Anwalt fragte mich, ob ich ein Einkommen habe. „Nein, ich habe zwar Physik studiert, aber nach dem Studium blieb die Arbeitssuche erfolglos", antwortete ich. „Also wenn Sie kein Einkommen haben, dann brauche ich einen Beratungsschein von Ihnen. Das können Sie beim Amtsgericht beantragen", sagte der Anwalt zu mir. Ich ging zum Amtsgericht, um diesen Beratungsschein zu besorgen, aber die zuständige Mitarbeiterin erklärte mir, dass sie für diese Art Verfahren keinen Beratungsschein anbieten könne. Zivilverfahren, sogenannte Mahnverfahren, werden in einer anderen Stadt am Amtsgericht durchgeführt, dahin sollte ich mich also wenden. Zuerst kaufte ich das Formular für Mahnverfahren in einem Kiosk. Um diesen Prozess in die Wege zu leiten, musste zunächst eine Gebühr von 32 Euro gezahlt werden, was ich auch tat. Innerhalb von zwei Wochen erhielt ich einen Brief vom Amtsgericht, in dem stand: „Herr K. hat einen Widerspruch ohne Begründung eingelegt. Wenn Sie wollen, dass das Verfahren weitergeht, dann müssen Sie weitere Bearbeitungsgebühren in Höhe von 124,95 Euro zahlen." Ich sagte zu meiner Frau: „Wir werden dieses Geld bezahlen, damit der Prozess stattfindet. Ich mag keine Betrüger. Das ist eine Art von Betrug, was dieser Mann macht." Aber vorher wollte ich Herrn K. noch eine Chance geben und informierte ihn, dass ich das Verfahren weiterführen wollte. Wir riefen ihn an und fragten, ob er einverstanden sei, vor Gericht zu gehen. „Nein, nein, bitte tu das nicht, ich habe schon genug Probleme im Kopf, ich möchte nicht noch eins dazu", sagte er zu meiner Frau und er schwor, dass er diesmal Ende des Monats die Hälfte des Geldes bezahlen wolle, und vereinbarte mit mir einen Termin um 10 Uhr am Bahnhof. Ich ging zu dem Termin, aber Herr K. kam wieder nicht. Ich rief ihn an, aber er nahm den Hörer nicht ab. Zuvor hatte meine Frau das Amtsgericht für Mahnverfahren angerufen und sagte, dass der Beschuldigte mit allen Kräften das Geld bezahlen wollte und dass wir in dem Fall das Zivilverfahren fallen lassen oder annullieren möchten. Ich wusste daher nicht mehr, wie ich dieses Problem lösen konnte. Ich ging erneut zur Polizei, traf dort einen netten Beamten und erklärte ihm mein Problem. „Sie haben schon mal eine Anzeige bei der anderen Polizeiinspektion gegen diesen Mann gemacht. In Deutschland macht man nur einmal eine Anzeige", sagte der Polizist und fragte: „Haben Sie die Telefonnummer von Herrn K. dabei? Ich möchte Ihnen helfen, indem ich ihn anrufe, vielleicht nützt das was." Ich gab ihm die Handynummer, er rief Herrn K. an und sagte zu ihm: „Guten Tag, hier ist die Polizeiinspektion, ich habe hier Herrn C., er sagt, Sie müssten ihm 400 Euro begleichen, stimmt das?" Herr K. bestätigte das und fügte hinzu: „Ich möchte ihm schon die Hälfte des Gelds geben und ich kann ihn morgen, am Mittwoch, um 13 Uhr treffen." „Und wo werden Sie sich treffen?", fragte der Polizist. „Bei der Ran Tankstelle", sagte Herr K. „Wie wäre es bei der Polizeistation?", fragte der Polizist weiter. Herr K. stimmte zu und sagte, dass er am Mittwoch mit dem Geld zur Polizei komme, um seine Schulden zu begleichen. Ich ging also zu diesem Termin bei der Polizei, aber Herr K. kam wieder nicht. Der Polizist rief ihn an und fragte, wie es aussähe. Herr K. sagte: „Ich bin gerade in Passau, ich kann nicht kommen." Daraufhin meinte der Polizist zu mir: „Dieser Mann ist nicht glaubwürdig, er ließ mich nicht ausreden. Es tut mir sehr leid, ich kann Ihnen nicht helfen, das ist Zivilsache. Sie können zu einem Rechtsanwalt gehen, der kann Ihnen helfen."

Am 18. Januar erhielt ich einen Brief von der Polizei, in dem stand: „Sie hatten unsere Dienststelle im vergangenen Jahr wegen des ausstehenden geliehenen Geldbetrages aufgesucht. Daraufhin haben wir Herrn K. geschrieben und aufgefordert, Ihnen das Geld zurückzuzahlen. Wir wissen bisher nicht, ob Sie Ihr Geld wiederbekommen haben. Im Falle des Nichtzahlens durch Herrn K. werden wir Ihre Anzeige weiterbearbeiten."

Ich schrieb als Antwort Folgendes: „Vielen Dank für die Nachfrage. Leider hat mir Herr K. das Geld bis jetzt nicht zurückgezahlt. In einem Telefongespräch mit ihm (Ende Herbst letzten Jahres) sprach er auch mit meiner Ehefrau Caro und versicherte, dass er ein Ehrenmann sei, und das Geld bezahlen würde. Und wenn er das Geld nicht in Summe hat, dann wenigstens in Raten, so sein Vorschlag. Da er sich nach seiner Aussage schon länger größtenteils in Düsseldorf aufhielt und nur zum früheren Wohnort kam, um seine Post zu holen, sollte er Datum, Zeit und Ort für das Treffen im November nennen. Jedoch erschien er zu seinem genannten Termin nicht, sagte nicht ab und meldete sich auch nicht, um einen anderen Termin auszumachen. Von seiner Seite rührte er sich nicht und über sein Handy war er fast nicht zu erreichen. Vor Weihnachten rief ich Herrn K. auf seinem Festnetz an. Eine Frau nahm meinen Anruf entgegen. Diese sagte, dass er momentan nicht vor Ort, sondern überwiegend in Düsseldorf sei. Sowohl ich als auch meine Ehefrau sprachen mit ihr, teilten ihr den Grund unseres Anrufes mit und sagten ihr, dass sie Herrn K. mitteilen möchte, dass er sich dringend bei uns melden müsse.

Wenn Sie mir weiterhelfen könnten, würde ich das sehr begrüßen."

Von der Polizei erhielt ich eine Einladung. Sie wollten mir für ihre Ermittlungen noch einige Fragen stellen. Also ging ich zu dem Termin und beantwortete die Fragen.

Im März 2014 erhielt ich eine Ladung vom Amtsgericht für die Verhandlung am 16. Juli 2014 um 9 Uhr. Es war gerade Ramadan, trotzdem ging ich zu dem Prozesstermin. Zunächst musste ich eine Weile draußen warten, während Herr K. im Gerichtssaal etwas erklärte. Nach 20 Minuten wurde ich gerufen, um ebenfalls zu erklären, was genau passiert war, zumindest dachte ich das. Ich kam in den Gerichtssaal hinein und der Richter, dessen Name ich hier unerwähnt lassen möchte, sagte: „Wir haben hier eine Dolmetscherin für Sie, Sie können Französisch sprechen, die Übersetzerin sagt es uns dann auf Deutsch." Ich antwortete: „Ich glaube, ich kann auf Deutsch reden, da ich in Deutschland mein Studium auch auf Deutsch gemacht habe. Also ist es kein Problem für mich, Deutsch zu sprechen." „Nein, ich verstehe Sie nicht, oder wer versteht ihn?", fragte der Richter in die Runde. Dann zeigte er auf verschiedene Gegenstände. „Was ist das denn? Was ist das, das und das?", fragte er. „Wenn Sie die Antwort wissen wollen, lassen Sie mich in Ihrer Muttersprache sprechen", sagte ich. „Nein", sagte der Richter und fügte hinzu: „Sie haben keine Arbeit, woher haben Sie diese 400 Euro gehabt?" „Von meiner Ehefrau", antwortete ich. „Ich habe bereits vor zwei Jahren ein Zivilverfahren angestoßen und hätte es fortgeführt. Aber Herr K. bat mich, dies nicht zu tun, denn er habe schon so viele Probleme am Hals und wollte keine zusätzlichen. Und er sagte mir, dass er dieses Mal ein Ehrenmann ist und das Geld zurückzahlt," erklärte ich dem Richter. „Ja, er hat mir das auf einem Zettel gezeigt", sagte der Richter. Ich dachte: Wie hat er das alles überhaupt verstanden, wo er mir doch vorher ständig sagte: ‚Ich verstehe Sie nicht?'

Der Richter kam zu dem Schluss: „Wir können heute nicht entscheiden, ob Herr K. Ihr Geld bezahlen muss, Sie müssen das als Zivilverfahren weiterführen." „Darf ich eine Frage stellen?", meldete ich mich. „Ja", antwortete der Richter. „Können Sie mir sagen, warum Sie mich überhaupt zu diesem Prozess geladen haben, wenn hier kein Ergebnis möglich ist?" „Weil das Problem erst hier aufgekommen ist", antwortete der Richter. Für mich ergab das keinen Sinn.

Nach dem Prozess ging ich mit Herrn K. nach draußen. Vor dem Haupteingang rief mich die Polizistin zurück und sagte: „Sie haben Ihren Wohnungsschlüssel hier vergessen." Herr K. war schon draußen, aber er kam wieder zurück und sagte: „Nein, das ist mein Schlüssel." Ich dachte, vielleicht wartete er auf mich, um mir die Hälfte des Gelds zu geben. „Nein, das ist der Schlüssel von dem anderen Herrn", sagte die Polizistin nochmal, und es war tatsächlich mein Schlüssel. Nach dem Erhalt meines Schlüssels ging Herr K. mit mir zusammen nach draußen und er stellte mir eine Frage: „Warum gehst du vor Gericht?" „Zwei Gründe haben mich gereizt, vor Gericht zu gehen: Zum einen ist Deutschland ein Rechtsstaat, das bedeutet, die Gesetze müssen von dem Staat gehalten werden, zum anderen haben Sie mir sehr viele falsche Termine gegeben, bei denen Sie nicht einmal erschienen sind." „Das ist nicht wegen 400 Euro, sondern du willst mir Probleme machen", sagte Herr K. zu mir. „Du hast gerade gesehen, was vor Gericht geschah, ich kenne die Gesetze in Deutschland besser als du, da ich seit fast 26 Jahren in Deutschland bin. Ich habe mein Geschäft in Düsseldorf und verdiene Geld dort. Ich werde dein Geld nur begleichen, wenn ich es will. Wenn du ein Zivilverfahren gegen mich anstrebst, hast du wirklich keine Chance." Ich ergriff seine Tasche, aber er hielt sie fest und sagte zu mir: „Wenn du die Tasche nicht loslässt, werde ich nach der Polizei rufen" und ich ließ die Tasche los, ich war schon total genervt. Ich sagte zu ihm: „Ich habe in meinem Leben noch nie einen Lügner hoch drei gesehen wie Sie es sind." Er fühlte sich von diesem Satz beleidigt, stellte seine Tasche auf dem Boden ab und kam langsam zu mir mit den Worten: „Warum schimpfst du mich?" „Ich schimpfe Sie nicht, das ist die Wahrheit." Ich hatte das Gefühl, dass er mir etwas antun wollte, und ging etwas rückwärts. Plötzlich kam ich auf die Idee, seine Tasche als Pfand zu nehmen. Ich ging hinter ihn und nahm die Tasche. Er folgte mir aber und knickte leicht um, sodass er nicht mehr gut laufen konnte. Jetzt musste ich mich beeilen, denn ich hatte meine kleine Tochter von der Schule abzuholen und es gelang mir, den Zug um 11:15 Uhr zu erreichen. Zu Hause ging ich mit der Tasche von Herrn K. erneut zur Polizei. Dort habe ich genau den Polizisten getroffen, der mich und das Problem kannte, und erzählte ihm, was vor Gericht geschehen war. Als ich ihm sagte, dass ich die Tasche von Herrn K. als Pfand genommen habe, erklärte er mir, dass das in Deutschland als Diebstahl eingestuft werden würde. Ich antwortete, dass das nicht meine Absicht gewesen sei. „Sie müssen ihm seine Tasche wiedergeben, ansonsten ist das problematisch. Ich weiß, dass es bei Euch so gehandhabt wird, aber in Deutschland nicht", sagte der Polizist zu mir.

Ich kam nach Hause zurück und rief sofort Herrn K. an, aber er nahm den Hörer nicht ab. Am nächsten Morgen ging ich erneut zu dem Polizisten und teilte ihm mit, dass ich versucht hätte, Herrn K. anzurufen, der aber wieder nicht ans Telefon ging und auch nicht an sein Handy. „Dann müssen Sie die Tasche per Post schicken", sagte der Beamte. „Okay, ich werde mir den Inhalt der Tasche merken und sie dann schicken. Weil ich diesen Mann kenne – im Falle eines Verlusts könnte er sagen, dass er Tausende von Euro in der Tasche gehabt hätte." Aber da wir am Wochenende dort, wo er wohnte, eh vorbei fuhren, kam ich auf die Idee, ihm die Tasche auf dem Weg persönlich vorbeizubringen. Ich rief Herrn K. an, um zu hören, ob er an diesem Tag zuhause wäre. Der Anruf blieb – wie konnte es anders sein – erfolglos.
Ende August erhielt ich eine Vorladung von der Polizeiinspektion wegen Raubes. Am Ende wurde die Anklage fallen gelassen. Aber Herr K. musste mir, wegen angeblicher Privatinsolvenz, auch nichts mehr zurück zahlen. Es gibt überall Gute und Schlechte. Einige kann man zu Recht auf seiner A... hoch drei – Liste führen.

Ich weiß nicht, wo Herr K. im Moment lebt oder ob er überhaupt noch am Leben ist.
Sein Neffe Famoudou lebt immer noch in meiner Nähe und hat inzwischen seine eigene Familie gegründet. Wir sind aber schon lange nicht mehr in Kontakt.

Als ich in Greifswald studierte, ging manchmal auf Studentenpartys, insbesondere in den Mensaclub. Trotz meiner Schwerhörigkeit hatte ich viele Freunde gewonnen, weil ich Menschen mag und interessiert auf sie zugehe. Einige kamen aus Deutschland, andere aus Russland, aus der Ukraine, der Mongolei und anderen Ländern. Eines Tages ging ich auf die Party im Mensaclub, da kam eine Bekannte, Anna aus Russland, zu mir und teilte mir mit, dass sie ihre Abschlussprüfung mit 1,3 bestanden habe. Ich umarmte sie und gratulierte ihr. Plötzlich kam ein dummer Deutscher zu uns und sagte zu mir: „Lass die Finger von unseren deutschen Frauen." „Sie ist aber keine Deutsche, sondern Russin. Wenn du willst, dann kannst du mit ihr tanzen, sie ist sehr nett", sagte ich zu dem Mann. Er war aber aggressiv und schubste mich und ich daraufhin ihn auch. Er ging nach draußen zu den Türstehern. Einer der Türsteher kam mit ihm nach drinnen und der deutsche Student zeigte auf mich. Der Türsteher sagte: „Der? Das kann ich nicht glauben, denn ich kenne diesen Mann persönlich sehr gut. Er ist einfach zu nett, ich schmeiße ihn nicht raus." „Wenn du das nicht machst, sage ich es deinem Kollegen oder ich rufe die Polizei." Da sich der Türsteher nach wie vor weigerte, mich rauszuschmeißen, rief der Student die Polizei an. Die zwei Beamten, die kamen, eine Frau und ein Mann, waren hundertprozentig fremdenfeindlich. Sie fragten mich nach meinem Pass, aber ich hatte in dem Moment nur meinen Studentenausweis dabei, was den Beamten nicht ausreichte.

Ich erklärte ihnen, dass mein Pass im Studentenwohnheim sei. Also nahmen sie mich mit und fuhren mit mir nach Hause, um meinen Pass zu kontrollieren. Ich sagte den beiden Beamten, dass ich keine Schlägerei und diesbezüglich auch kein Risiko eingehen wolle, denn mein Kopf dürfe auf keinen Fall berührt werden.

Der Student, der die Polizei gerufen hatte, war ein Jurastudent. Er hatte mich angezeigt und ich musste mich vor Gericht verantworten. Er gab an, ich hätte ihn geschlagen, bis er eine Beule am Hinterkopf bekam. Dann hätte ich ihn wieder in der Toilette getroffen, ihn nochmals geschlagen und seine Mutter beleidigt. Das hatte ich nicht getan. Wenn ich so etwas sagen würde, hätte ich meine Herkunft verraten. Denn Guinea bedeutet „Land der Frauen". Aber die Richterin kannte mich nicht und hatte vermutlich eh schon ihre Meinung gebildet.

Entsprechend wurde meine Aussage als unglaubwürdig und falsch eingestuft. Hatte ich etwas anderes erwartet? Doch, eigentlich hatte ich das. Aber Fehlanzeige. Ich wurde zu 1500 Euro Schmerzensgeld verurteilt.

Die Afrikaner gewinnen fast nie oder nur in den seltensten Fällen gegen einen Deutschen vor Gericht, auch wenn sie Recht haben. Für mich war der Ausgang sehr unfair.

Umzug in eine andere Stadt

Weil wir sehr viel Probleme mit einem Nachbarn hatten, und die Wohnung auch zu klein wurde, wollten wir unbedingt umziehen. Dieser Nachbar, der unter uns im Erdgeschoss wohnte, belastete mich und meine Familie sehr, denn wenn meine kleine Tochter im Wohnzimmer spielte, kamen oft Beschwerden: Das Mädchen müsse sofort aufhören zu spielen, sie sei zu laut. Er klopfte an die Decke oder Wand, um das Mädchen in Angst zu versetzen. Die Probleme fingen schon bei unserem Einzug an. Meine Tochter war eineinhalb und wie sich später herausstellte, dachte er, sie sei schon drei, aber auch das ist keine Entschuldigung für sein Verhalten. Abends drehte er oft seine Musikanlage so laut auf, dass der Boden vibrierte und wir den Fernseher nicht mehr verstanden. Das hat er öfter bis zur Nachtruhe um 22 Uhr ausgereizt. Er klopfte auch, wenn meine Frau samstags ab 9 Uhr am Saugen war. Als er das einmal direkt unter ihren Füßen machte und sie eh fast fertig war, ging sie wütend runter und klingelte. Es dauerte eine Weile. Dann öffnete er mit einem Hammer in der Hand die Tür. Meine Frau meinte: „Ich bin am Saugen, ist das jetzt auch zu viel für Sie?" „Nein, nein, ich habe nur mit dem Hammer eine Lampe festgemacht." Als ob er, der schon lange dort wohnte, eine lockere Lampe hätte! Und überhaupt, eine Lampe macht man nicht mit dem Hammer fest, das kann er sonst wem erzählen. Der Versuch eines Gesprächs hat auch nicht geklappt. Meine Frau hat ihm angeboten, dass er hochkommen und Bescheid sagen soll, was und wann genau zu laut wäre. Aber er kam nicht. Stattdessen schrieb er uns ein Lärmprotokoll: „Da das Gespräch mit Ihnen nichts gebracht hat, habe ich Ihnen die folgenden Lärmzeiten notiert: Mittwochs 15:30 bis 17:30 Uhr, donnerstags 16:00 bis 18:00 Uhr und freitags 15:30 bis 18:30 Uhr." Er schrieb noch dazu, dass er das, wie seine anderen Beschwerden vorher auch, an die Wohnungsbaugenossenschaft weiterleiten würde. Also war klar, ihn störte das Kind ab dem Zeitpunkt, wenn es nach dem Kindergarten zu Hause war, bis es ins Bett ging. Wegen des Nachbarn hatten wir zwei große Teppiche übereinander im Wohnzimmer liegen. Aber auch das half nichts gegen die Bauweise des Hauses. Unsere Tochter hatte nur sehr selten eine Freundin zu Besuch. Wenn sie ein anderes Kind treffen wollte, dann fand das meistens bei der anderen Familie statt. Und Kindergeburtstage haben wir entsprechend immer außerhalb gefeiert.

Der Nachbar unter uns lebte allein. Er hatte einen Sohn, der aber bei seiner Mutter lebte. Sein Sohn besuchte ihn manchmal. Der Junge war sehr nett und grüßte mich immer, wenn er mich draußen traf. Ich fragte mich, wie solch ein netter Junge einen solchen Vater haben kann. Der Junge spielte im Fußballverein, zusammen mit vielen Freunden mit Migrationshintergrund.

In einem Gespräch mit dem Nachbarn und meiner Frau im Büro der Wohnungsbaugenossenschaft wurde dem Nachbarn gesagt, dass nicht klar sei, über was er sich eigentlich beschwere, da seine Beschwerden pauschal Zeiträume angaben, unsererseits aber keine Mittags- oder Nachtruhe verletzt wurde. Ihm wurde gesagt, dass notfalls er umziehen müsse, wenn ihm so vieles nicht passen würde, aber uns träfe keine Schuld, vielmehr hätten wir Grund, uns über ihn zu beschweren.

Wir hatten das große Glück, mit Hilfe von Gebeten ein Mittelreihenhaus mieten zu können, denn es ist nicht einfach, eine

202

Wohnung zu bekommen. Schon gar nicht, wenn einer oder beide Migrationshintergrund haben (wobei hier das Herkunftsland auch eine große Rolle spielt) und Kinder mit einziehen. In Deutschland sind berufstätige Singles oder Paare mit Katze deutlich beliebter bei Vermietern, als wenn Kinder hinzukommen.

Wir zogen in das Mittelreihenhaus mit zwei deutschen Familien als Nachbarn. Als wir eintrafen, hatte eine der jungen Familien noch keine Kinder, aber die Frau war zu der Zeit schwanger und wir dachten, vielleicht sind wir hier richtig. Die andere Familie mit drei Kindern, zwei Jungs und ein Mädchen, war gleichzeitig mit uns eingezogen. Der Vater war sehr nett, stellte sich uns vor und wollte unbedingt unser Haus von innen sehen, denn er war Immobilienmakler. Wir haben ihm gerne unser Haus gezeigt.

Als wir einzogen, war meine Frau auch deutlich sichtbar schwanger, da sie Zwillinge erwartete. Die Zwillinge kamen im September zur Welt und das Kind der etwas jüngeren Nachbarn kam im Winter zur Welt.

Aber was war mit diesen Nachbarn los? Diese Leute hatten keinen Kontakt zu uns, sie blieben immer in ihrem Haus. Wenn sie aber der Meinung waren, etwas von unserer Seite störte sie, dann kam einer, meistens der Familienvater, und sagte, es müsse sofort aufhören. Diese Nachbarn haben sich anscheinend permanent bei unserem Vermieter beschwert. Da dieser das aber wohl als nicht relevant einstufte, hat er uns sehr lange nicht darüber informiert. Erst sehr viel später, als die Nachbarn mit einer Anzeige drohten, setzte er uns in Kenntnis. Zu diesem Zeitpunkt hatten sich die Nachbarn jedoch schon derart hochgeschaukelt, dass es zu spät war, um gegensteuern zu können.

Und so, eines Tages, für meine Frau und mich kam es komplett überraschend, erhielt ich eine Vorladung von der Polizei. Ich ging noch am gleichen Tag hin, um zu erfahren, was das sollte, denn ich hatte keinerlei Erklärung dafür. Vor Ort meinten die Beamten, ich müsse keine Aussage dazu machen. Aber ich wollte wissen, was mir überhaupt vorgeworfen wird, und was das sollte. Es stellte sich heraus, dass mich meine Nachbarin wegen Körperverletzung angezeigt hatte. Dadurch, dass ich laut telefonierte, weil ich schwerhörig bin und meine eigene Stimme fast nicht höre, und den Hörer immer auf laut hatte, damit ich auch die anrufenden Verwandten verstehen konnte, fühlte sich die Nachbarin spätabends so gestört, dass sie angeblich nicht mehr schlafen konnte und Kopfschmerzen hatte und mich deshalb bei der Polizei angezeigt hatte. Der Polizist meinte zu mir: „Wo Sie gerade wohnen, wohnte vorher eine Frau aus Argentinien mit drei Kindern. Ihre Nachbarin hat auch die wegen Lärm angezeigt." Meine Frau und ich schrieben eine Stellungnahme an die Staatsanwaltschaft, die daraufhin die Anzeige fallen ließ.

Aber die beiden haben sich weiter beim Vermieter und auch bei uns direkt beschwert.

Wenn ich um 11 Uhr anfing Mittagessen zu kochen und dabei die Dunstabzugshaube anmachte, klingelte es kurze Zeit später an der Tür und der Mann stand da: „Bei euch brummt irgendwas." Und er meinte, ich solle das, was da so brummt, ausmachen, das sei zu laut.

Ich ging zu seiner Frau und sagte: „Schick bitte deinen Mann nicht mehr für deine Beschwerden zu uns, du musst selbst kommen und sagen, was dich stört. Ich weiß, dass dein Mann nicht schlecht ist, sondern es wohl eher so ist, dass du ihn schon komplett beeinflusst hast."

Wir haben einen weiteren Brief von der Staatsanwaltschaft erhalten und daraufhin erneut unsererseits eine Stellungnahme zurückgeschickt. Auch das wurde fallengelassen.

Die Frau wollte wohl auch nicht, dass ihr kleiner Sohn mit anderen Kindern spielte. Bei uns gibt es einen Kinderspielplatz, wo bei schönem Wetter viele Eltern mit kleinen Kindern hinkommen. Die Nachbarin ging mit ihrem Sohn aber immer erst dann zum Spielplatz, wenn er wieder leer war. Wenn der Junge im mit blickdichten Bretterwänden umzäunten Garten war und irgendwo ein Rasenmäher oder ein anderes Geräusch losging, dann fing er an zu rufen: „Es ist zu laut!" Und das von einem kleinen Kind ...

Unsere Kinder fahren gerne Inliner. Einmal war es so, dass unsere Älteste leicht beim Inlinerfahren strauchelte und sich für mehr Sicherheit kurz am Zaun der Nachbarin festhielt. Die kam rausgeschossen und meinte: „Lass meinen Zaun, du machst das kaputt, du darfst das nicht anfassen."

Letztendlich hat die Familie ihr Haus verkauft. Die neuen Eigentümer sind sehr nett und wir kommen sehr gut mit ihnen aus und sie mit uns. Das ist zu den Verhältnissen davor eine sehr große Erleichterung und ich bin sehr dankbar dafür.

Ganz in der Nähe gab es einen Kindergarten mit Krippe. Dort bekamen wir aber keinen Platz für unsere Zwillinge; stattdessen erhielten wir die Zusage für zwei Plätze in einer Krippe, die ein bisschen weiter von uns entfernt ist. Wenn man den Bus nimmt, sind es bis dorthin ungefähr 8 bis 10 Minuten.

Ich bin jemand, der die Natur liebt, und ich will nicht, dass die Atmosphäre weiter verschmutzt wird. Als kleinen Beitrag dafür bringe ich die Jungs jeden Morgen mit dem Bus in die Kita, statt mit dem Auto zu fahren.

Da meine Frau zu der Zeit eine Weiterbildung machte und jeden Tag wegen der Fahrtzeit dorthin länger weg war, musste jemand bei den Kindern zu Hause sein. Deshalb erziehe ich meine Kinder und man nennt mich „Hausmann". Wir haben vier Kinder: Zwei Mädchen und zwei Jungs. Die zwei Mädchen sind mit noch nicht ganz sechs Jahren in die Schule gegangen und ich habe ihnen bereits zu Hause das Alphabet und kleine Rechnungen beigebracht. Bereits in Guinea gab ich Kindern von der ersten Klasse bis zur Universität Nachhilfeunterricht. Diese Arbeit kann ich in Deutschland leider nicht ausüben. Ich hatte mich mal online bei drei Einrichtungen für Nachhilfe beworben und angegeben, dass ich Physik-, Mathe-, Chemie- und

Französischnachhilfe anbieten könnte. Sofort kamen positive Rückmeldungen und ich erhielt bei allen einen Termin zum Vorstellungsgespräch. Als sie aber sahen, wen sie vor sich hatten, sagte die erste Institutsmitarbeiterin zu mir: „Oh, wir müssen erstmal sehen, wie viele Schüler sich für diese Fächer anmelden. Wir geben Ihnen dann Bescheid." Es hat sich nie jemand gemeldet. Die zweite meinte: „Mein Chef sagt, wir brauchen jetzt doch niemanden mehr." Und die dritte sagte: „Ich verstehe Sie nicht, dann verstehen die Nachhilfeschüler Sie auch nicht."

Also war ich nach wie vor zu Hause und brachte die Zwillinge von Montag bis Freitag morgens in die Kita und holte sie um 15 Uhr wieder ab. Ich kaufte mir für die Hin- und Rückfahrt ein Kurzstreckenticket, welches 1,40 € kostete, d. h. insgesamt 2,80 € pro Tag. Manchmal lief ich zu Fuß, weil ich die Umwelt schonen wollte.

Ein netter Busfahrer erklärte mir, dass ein Einzelfahrticket (2,80 €) in der Großwabe insgesamt bis zu 90 Minuten gelten würde.

Am 8. April 2019 um 14:30 Uhr bat ich meine 11-jährige Tochter, mich in die Krippe zu begleiten, damit sie mir schnell mit dem Anziehen der Jungs helfen könnte und wir den Bus zurück rechtzeitig erreichen würden. Denn kurz nach 15:30 Uhr sollte meine mittlere Tochter von der Mittagsbetreuung nach Hause kommen, so dass jemand zu Hause sein musste. Ich kaufte mir ein Einzelfahrticket statt eines Kurzstreckentickets, meine Tochter hatte ihr Schulticket. Um 14.54 Uhr kam der Busfahrer, der fast immer zu dieser Uhrzeit fuhr, und auch fast immer die gleichen Fahrgäste hatte. Ich stieg mit dem Kinderwagen bei der mittleren Bustür ein und meine Tochter vorne beim Busfahrer. Während ich versuchte, den Kinderwagen sicher abzustellen, kam meine Tochter zu mir und sagte: „Der Busfahrer will dein Ticket sehen." Ich sagte: „Der Busfahrer weiß doch: Immer, wenn ich den Kinderwagen sicher abgestellt habe, gehe ich zu ihm und zeige ihm mein Ticket oder kaufe ein neues."

Daraufhin ging ich zu dem Busfahrer und zeigte ihm das Ticket. Er sagte: „Dieses Ticket ist ungültig, du musst ein neues kaufen." Ich erklärte ihm, dass das Ticket nicht mal 15 Minuten alt sei und einer seiner Kollegen mir gesagt habe, dass ein Einzelfahrticket für 2,80 € für 90 Minuten gilt. Er sagte: „Das stimmt, aber nur in eine Richtung." Ich antwortete: „Dann geben Sie mir bitte mein Ticket zurück, ich möchte die gleiche Richtung nehmen, ich steige wieder aus, die Busse fahren doch im Kreis. Ich habe noch die Möglichkeit, in die gleiche Richtung nach Hause zu fahren, bitte geben Sie mir das Ticket zurück, es gehört mir und nicht Ihnen." Aber der Busfahrer hielt mein Ticket fest und wollte es mir nicht zurückgeben. Da ich im Augenwinkel sah, wie einer der Zwillinge aus dem Kinderwagen klettern wollte, bin ich zwischen Kinderwagen und Busfahrer hin und her, auch weil mir nicht einleuchtete, wo das Problem ist: Zweimal 1,40 € ergibt 2,80 €. Da der Fahrschein ja auch gerade erst von mir gekauft worden war und es keine 90 Minuten dauert, wieder an dieser Haltestelle zu sein, nahm ich das Verhalten des Busfahrers persönlich. Ich sagte zu ihm: „Bitte hören Sie mit dieser Diskriminierung auf. Geben Sie mir bitte das Ticket, ich steige aus." Er sagte: „Wenn du aussteigst, bekommst du dein Ticket zurück." Ich ging wieder zu den Kindern, holte die Jungs aus dem Kinderwagen raus und klappte ihn zusammen, um mit den Jungs und meiner Tochter vorne auszusteigen, da der Fahrer die mittlere Tür abgeriegelt hatte. Er hielt das Ticket immer noch fest. Als ich den Bus sah, der in die entgegengesetzte Richtung fährt, habe ich versucht, mein Ticket aus der Hand des Fahrers zu reißen. Dabei trafen meine Finger seine Finger, wodurch bei dem Busfahrer ein leichter Kratzer entstand. Das war von mir nicht beabsichtigt. Ich wollte den Bus in die Richtung nehmen, für die mein Ticket gültig war, wie der Busfahrer gesagt hatte. Aber er hinderte mich daran, diesen Bus zu erreichen, obwohl er sah, dass meine Jungs schon am Weinen waren.

Ich stieg mit meinen Kindern aus und wir machten uns zu Fuß auf den Heimweg.

Daraufhin verfolgte der Busfahrer mich und meine Kinder mit dem Bus. Er stoppte den Bus vor mir und blockierte den Verkehr. Dann stieg er mit seinem Handy aus und richtete die Kamera auf mich und die Kinder, um uns zu filmen. Ich drehte mich mit dem Kinderwagen um und lief in die entgegengesetzte Richtung, damit er mich in Ruhe lässt und wir dieser unschönen Situation entgehen konnten, denn ich wollte nicht, dass wir von Unbekannten gefilmt werden. Der Busfahrer lief mir nach, an mir vorbei, drehte sich um und lief dann rückwärts vor mir her, wie beim Drehen eines Filmes, die Handykamera weiter auf mich und die Kinder gerichtet. Ich blieb stehen und sagte zu ihm: „Sie haben es übertrieben, Sie müssen das Video sofort löschen. Was Sie hier tun, ist überhaupt nicht erwünscht! Ich fühle mich diskriminiert und in meiner Persönlichkeit verletzt, was soll dieses Verhalten?" Ich wollte ihm das Handy aus der Hand nehmen, um das Video zu löschen, aber das schaffte ich nicht. Als er in den Bus steigen wollte, stand ich vor ihm und schubste ihn leicht. Daraufhin drängte er mich mit seiner Brust rückwärts gegen den Bus. Um nicht rückwärtszufallen, oder am Bus zu kleben, habe ich dagegengehalten. Er hat so stark geschoben, dass, wäre ich plötzlich zur Seite gewichen, er mit Sicherheit vornübergefallen wäre und sich sehr verletzt hätte. Zwei Frauen sind dann aus ihren Autos gestiegen und sagten zu mir: „Nicht den Busfahrer anfassen, er sucht eine Möglichkeit zu behaupten, dass Sie ihn geschlagen haben, bitte nicht anfassen." Ich erklärte ihnen, dass der Busfahrer mich und meine Kinder gefilmt habe, was ich nicht gut finde. „Wenn er die Polizei gerufen hat, dann können mich die Beamte jederzeit ansprechen, weil ich entlang dieser Straße in die gleiche Richtung gehe, wie der Bus fährt."

Ich bin also mit den Kindern nach Hause gelaufen und traf meine 6-jährige Tochter vor der Haustür sitzend. Sie hatte schon auf mich gewartet.

Kurze Zeit später, als ich die Trinkflaschen für die Jungs machte, klingelten tatsächlich zwei Beamte bei mir. Sie nahmen die Aussagen von mir und von meiner 11-jährigen Tochter auf. Ich sagte zu den Polizisten, dass ich den Busfahrer wegen Nötigung, Diskriminierung und Behinderung anzeigen möchte. Sie erklärten mir aber, das ginge nicht mehr, denn der Busfahrer habe mich bereits angezeigt.

Der Busfahrer gab folgende Aussage zu Protokoll: „Er fing an zu schimpfen und zu schreien. Er hat versucht, mir den ungültigen Fahrschein aus den Händen zu nehmen. Bei dieser Rangelei verletzte er an meiner rechten Hand den Zeigefinger und Ringfinger. Er beleidigte mich als ‚Rassist' und kletterte sogar fast über die Glasscheibe meiner Tür und griff hierbei nach dem Fahrschein. Er behauptete, dass der Fahrschein ihm gehört, aber ich sagte ihm, dass ich den Fahrschein als Nachweis für die Polizei brauche, die gleich kommt. Er schlug mich mehrfach auf den Hinterkopf und trat gegen meine Beine. Mein Eindruck war, dass er mich mit Absicht geschlagen hat, und bei diesem Schlag spürte ich sofort Schmerzen, mir war eine kurze Zeit schwindelig. Irgendwann bin ich von ihm weg und wollte in den Bus einsteigen. Daraufhin hat er mich behindert und hier muss ich auch ein paar Tritte gegen meine Beine von ihm bekommen haben. Er hielt mich hierbei von vorne fest, damit ich nicht in den Bus komme. Wie genau er mich trat, kann ich nicht sagen. Er trat mich an das rechte Schienbein. In dem Moment spürte ich keine Schmerzen, die kamen aber später. Wie es genau weiterging, kann ich nicht sagen, er ist ja mit seinen Kindern einfach weggelaufen."

Ich erhielt einen Brief von der Staatsanwaltschaft, in dem zu lesen war: „Sehr geehrter Herr Ba, die Staatsanwaltschaft legt Ihnen Folgendes zur Last: Am 08.04.2019 gegen 15:00 Uhr gerieten Sie mit dem Fahrer des von Ihnen benutzten Linienbusses in Streitigkeiten über den Leistungsumfang des von Ihnen erworbenen Tickets. Im Rahmen der Diskussion beleidigten Sie in der B.S.-Straße in [...] den Busfahrer mit dem Wort ‚Rassist', um Ihre Missachtung auszudrücken. Im weiteren Verlauf der Auseinandersetzung verletzten Sie den Busfahrer, indem Sie ihm mit dem Handrücken auf den Hinterkopf schlugen. Hierdurch erlitt der Geschädigte, wie von Ihnen zumindest vorhergesehen und billigend in Kauf genommen, Kopfschmerzen.

Strafantrag wurde form- und fristgerecht gestellt. Die Staatsanwaltschaft hält wegen des besonderen öffentlichen Interesses an der Strafverfolgung ein Einschreiten von Amts wegen für geboten. Sie werden daher beschuldigt, einen anderen beleidigt zu haben, und durch dieselbe Handlung eine andere Person körperlich misshandelt oder an der Gesundheit geschädigt zu haben."

Ich kann nicht verstehen, warum manche Leute lügen. Es ist wirklich gemein und beschämend, wenn ein Erwachsener lügt. Ich bin ein sehr geübter Kampfsportler; hätte ich gegen seine Beine getreten, hätte er vielleicht nicht mehr Bus fahren können oder er könnte nicht mehr laufen. Und wie hätte ich auf seinen Hinterkopf schlagen können? Er stand doch immer mit dem Gesicht zu mir.

Viele Mitfahrende hatten den Busfahrer unterstützt. Vielleicht, weil er weiß ist und aus Europa kommt. Unter den Mitfahrenden im Bus war ein Jugendlicher, ein 15-jähriger Junge, der die ganze Szene beobachtete, filmte und auch einige Fotos aufnahm. Er hörte die Aussagen vieler Augenzeugen zu diesem Vorfall und diese gefielen ihm gar nicht.

Der Junge ging deshalb mit seiner Mutter zur Polizei und sagte, er sei auch im Bus gewesen und habe alles gefilmt und fotografiert. Er zeigte den Beamten das kurze Video und die Fotos. So kam die Wahrheit heraus, denn Lügen haben immer kurze Beine. Die Fotos bewiesen, dass ich mit dem Gewicht auf den Fersen war und die Zehen nach oben zeigten, ich mich also eindeutig in einer Rückwärtsbewegung befand, der Busfahrer hingegen mit vollem Gewicht gegen mich drückte. Die Wahrheit ist einfach, aber sie ist für viele Leute eine sehr große Belastung. Ich war sehr froh, dass der Junge den Mut hatte, eine Aussage bei der Polizei zu machen.

Der Busfahrer und ich mussten uns vor Gericht verantworten.

Einige Tage später wartete ich mit meinen Zwillingen wieder auf den Bus, nachdem ich sie in der Krippe abgeholt hatte, es war der 14.05.2019 um 14:54Uhr. Ich hatte die Ankunft eines anderen Busfahrers erwartet. Der Bus kam in Sicht, meine Jungs freuten sich und zeigten auf den Bus. Aber ohne anzuhalten, fuhr der Busfahrer salutierend vorbei – es war jener Busfahrer, mit dem es einige Tage zuvor Probleme gegeben hatte. Der Fahrer eines Transporters, der sich hinter dem Bus befand, hatte gesehen, dass der Bus, ohne anzuhalten, vorbeifuhr. Er stoppte bei mir und den Kindern, die begonnen hatten zu weinen. Er ließ das Fenster herunter und fragte mich: „Haben Sie nicht auf dem Bus gewartet?" Ich sagte ihm: „Doch, ich habe auf den Bus gewartet, aber dieser Busfahrer nimmt mich nicht mit, sondern salutiert und fährt, ohne anzuhalten, weiter." Der Fahrer des Transporters sagte: „Okay, warte mal, ich möchte ihn fragen, was mit ihm los ist." Er fuhr Richtung Bus davon. Ich selbst fing an, in Richtung nach Hause zu Fuß zu laufen. Nach 15 Minuten Laufen kam ich an die Bushaltestelle, wo sowohl der Bus als auch der Transporter standen. Der Fahrer des Transporters fragte mich, ob ich ein bisschen Zeit hätte, er habe die Polizei gerufen. Er fragte mich auch, ob es bereits einen Vorfall mit diesem Busfahrer gegeben habe. Ich erklärte ihm kurz, was am 08.04.2019 passiert war, und sagte ihm, dass der Busfahrer mich seit diesem Vorfall nicht mehr mitnehme und es ihm anscheinend gefällt oder egal ist, meine Jungs zum Weinen zu bringen und leiden zu sehen. Der Fahrer des Transporters und ich standen etwas weiter entfernt vom Bus. Der Busfahrer saß währenddessen mit seinen Fahrgästen im Bus, die Türen und Fenster waren geschlossen. Als der nächste Bus kam, stiegen die Fahrgäste aus und in den anderen Bus ein, um weiterfahren zu können. Geblieben sind nur ein junger Mann und eine ältere Dame, die Lieblingsfahrgäste des Busfahrers. Ich stand bei meinen weinenden Jungs und versuchte, ihnen Wasser zu geben. Sie hatten großen Durst und Hunger, denn eigentlich bekamen sie nach der Krippe zu Hause gleich ihre Milchflasche. An dem Tag war es zudem sehr heiß, 34 °C. Zu dem Busfahrer bin ich nicht hingegangen, ich habe nicht mit ihm gesprochen und ihm auch nichts zugerufen. Dann kam die Polizei. Ein Polizist erklärte dem Fahrer des Transporters direkt mit einem verärgerten Gesichtsausdruck, dass es strafbar sei, was er getan habe, und er solle sofort seinen Ausweis zeigen. Er fügte hinzu: „Es ist uns doch egal, ob der Busfahrer anhält oder nicht. Der Farbige muss sich bei dem Busunternehmen beschweren." Der gleiche Polizist, der eben noch mit dem Fahrer des Transporters gesprochen hatte, wandte sich mir genervt (oder war es aggressiv?) zu und sagte, ich solle nach Hause gehen.

Ich lief in Richtung nach Hause los. Da kam ein weiterer Polizeitransporter mit vielen Polizisten. Einer davon ging auf mich zu und stellte einige Fragen: „Was war am 08.04.2019?" Ich sagte ihm, dass dieser Vorfall schon vor Gericht sei.

Der Fahrer des Transporters war ein netter Mensch. Ich hatte ihn an diesem Tag das erste Mal in meinem Leben gesehen und es ist superselten, dass Leute aktiv werden und Courage zeigen. Ich hatte ihm nicht gesagt oder ihn nicht gebeten, er solle den Bus ausbremsen oder anhalten. Der Fahrer des Transporters wollte nur helfen, da er entsetzt und empört war, als er sah, dass der Bus mich nicht mitnahm.

Ich hatte das Gefühl, dass der Busfahrer seit dem Vorfall vom 8. April 2019 versuchte, einen massiv negativen Druck auf mich und meine Kinder auszuüben. Wenn meine Tochter in den Bus mit besagtem Busfahrer einstieg, um zur Schule zu fahren, dann schaute er sie immer ganz intensiv an. Das hat sie mir mehrmals erzählt. Ich verstehe auch nicht, warum ich eine Vorladung wegen „Nötigung im Straßenverkehr" erhielt und dann wegen Beleidigung befragt wurde. Ich hatte den Eindruck, dass man sich hier ganz offensichtlich auf die Seite des Busfahrers gestellt hat.

Aufgrund meiner Schwerhörigkeit nehme ich die Mimik und Körpersprache eher und intensiver wahr als Gesprochenes. Ich musste wirklich viele schlechte Erfahrungen auf Grund meiner Hautfarbe machen (in Mecklenburg-Vorpommern, Sachsen, Niedersachsen und Bayern). Nun kam noch meine Schwerhörigkeit hinzu. Ich erlebte, dass die Toleranz der Leute rapide unter null sank, wenn ich etwas akustisch nicht verstand. Wenn ich laut sprach, weil ich mich selbst nicht hörte, wurde das als unhöflich eingestuft. Nettere Leute versuchten es dann oft auf Englisch. Aber das half ja auch nichts. In Deutschland wissen sehr viele Leute nach wie vor nicht, wie sie auf einen Schwarzen reagieren sollen und wie sie mit ihm umgehen können. Oder wie sie mit einem schwer Hörgeschädigten umgehen sollten. Bewusst oder unbewusst greifen dann „Vermeidungsstrategien", wie ich es mal nennen möchte, indem z. B. Bewerbungen schnellstmöglich abgelehnt wurden. Wenn beides – schwarz und schwerhörig – in einer Person vereint ist, fällt man durchs Raster und bleibt außen vor. Man erfährt sehr viel mehr abblockende Reaktionen statt eines offenen Umganges miteinander. Ich ging auch diesmal davon aus, dass es wegen meiner Herkunft und meiner schönen Hautfarbe Schwarz war. Mittlerweile manifestierte sich bei mir die Ablehnung – die ich viel stärker erfuhr, als wenn ich Weiß wäre – allmählich als psychische Belastung, als Angst vor Leuten, Angst, unter Leute zu gehen, und Depression.

Während meine Frau ihre Weiterbildung machte, war ich bei den Kindern zu Hause. Ich betete zu Gott, dass sie im Anschluss eine Arbeitsstelle außerhalb von Bayern finden würde, so dass ich diesen Ort (diese Hölle) hier verlassen konnte, denn hier hatte ich wirklich Angst zu leben.

Der Busfahrer mit seinem Anwalt und ich mit meinem Anwalt waren vor Gericht im Amtsgericht, dort fand die Verhandlung im Bereich des Familiengerichts statt. Das war am 25.07.2019. Im Gerichtssaal saßen ein Richter und seine Praktikantin. Meine Frau war mitgekommen, um für mich hören zu können, aber der Richter sagte zu ihr, dass sie nicht im Saal bleiben dürfe, da es ein geschlossener Zivilprozess sei. Die Frau des Busfahrers musste auch draußen bleiben.

Der Richter befragte die ganze Zeit den Busfahrer, wie zum Beispiel: „Sie haben angegeben, dass der Beschuldigte gegen Ihre Beine getreten hat, wie machte er das oder wie ist das passiert?"

Es blieb dem Busfahrer nichts übrig als die Wahrheit zu sagen, denn der Richter hatte alle Zeugenaussagen und Bilder. Der Richter fragte den Busfahrer, was er sich jetzt wünschen würde. Die Antwort des Fahrers war: „Ich möchte nicht, dass der Beschuldigte mit dem Bus fährt, in dem ich mich befinde oder den ich lenke."

Der Richter fragte mich, ob ich gehört hätte, was der Busfahrer gesagt habe (dass er nicht wolle, dass ich mit dem Bus fahre, welchen er lenke), und er fragte mich, ob ich das für einige Monate so annehmen könnte. Ich war sehr enttäuscht, denn ich hatte gehofft, dass er sagt, ich müsse doch mit jedem Bus fahren dürfen, wenn ich meine kleinen Zwillinge zur Krippe bringe und wieder abhole, statt mir den Bus zu verweigern. Weil ich so enttäuscht war und diesen Beschluss absolut unmenschlich fand, sagte ich, dass ich nie wieder mit einem der Busse fahre.

Ich besorgte mir ein E-Bike und einen Fahrradanhänger, um meine Jungs in die Krippe zu fahren, was zudem noch umweltschonender war als den Bus zu nehmen.

Den Busfahrer traf ich leider jeden Morgen und Nachmittag im Straßenverkehr. Wenn er mich auf der Straße mit Fahrrad und Anhänger sah, fuhr er sehr dicht hinter mir, man konnte meinen, er würde am liebsten auf mich und meine Jungs drauffahren.

Einmal warnte ein Fahrer, der auf der anderen Spur entgegenkam, den Busfahrer durch Hupen, weil der Bus so gefährlich dicht auf meinen Fahrradanhänger auffuhr.

Da kam ich auf die Idee, zukünftig zu warten, bis der Bus an mir vorbeigefahren war, dann könnte ich hinter ihm fahren.

Denn, wenn ich die Polizei anrufen würde, bekäme ich von den Beamten bestimmt zu hören: „Es gibt keine Beweise." Wenn der Busfahrer mir und meinen Jungs etwas antäte, würde er nur sagen: „Es tut mir unendlich leid, es war nicht meine Absicht" oder Ähnliches. Auch wenn meine Frau Auto fuhr und der Busfahrer das Auto sah, nahm er ihr die Vorfahrt oder hing fast auf der Stoßstange drauf.

Ich habe mich riesig gefreut, als ich hörte, dass der Busfahrer nicht mehr im Einsatz ist. Und mit dieser Freude war ich tatsächlich nicht allein, denn er wurde auch von anderen Leuten, die regelmäßig Bus fuhren, als sehr unhöflich empfunden.

Als Schwarzer in Deutschland zu leben ist nicht einfach.

In Mecklenburg-Vorpommern, in Greifswald, waren verbale Beleidigungen, die auf meine Hautfarbe abzielten, an der Tagesordnung. Zum Beispiel wurde meiner Freundin vom Balkon aus zugerufen: „Es ist nach 17 Uhr, du musst deinen Nigger an die Leine nehmen." Aus einem vorbeifahrenden Auto wurde rausgebrüllt: „Zwei Fotzen und ein Nigger" oder es kamen Äußerungen wie: „Wohl zu lange in der Sonne gelegen" oder „Kein Wunder, dass es so kalt ist, jetzt laufen die Kohlen schon auf der Straße rum". Einmal, als meine Freundin und ich im Schönwalde-Center einkaufen wollten, stand fast ein Dutzend kahlgeschorener Jugendlicher davor; ob oder auf was sie warteten, weiß ich nicht. Als sie uns kommen sahen, fing der eine an, Affenlaute zu imitieren und so zu tun, als würde er sich in Affenmanier kratzen. Er steigerte sich so hinein, dass er fast auf mich losgegangen wäre, hätten zwei andere ihn nicht abgehalten. Wie dieser Junge sein „Deutschsein" definierte, wenn er meinte, sich auf diese Art präsentieren zu müssen, ist mir nicht klar. Ich wurde jedenfalls zur Zielscheibe, sobald ich die Wohnung verließ.

Als Schwarzer muss man immer damit rechnen, aufgrund der Hautfarbe kontrolliert zu werden. Weiße müssen sich darüber in der Regel keine Gedanken machen.

Wo ich momentan wohne gibt es leider auch Leute, die einer anderen Gesinnung sind. Dort wo wir, wie die anderen Nachbarn auch, an der Straße parken, lag an dem von uns benutzten Abschnitt, bereits drei Mal eine ca. 1,5-2 cm lange Schraube, die mit der Spitze senkrecht nach oben zeigte. Mit unserem ersten Auto sind wir einmal draufgefahren und der Reifen war platt. Bei den anderen beiden Malen hatten wir Glück und haben die Schraube rechtzeitig gesehen. Oder es wurde ein Luftreifen vom Kinderwagen zerstochen, den wir immer hinter der dichten Hecke abstellten, die den Vordergarten umgibt.

Auch gab es „Vorfälle" beim Einkaufen. Einmal fuhr ich zum Supermarkt und als ich zum geparkten Auto zurückkam, war an der Beifahrertür ein so tiefer und langer, senkrechter Kratzer, dass das mit Absicht geschehen sein musste und offensichtlich Vandalismus war, und über dem Kofferraum war Cola ausgekippt worden. Ein anderes Mal war das Vorderrad meines Fahrrades gelöst worden. Gott sei Dank habe ich beim Aufsteigen gemerkt, dass etwas nicht stimmte.

Bei Studien zu Rassismus gegen Menschen afrikanischer Herkunft in gut einem Dutzend europäischer Staaten hat Deutschland am schlechtesten abgeschnitten.

Demnach gaben rund 76 % der Befragten an, in den vergangenen fünf Jahren wegen ihrer Hautfarbe, Herkunft oder Religion benachteiligt worden zu sein, so die europäische Agentur für Grundrechte. Das ist der höchste Anteil unter den 13 europäischen Ländern, in denen Menschen mit afrikanischen Wurzeln befragt wurden. (Quelle: https://www.tagesschau.de/ausland/europa/diskriminierung-schwarze-eu-100.html; Abrufdatum 14.05.2024) Ja, das kann ich in diesem Buch hundertprozentig bestätigen, dass die schwarzen Menschen in Deutschland häufiger von Rassismus betroffen sind als anderswo in Europa. Akademiker wandern in der Regel nach einigen Jahren in andere Länder ab, da sie hier kaum eine Anstellung finden.

Hat jemand gedacht, dass die Wurzeln aller Menschen in Afrika liegen? Dass alle gleich sind? Nein, es existieren viele Abstufungen und Angst vor dem vermeintlich Anderssein des Gegenübers. Anstatt sich das bewusst zu machen und wirklich etwas dagegen zu tun, wird weiter systematisch ausgegrenzt und abgelehnt. Bewusst oder unterbewusst.

Es gibt einen Bericht von Lord Macauly aus dem Jahr 1835, der vor der Kolonialisierung als Kundschafter ausgesandt wurde. Sein Bericht war folgendermaßen: „Ich habe diesen Kontinent als Spion und Späher durchquert, ich habe keine Bettler gesehen, ich habe keinen Dieb gesehen. Sie haben Werte, die über unseren stehen. Sie sind immens reich an Ressourcen. Sie sind körperlich stärker gebaut als wir. Sie sind uns überlegen. Meine Empfehlung ist, dass wir sie nicht beherrschen können, außer wenn wir uns in ihr Bildungs- und Religionssystem einklinken und sie glauben lassen, dass wir die Stärkeren sind und ihre Kultur und Werte damit in den Abgrund stürzen." (Quelle: www. judiciary.org.za, Speech by Chief Justice Mogoeng, [16] Wiedergabe der Worte von Lord Macaulay am 02.02.1835, die er an das britische Parlament richtete; Abrufdatum 14.05.2024)

Meiner Meinung nach wurden in den 70er-Jahren massive biologische Waffen (etwa HIV-Virus, Cholera, Marburg, Ebola usw.) entwickelt und gegen die Afrikaner wegen deren immensen Ressourcen in Afrika eingesetzt wurden.

Ich denke die Wissenschaftler lassen die Leute nur glauben, dass diese Viren aus Flughundpopulationen oder Affen stammen, um davon abzulenken.

In der Demokratischen Republik Kongo wurde traditionelle Medizin erfolgreich gegen HIV eingesetzt. Das wird aber nicht berichtet, weil es made in Afrika ist.

Nicht zuletzt ist politisch und sprachlich so viel getan worden, dieses Machtkonstrukt aufzubauen und aufrechtzuerhalten, dass die Menschen heute selbst nicht mehr wissen, wie sie unvoreingenommen miteinander zurechtkommen können. Prinzipiell könnte man damit anfangen, die Leute, wie es die deutsche Höflichkeitsform ist, zu „Siezen". Ich höre immer direkt nur „Du".

Schlusswort

Das Leben ist sehr schwer für Kinder, die ihre Mutter früh verlieren. Ich wünsche allen Kindern der Welt, dass ihre Mütter bei ihnen sind und länger leben.

Ich habe selbst erleben müssen, wie schwer es ist, wenn ein Kind seine Mutter in jungen Jahren verliert.

Der allerhöchste Gott sagt: „Ich erschuf den Menschen aus einer Substanz, aus Lehm, alsdann setzte ich ihn als Samentropfen an eine sichere Ruhestätte. Dann bildete ich den Tropfen zu einem Blutklumpen; dann bildete ich den Blutklumpen zu einem Fleischklumpen; und aus dem Fleischklumpen Knochen; dann bekleidete ich die Knochen mit Fleisch; dann entwickelte ich es zu einer anderen Schöpfung. So sei denn Gott gepriesen" (Sure 96, das unvermeidliche Ereignis).

Gelobt sei die Frau, von der fast nie Gewalt kommt, die weiß, wie schwer es ist, einen sich entwickelnden Menschen neun Monate im Bauch zu tragen.

Oh Mutter Luci, du solltest deinen Lohn für die Geburt deiner Kinder bekommen. Du hast fünf verschiedene Kinder gezeugt, die in fünf Kontinenten leben. Aber es herrscht oft Gewalt unter ihnen. Oh du Frau, steh auf und sage ihnen, dass sie mit der Gewalt gegen ihre Brüder und Schwestern ein für alle Mal aufhören sollen!

Das Leben heißt nicht Ablehnung, null Toleranz oder andere Länder wegen ihrer Bodenschätze anzugreifen und auszubeuten. Leben heißt Zustimmung, miteinander lieben und leiden, sich verstehen und unterstützen. Wenn einer einen anderen sieht, ob schwarz, rot, gelb, grün oder weiß, darf er ihn nicht direkt ablehnen und nur auf die äußere Fassade achten, sondern sollte versuchen herauszufinden, wie der Charakter des Gegenübers ist und was ihm wichtig ist.

Das Wissen ist überhaupt keine Klamotte, die einfach angezogen werden kann, vielmehr wird es durch den Schulbesuch, Lernen und viel Lesen erworben. Jeder kann Wissen erwerben, wenn er will. Ich bin zwar ein sehr schwerhöriger Mann, aber ich habe die Schule und das Studium geschafft, weil ich ein Ziel hatte, für das ich mir viel Mühe gab. Nichts ist leicht, man braucht Mühe und Ausdauer. Ansonsten kann man nicht das erreichen, was man erreichen will.

Die Ausländer dürfen nicht denken, dass, wenn sie in Europa sind, sie alles haben können. Viele Afrikaner studieren in Deutschland und sie denken, wenn sie ihr Studium abschließen, haben sie Chancen, eine entsprechende Arbeit zu finden, aber das ist nur sehr selten der Fall. Solange die nicht greifbare Barrieren in der Gesellschaft gelebt werden, ist für Schwarze Menschen kaum ein Durchdringen dieser Schranken möglich. Wenn der Umgang miteinander, zwischen Weiß und Schwarz, schon auf Krippen- und Kindergartenebene und später in den Schulen gelernt werden würde, indem auch Schwarze Erzieher/innen und Lehrer/innen angestellt werden würden, wäre das ein Schritt in die richtige Richtung. Es gibt in Deutschland einige Schulen, die sich gegen Rassismus ausgesprochen haben, was ich sehr gut finde, und die sich entsprechend auszeichnen dürfen. Aber gibt es auch Schwarze Lehrer/innen an diesen Schulen?

Ich bin ein Mensch, der nie so geschlafen hat, wie es sein sollte, denn ich träume sehr viel und intensiv. Und sehr oft lassen mich die äußeren Umstände auch nicht zur Ruhe kommen. Europa ist für Afrikaner nur zu oft ein schwieriger Ort zum Leben und niemand weiß, wohin das Leben ihn führt. Ich bin nicht gegen die Europäer und gegen die Deutschen, denn meine Frau ist deutsch und wegen der Liebe zu ihr und zu unseren Kindern bin ich in Deutschland geblieben.

Die Europäer müssen aber versuchen mit anderen Menschen, egal ob Afrikaner, Asiaten oder Südamerikaner, zusammenzuarbeiten wie Geschwister, um die Zukunft der Menschen auf der ganzen Welt wiederaufzubauen. Dabei darf es nicht immer um Profit gehen. Der allerhöchste Gott hat das Leben auf der Welt nicht nur den Europäern gegeben, sie haben kein Recht, sich ohne entsprechende Gegenleistung oder Bezahlung der Ressourcen in anderen Ländern zu bedienen, damit sie reich werden. Und die Mülllieferungen, die Lieferungen von vermutlich schon zu oft aufgetauten Hähnchenteilen, von Kleidung, all das muss enden. Ich weiß nicht, inwieweit afrikanische Politiker das blockieren könnten, dass ihre Länder als lukrative Resteabsatzmärkte herhalten. Europa ohne andere Kontinente, insbesondere Afrika, ist wie ein Auto ohne Benzin. Wenn man ein Auto in Europa sieht, und reflektiert, aus welchen Materialien es gebaut ist, dann sind es Materialien, die aus anderen Ländern, insbesondere aus Afrika oder Indien, stammen. Was wäre, wenn es nicht mehr möglich ist, in Europa weiterzuleben, die Menschen deshalb nach Afrika gehen würden, und die Afrikaner würden sagen: „Wir wollen auch nicht mehr, dass die Europäer bei uns leben."?

An die G7-Industrieländer: Wo haben sie diese ganzen Materialien her, um Industrieländer zu sein? Derzeit fließen Unsummen an Geldern in die Aufrüstung und die Lieferungen von Waffen. Bravo. Wie war das mit den Dichtern und Denkern? Stellt euch vor, es ist Krieg und keiner geht hin? So einfach ist es nicht, ich weiß, aber ich vermisse klare Worte und erkennbare Aktivitäten zur friedlichen Konfliktbeilegung, statt dieser ganzen Waffenlieferungen. Zumindest kriege ich davon nichts mit.

Der Zweck meines Aufenthalts in Deutschland war mein Studium und die Frau zu finden, mit der ich anscheinend mehrmals auf dieser Welt gewesen bin, denn Gott hatte sie mir immer in Träumen gezeigt.

Gott der Allmächtige sagt: „Wir haben den Tod unter euch vorherbestimmt, wir werden euch nicht daran hindern, euch durch euresgleichen zu ersetzen und euch in einem Zustand wiedergeboren werden zu lassen, den ihr nicht kennt. Ihr habt die erste Schöpfung erlebt, erinnert ihr euch nicht?"

Heute kennen wir uns seit 22 Jahren. Danke für die wundervolle Liebe, die du mir bisher geschenkt hast.

Ich wünsche allen Männern, dass sie solch intelligente, respektvolle und humorvolle Frauen treffen. Es ist weder ein Gedicht noch eine Fiktion, sondern eine Realität und eine wahre Begegnung.

Wenn ich aber meine Ausbildung, mein Studium in Guinea und in Deutschland betrachte, auch die Weiterbildung, sehe ich, dass die ganzen Mühen umsonst waren. Ich hatte nie die Möglichkeit, als Physiker zu arbeiten, und sehe mich als Verlierer in diesem ganzen System. Als Immigrant bin ich hergekommen und habe mich für das Physikstudium entschieden, um auf den Gebieten zukunftsträchtiger Wissenschaften zu forschen, aber das ist nicht der Fall gewesen. Angenommen, du hast die gleiche Ausbildung, die gleichen Qualifikationen und Noten wie eine andere Person, dann gibt es, so habe ich es erfahren, ungeschriebene Abstufungen basierend darauf, wo du herkommst und welche Hautfarbe du hast, welchen Namen du trägst, ob du männlich oder weiblich bist, wie alt du bist und ob du körperliche Einschränkungen hast. Schwarzen werden hierzulande meistens unerwünschte Arbeiten angeboten wie etwa Stellen als Reinigungskräfte für Frauen und Ältere oder die harten Arbeiten für jüngere Männer.

Ich hätte Deutschland schon lange verlassen können, um nach Amerika zu fliegen, um meine in Deutschland erworbenen Kenntnissen weiterzuvermitteln, denn mein Selbstvertrauen ist sehr groß. Aber die Liebe meiner Familie hat mich an Deutschland gebunden. Der islamische Prophet sagte: „Der würdigste aller Männer ist derjenige, der seine Ehefrau in allen Belangen unterstützt." Ich wollte meine liebe Frau unterstützen, denn sie sollte unbedingt promovieren, da auch ihr Weg durch die damalige Struktur und Inhalte ihres Diplomstudienganges nur in eine sehr „akademisierte" Richtung führte. Auf die außeruniversitären Stellen, auf die sie sich beworben hatte, waren auch nur Ablehnungen gekommen. Allein hätte sie das mit dem kleinen Kind nicht geschafft.

Zugleich wollte ich als Familienvater meine Verantwortung übernehmen, indem ich meine Kinder zuhause förderte, denn in Deutschland wird an vielen Schulen zwar eine Mittagsbetreuung, inklusive beaufsichtigter Hausaufgabenzeit, zumeist zahlungspflichtig angeboten, aber darüber hinaus üben die Kinder fast nicht. Weder dort noch zu Hause, obwohl viele Schülerinnen und Schüler schlecht in Mathematik, Naturwissenschaft und Lesen sind. Dabei gibt es hier so viele verschiedene Lehr- und Lernmaterialien. Wer viel übt, der wird sehr gut, denn Übung macht den Meister. In Guinea und anderen afrikanischen Ländern kenne ich es so, dass die Kinder (wie meine Freunde und ich) schon sehr früh eine Vorstellung davon haben, was sie später werden wollen. Es ist traurig zu sehen, dass in Deutschland viele Kinder und Jugendliche, auch später die Studenten, nicht wissen, was sie eigentlich in ihrem Leben erreichen wollen. Die meisten haben kein Ziel, auf das sie hinarbeiten und für das sie sich anstrengen.

An den Universitäten Deutschlands findet man meist nur Kinder von Reichen, Politikern und Akademikern, bei denen das Elternhaus sicherlich der entscheidende Faktor ist. Das ist schlimm, sogar verehrend! Ich bitte die deutsche Regierung, mehr in die Umstrukturierung des Bildungssystems und damit in Inhalt und Art der Bildung zu investieren als Geld in Waffen und Kriege fließen zu lassen.

Bezogen auf einen respektvollen Umgang miteinander haben Schülerinnen und Schüler nur unzureichende und am Ende vage Informationen und Kenntnisse über Afrika. Die neue Generation muss wissen, dass ohne Afrika kaum etwas auf der Welt existiert. Nur so kann man sich, später als Erwachsene, auf gleicher Augenhöhe begegnen.

Die Afrikaner in Deutschland müssen auch kapieren, dass, ein afrikanischer Student in allem, was nicht multiple choice ist, mindestens das Doppelte bis Dreifache leisten muss, um eine ähnliche Bewertung zu erhalten, wie ein deutscher Student, um die Prüfung zu bestehen. So sind zumindest meine Erfahrungen. Und wenn sie mit dem Studium fertig sind und alles bestanden und geschafft haben, dann ist da diese unsichtbare Barriere, über die kaum einer drüberkommt, erst recht nicht allein. Und auch mit ihrem erworbenen Wissen, egal mit welchem noch so hohen Abschluss, muss ihnen klar sein, dass sie immer wieder als Person in Frage gestellt werden, angezweifelt werden und beweisen müssen, dass sie das, was sie gelernt haben, auch beherrschen, sollten sie doch die Chance dazu erhalten. Zumeist bleiben sie aber, durch nicht (an-) greifbares, bewusstes oder unbewusstes Ablehnungs- und Vermeidungsverhalten von Weißen Deutschen eh außen vor (ich kann es leider nicht oft genug erwähnen).

Gott hat mir vier Kinder unter mein Dach geschickt, damit ich sie betreuen und ihnen zeigen kann, was ich alles gelernt habe. Dafür bin ich sehr dankbar, denn die Kinder geben mir Kraft – physisch und psychisch – und sehr viel Freude. Das ist ein Segen in Anbetracht der äußeren Umstände.

Mathematik ist ein Fach, welches alle Kinder mögen sollten, denn sie ist für mich die höchste Frucht unseres Geistes. Wenn man die eigenen Kinder in Mathematik unterstützen möchte, zeigt man ihnen, wie man mit den Fingern rechnen kann, dass Addition Zusammenfügen heißt und Substraktion Abnehmen heißt, dass Multiplikation vervielfachen (Malnehmen) und dass Division Teilen heißt. Wichtig ist auch, ihnen zu erklären, wozu und in welchem (Arbeits-) Bereich die Formeln verwendet werden, damit nicht alles graue Theorie bleibt. Sie können ihnen auch zeigen, wenn Sie es können, wie man Namen mithilfe Mathekenntnissen entwickeln kann, wie zum Beispiel „JAN“:

$$\frac{[(J+A)^2 - (J-A)^2]N}{4} = \frac{(J^2 + 2JA + N^2) - (J^2 - 2JA + N^2)N}{4}$$

$$\frac{(2JA + 2JA)N}{4} = \frac{4JAN}{4} = JAN$$

Ich habe noch nie eine Sprache kennengelernt, die so kompliziert, vielfältig und damit auch – für ausländische Personen – problematisch ist, wie die deutsche Sprache. Den Deutschen fällt es oft sehr schwer, sich sprachlich mit anderen zu verständigen und umgekehrt ebenso.

Als Schwerhöriger habe ich mit nicht behinderten Studenten studiert. Ich hatte die Sorge, dass Professoren und Dozenten mich aufgrund meiner Behinderung anders behandeln als die anderen, doch das war nicht der Fall. Dafür hatten sich einige Professoren und Dozenten gegen mich gestellt, weil ich über eine außerordentliche Intelligenz verfüge. Ich erklärte die Dinge auf meine Art so wie ich sie verstanden hatte, wie zum Beispiel nach der Verteidigung meiner Diplomarbeit, es kamen Fragen wie etwa „wie sind die anderen Gase verloren gegangen"? Ich antwortete kurz: „durch Evaporation", aber für die Professoren war die Antwort nicht korrekt, da Evaporation ein Fremdwort für sie ist. Ich hätte Beschichtung sagen müssen wie mir nach der Verteidigung erklärt wurde. Aber meine Arbeit hatte mit Schichtabscheidungsverfahren zu tun (unter Schichtabscheidung versteht man, dass die abzuscheidenden Stoffe in einem Hochvakuumkammer verdampfen. D.h. sie scheiden sich vom Substrat ab, ohne dass eine chemische Reaktion stattfindet) und nicht mit Substraten. Und ich hatte auch nicht mit dem Gerät „Spinncoating" gearbeitet, das für Beschichtungen verwendet wird. Ich fand das nicht logisch. Vielleicht war es ein Missverständnis.

Die Professoren hatten mir für meine Verteidigung eine 3 gegeben. Bei deutschen Studenten hatte ich erlebt, dass ihnen bei einer schlechten Verteidigung gesagt wurde, wir lassen Sie durchfallen und sie dürfen sich verbessern. Sie haben also die Chance auf eine bessere Note erhalten. Mir wurde das nicht angeboten.

Bei der mündlichen Prüfung in der Mathematik hatte ich schwere Fragen erhalten, die Themen meiner Prüfung waren metrische Räume und Hilbert Raum, während meine deutschen Kollegen nur einfache Frage erhalten hatten – ich hatte sie immer danach gefragt. Allerdings war ich zum Glück sehr gut vorbereitet, weil ich annahm, dass mich die Professoren vermutlich belasten wollten.

Ich hoffe, Sie hatten viel Spaß beim Lesen des Buches.
Gymkoubia

Ein Wort des Dankes ...

Vielen Dank an die Mitarbeiterin des Verlags für ihren hervorragenden Austausch und die Zusammenarbeit mit mir während der Entstehung dieses Buches. Einen großen Dank auch an die Lektoren.

Vielen Dank an meinen Schwiegervater und an meine Frau für die Korrekturen von Teilen dieses Buches.

Mein größter Dank geht an meine Schwiegereltern, ohne die mir die Veröffentlichung dieses Buches nicht möglich gewesen wäre.

DER AUTOR

Gym Koubia wurde 1971 in Conakry, Guinea, geboren. Trotz seiner Hörbehinderungen und vieler familiärer Schwierigkeiten in seiner Kindheit hatte er immer den Wunsch, zur Schule zu gehen. Nach der Grundschule, dem Kollegium und dem Gymnasium besuchte er von 1992 bis 1996 die Julius Nyerere Universität von Kankan, wo er Physik mit dem Schwerpunkt Optik und Energietechnik studierte. Von 2001 bis 2007 studierte er an der Universität Greifswald Physik mit dem Schwerpunkt FTIR-Spektroskopie. Zusätzlich absolvierte er eine Weiterbildung in Mikrosystemtechnik und Nanotechnologie an der FH Kaiserslautern (Zweibrücken). Heute ist er verheiratet, hat vier Kinder und brennt nach wie vor für Mathematik, Physik und Chemie, auch wenn er das nie beruflich umsetzen durfte. In seiner Freizeit betreibt er gerne Sport, unterrichtet seine Kinder und interessiert sich für Gesundheitsthemen. Es ist die erste Veröffentlichung des Autors im Vindobona Verlag.

DER VERLAG

VINDOBONA
VERLAG · SEIT 1946

ein Verlag mit Geschichte

Bereits seit 1946 steht der Vindobona Verlag im Dienst seiner Bücher und Autoren. Ursprünglich im Bereich periodisch erscheinender Journale tätig, präsentiert sich der Verlag heute als kompetenter Partner für Neuautoren am deutschen, österreichischen und schweizerischen Buchmarkt. Engagement, Verlässlichkeit und Sachverstand – das sind die Grundpfeiler, auf denen der Verlag seit jeher sicher steht.

Sie möchten mit Ihrem Werk das vielseitige Verlagsprogramm bereichern? Der Vindobona Verlag garantiert Ihnen eine professionelle Prüfung Ihres Manuskriptes durch das Lektorat sowie eine zeitnahe Rückmeldung.

Genauere Informationen zum Verlag
finden Sie im Internet unter:

www.vindobonaverlag.com